Der Wert eines Mannes für die Gesellschaft

Studien zu Selbstkultur und Charakter

Newell Dwight Hillis

Writat

Diese Ausgabe erschien im Jahr 2023

ISBN: 9789359254265

Herausgegeben von
Writat
E-Mail: info@writat.com

Inhalt

DIE ELEMENTE DES WERTES IM INDIVIDUUM

„Es gibt nichts, was einen Menschen reich und stark macht, außer das, was er in sich trägt. Reichtum kommt vom Herzen, nicht von der Hand." – *John Milton.*

„Solange wir nicht wissen, warum die Rose süß oder der Tautropfen rein oder der Regenbogen schön ist, können wir nicht wissen, warum der Dichter der größte Wohltäter der Gesellschaft ist. Der Soldat kämpft für sein Heimatland, aber der Dichter berührt dieses Land mit dem Zauber." Das macht es lohnenswert, dafür zu kämpfen, und entfacht das Herz des Kriegers mit unbesiegbarer Energie. Der Staatsmann vergrößert und ordnet die Freiheit im Staat, aber der Dichter fördert den Kern der Freiheit im Herzen des Bürgers. Der Erfinder vervielfacht die Möglichkeiten des Lebens, aber die Dichter macht das Leben lebenswerter." – *George Wm. Curtis.*

„Nicht alle Menschen sind von gleichem Wert. Nicht viele Platos : nur einer, zu dem tausend geringere Geister aufschauen und denken lernen. Nicht viele Dantes : einer und tausend Dichter stimmen ihre Harfen auf seine und wiederholen seine Noten. Nicht." viele Raphaels : einer und kein zweiter. Aber tausend kleinere Künstler, die zu ihm aufschauen, werden auf sein Niveau gehoben. Nicht viele königliche Herzen – große Zeitschriften der Güte. Glücklich, die Stadt, gesegnet mit ein paar großen Köpfen und ein paar großen Herzen. Eins Ein solcher Bürger wird eine ganze Gemeinschaft zivilisieren." – *H.*

ICH

Die Elemente des Wertes im Individuum

Unsere wissenschaftlichen Experten untersuchen die Abfälle der Gesellschaft. Ihre Berichte zeigen, dass der Mensch ein großer Verschwender ist. Er scheint weniger ein Ackerbauer zu sein, der das Beste aus den Schätzen seines Lebensgartens macht, sondern vielmehr ein Räuber, der ein Lagerhaus plündert, um Beute zu machen.

Reisende bestätigen, dass ein Teil der nördlichen Kiefernwälder durch die rücksichtslosen Feuer des Menschen und ein Großteil des Rests durch seine rücksichtslose Axt zerstört wurde. Kohleexperten bestehen darauf, dass ein großer Teil der Wärme aus dem Schornstein entweicht. Die neue Chemie besagt, dass nicht wenig von dem kostbaren Erz auf den Schlackenhaufen geworfen wird.

Auf den Feldern übersehen die Bauern einige Ähren und kommen an einigen Handvoll Weizen vorbei. Im Arbeitsraum hinterlässt die Schere Kanten und Reste. In der Mühle werden Platten und Kanten gesägt und gehobelt. In der Küche wird ein Teil dessen, was der Mann mit sich trägt, von der verschwenderischen Küche der Frau weggeworfen. Aber die Sekundärabfälle bringen noch größere Verluste mit sich. Die Nachlässigkeit des Menschen in der Fabrik zerstört empfindliche Maschinen, seine Unwissenheit verdirbt Rohstoffe, sein Müßiggang lässt Kessel durchbrennen, seine Rücksichtslosigkeit lässt Motoren explodieren; Und keine Fähigkeit eines Managers, die Zahlen im Januar zu jonglieren, kann die Verschwendung vom Juni wiedergutmachen.

Beim Durchqueren des Landes findet der Reisende den in der Furche rostenden Pflug vor, Mäher und Mäher, die Regen und Schnee ausgesetzt sind; Als er durch die Stadt geht, sieht er die von Booten gesäumten Docks, die Gassen voller kaputter Fahrzeuge, während auf den Straßen einige liegengebliebene Männer zu sehen sind. Eine Reise durch das Leben ist wie eine Reise auf den Spuren einer sich zurückziehenden Armee; hier wird ein wertvoller Munitionswagen zurückgelassen, weil ein unvorsichtiger Schmied einen Fehler im Reifen hinterlassen hat; dort ist eine Messingkanone verlassen, weil ein Schlepper falsch genäht wurde; dort drüben liegt ein tapferer Soldat im Sterben im Dickicht, wo er hinfiel, weil aufgeregte Männer vergessen hatten, einen Krankenwagen zu benutzen. Angesichts der Verschwendung von Maßlosigkeit und Unwissenheit, von Müßiggang und Klassenkämpfen sind die Verluste der Gesellschaft enorm. Aber die Verschwendung des Menschen mit seinen materiellen Schätzen ist nur ein

Ausdruck seiner Verschwendung der größeren Reichtümer des Geistes und des Herzens. Die größten Zerstörungen des Lebens finden in der Stadt der menschlichen Seele statt. Viele Menschen scheinen zu versuchen, dieses Problem zu lösen: „Wie soll man angesichts einer mit großen Schätzen beladenen Seele und dreizig und zehn Jahren Glück und Nützlichkeit die Zeit totschlagen und den Schatz verschwenden?" Der Stolz des Menschen auf seinen mit Edelsteinen beladenen Sarg muss durch die Überlegung gemildert werden, dass seine Perlen täglich vor die Säue geworfen werden, die zu Kränzen hätten geflochten werden sollen.

Das offensichtliche Versagen des Menschen, das Beste aus seinem materiellen Leben herauszuholen, legt ein Studium der Elemente in jedem Bürger nahe, die ihn für sein Alter und seine Gemeinschaft wertvoll machen. Was sind die Maßstäbe der Menschheit und warum fügen einige täglich neue Schätze zum Vorrat der Zivilisation hinzu, während andere den bereits angesammelten Vorrat entsorgen und verschwenden? Das sind Fragen von lebenswichtiger Bedeutung. Es wurden viele und unterschiedliche Schätzungen über den Wert des Menschen vorgenommen. Statistiker schätzen den durchschnittlichen Wert eines Mannes auf 600 Dollar im Jahr. Jeder Arbeiter in Holz, Eisen oder Messing steht für einen Motor oder eine Industrieanlage im Wert von 10.000 US-Dollar und produziert 6 Prozent. ein Einkommen von 600 $. Der Tod eines durchschnittlichen Arbeiters ist daher gleichbedeutend mit der Zerstörung einer 10.000-Dollar-Mühle oder - Maschine. Der wirtschaftliche Verlust durch die Unproduktivität von 20.000 Betrunkenen entspricht einem Brand in Chicago mit zweihundert Millionen Euro . Natürlich produzieren manche Männer weniger und andere mehr als 600 Dollar im Jahr; und einige gibt es, die keinen industriellen Wert haben – laut Adam Smith Nichtproduzenten; Arme, laut John Stuart Mill; Diebe, so Paulus, der sagt: „Wer gestohlen hat, soll nicht mehr stehlen, sondern arbeiten." Zu dieser Gruppe gehören auch die Landstreicher, die meinen, die Welt schulde ihnen ihren Lebensunterhalt; Dies sind diejenigen, denen nicht bewusst ist, dass die Gesellschaft ihnen im Säuglings- und Kindesalter Unterstützung gegeben hat. hat ihnen Sprache, Literatur, Freiheit gegeben. Weise Männer wissen, dass die Edelsten und Stärksten von der Gesellschaft tausendmal mehr erhalten haben, als sie jemals zurückzahlen können, obwohl sie alle Tage und Nächte mit unaufhörlicher Arbeit quälen. Zu dieser Zahl der nicht ausreichenden Personen zählen die Armen – arme Plebejer, die im Armenhaus von vielen Bürgern unterstützt werden; armer Patrizier, der im Palast von einem Bürger unterstützt wird, im Allgemeinen vom Vater oder Vorfahren; Die beiden Klassen unterscheiden sich dadurch, dass es sich bei der einen um den Schaum oben im Glas und bei der anderen um den Bodensatz unten handelt. Zu diesen beiden Gruppen wollen wir die sozialen Parasiten hinzufügen, die durch Diebe, Trunkenbolde und Personen der niederen Sorte repräsentiert werden, deren Aufgabe es ist, mit menschlicher

Leidenschaft zu handeln. Wir empören uns vor den roten Blattläusen auf der Pflanze, der Raupe auf dem Baum, dem Ungeziefer auf Vögeln oder Tieren. Wie viel mehr empören wir uns gegen dieses menschliche Ungeziefer, dessen Aufgabe es ist, Parasiten auf dem Staatskörper zu verbreiten! Die Verurteilung des Lebens besteht darin, dass ein Mensch mehr verbraucht, als er produziert, und aus der Kornkammer der Gesellschaft das herausnimmt, was andere Hände hineingelegt haben. Das Lob des Lebens besteht darin, dass man sich selbst genügt und weniger herausnimmt, als man in den Vorrat der Zivilisation gesteckt hat .

Das ursprüngliche Kapital eines Menschen ergibt sich aus seiner Abstammung. Die Natur investiert in die Fähigkeiten des Großvaters und verstärkt sie für den Enkel. Platon sagt: „Das Kind ist ein Wagenlenker, der zwei Rosse den Hügel des langen Lebens hinauf lenkt; ein Ross ist weiß und repräsentiert unsere besten Impulse; ein Ross ist dunkel und steht für unsere schlimmsten Leidenschaften." Wer gab diesen Rössern ihre Farbe? Unsere Väter, antwortet Platon, und das Kind darf kein Haar wechseln, weder weiß noch schwarz. Oliver Wendell Holmes möchte uns glauben machen, dass der Wert eines Mannes hundert Jahre vor seiner Geburt bestimmt wird. Der Boden der Vorfahren steigt zum Bergmenschen hin an . Die Großen erscheinen nie plötzlich. Sieben Generationen von Geistlichen bereiten sich auf Emerson vor, jede mit einem Schild, das auf den kommenden Philosophen hinweist. Der Mississippi hat die Macht, Flotten für Krieg oder Frieden zu tragen, weil die Stürme von tausend Sommern und der Schnee von tausend Wintern ihm Tiefe und Kraft verliehen haben. Das Maß der Größe eines Menschen wird durch die intellektuellen Ströme und moralischen Strömungen bestimmt, die von den Hügeln der Vorfahren herabfließen und in die menschliche Seele münden. Zur Familie Bach gehörten einhundertzwanzig Musiker. Paganini wurde mit Muskeln in seinen Handgelenken geboren, die Peitschenschnüren ähnelten. Was bei Sokrates einzigartig war, war erstmals bei Sophroniskos einzigartig . Johannes lief vor Jesus her, aber Zacharias sagte es Johannes voraus. Keine Elektrizität entlang der Seildrähte und keine lebenswichtigen Wahrheiten entlang der Seilnerven zum schwammigen Gehirn. Es gibt Millionen auf unserer Welt, die durch die Sünden ihrer Vorfahren körperlich und moralisch verarmt sind. Ihre Vorfahren verurteilten sie dazu, Holzhauer und Wasserschöpfer zu sein. Es muss ein Jahrhundert vergehen, bis eines ihrer Kinder sich durchsetzen und die Kraft zeigen kann, ein Werkzeug zu formen, einen Code zu entwerfen, eine Industrie zu gründen oder ein Unrecht zu reformieren. Despotische Regierungen haben die Menschen verkümmert – sie haben sie dünnblütig und anspruchslos gemacht, ganz hinten und ohne Stirn. Jedes Kind wurde mit einem Fass verglichen, dessen Dauben Bäume darstellen, die auf weit voneinander entfernten Hügeln wachsen; Einige Stäbe sind gesund und solide und stehen für rechtschaffene Vorfahren. Einige sind von Würmern zerfressen und stehen für Vorfahren, deren Integrität durch Laster zerstört wurde. Bei der Geburt werden alle Dauben im Säuglingsfass zusammengebracht – leer, aber zum Befüllen durch Eltern, Lehrer und Freunde. So wie die Mülltonne in der Gasse mit Müll und Dreck gefüllt ist, so werden die Waisenkinder in unseren Straßen zu Gefäßen aller bösartigen Gedanken und Taten. Diese Kinder werden nicht so sehr geboren, sondern ins Leben verdammt. Aber wie anders ist die Kindheit einiger anderer. Am Ostertag wird in ausländischen Kathedralen eine wunderschöne Vase neben dem Altar aufgestellt, und während sich die Menschenmengen nach vorne drängen und die feierliche Prozession durch die Gänge zieht, werfen Männer und Frauen ihre Gaben aus Gold und Silber sowie Perlen und Spitze in die Vase und reichhaltige Texturen. Das wohlgeborene Kind scheint eine solche Vase zu sein, unaussprechlich schön, erfüllt von Wissen und Integrität, die kostbarer sind als Gold und Perlen. „Wer großartig sein möchte, soll die richtigen Eltern auswählen", lautete der scharfsinnige Ausspruch von Präsident Dwight.

Durch den Einfluss des Rassenelements verdoppelt der Arbeiter in Nordeuropa, der als Produktionsmaschine betrachtet wird, die industrielle Produktion seines südlichen Bruders. Das Kind der Tropen ist aus dem Rennen. Seit Jahrhunderten schläft er unter dem Bananenbaum, erwacht nur, um den Baum zu schütteln und reife Früchte zu holen, um seinen Hunger zu stillen, und isst wieder, um einzuschlafen. Seine Muskeln sind schlaff, sein Blut dünn, sein Gehirn der Belastung durch zwei Ideen an einem Tag nicht gewachsen. Als Sir John Lubbock den Häuptling auf den Südseeinseln gefüttert hatte, begann er, ihm Fragen zu stellen, doch nach zehn Minuten war der Wilde tief und fest eingeschlafen. Als der alte Häuptling aufwachte, sagte er: „Ideen machen mich so schläfrig." Ebenso hat das warme venezianische Blut der Zivilisation nur wenige große Männer beschert; Aber die Hügel Schottlands und Neuenglands bringen Gelehrte, Staatsmänner, Dichter und Finanziers mit der Eifer hervor, mit der Texas Baumwolle oder Missouri-Mais produziert. Die Geschichte führt bestimmte einflussreiche Nationen auf einen einzigen Vorfahren mit einzigartiger Körper- und Charakterstärke zurück. So erscheinen Abraham, Theseus und Cadmus wie Quellen, die große und wachsende Flüsse speisen. Ein weiser und origineller Denker gründet einen Stamm, gestaltet das Schicksal einer Nation und vervielfacht sich im Leben zukünftiger Millionen. In Übereinstimmung mit diesem Gesetz kommt in jedem Schotten wieder Hartnäckigkeit zum Vorschein; Witz funkelt in jedem Iren; Lebhaftigkeit liegt jedem Franzosen im Blut; Der Sachse ist ein Kolonisator und schafft Institutionen. Während des Baus des Suezkanals wurde entdeckt, dass Arbeiter, deren Adern mit teutonischem Blut gefüllt waren, einen zweieinhalbmal höheren Handelswert hatten als die Ägypter. Ebenso waren die Highland-Truppen während des Indianerkrieges einer doppelt so hohen Belastung ausgesetzt wie die einheimischen Streitkräfte. Napoleon verkleinerte die Statur des französischen Volkes um zwei Zoll, indem er alle größeren seiner 30.000.000 Untertanen auswählte und sie im Krieg tötete. Horace Mann ist empört und denkt: „Die Stirn der irischen Bauernschaft wurde um einen Zentimeter gesenkt, als die Regierung es zu einer Straftat machte, die mit Geldstrafe, Gefängnis und dem Tod eines Verräters geahndet wurde, wenn man Kinder unterrichtete." Eine böse Regierung kann Leid und Epidemien hervorrufen, eine Rasse brutalisieren und noch ungeborene Generationen fesseln. „Blut sagt es", sagt die Wissenschaft. Aber Blut ist das radikale Element, das mit Zinseszinsen an noch ungeborene Generationen weitergegeben wird.

Der zweite Maßstab für den Wert eines Menschen für die Gesellschaft ist seine ursprüngliche körperliche Stärke. Der Geburtsbestand an Lebenskraft des Kindes ist sein Kapital, mit dem gehandelt werden kann. Unter sonst gleichen Bedingungen muss sein produktiver Wert mathematisch auf der Grundlage des Körperbaus geschätzt werden. Er wird schwach und nervenlos geboren und muss sich dem Rettungswagen der Gesellschaft anschließen und so den Weitermarsch behindern. Er ist kräftig und robust geboren und kann helfen, die Waldstraße freizumachen oder die vorrückenden Kolonnen anzuführen. Im Grunde ist der Mensch eine muskulöse Maschine zur Produktion von Ideen, die Verhalten und Charakter prägen. Alles feine Denken steht mit einem Fuß auf feinen Gehirnfasern. Bei großen physischen Organen handelt es sich um Lungen mit ausreichender Kapazität, um die Lebensströme auf ihrem Weg nach oben mit Sauerstoff zu versorgen; große Arterien, durch die das Blut ungehindert fließen, fließen und verklärt werden kann; ein gesundes und ausgeglichenes Gehirn mit einem kompakten Nervensystem, und Sie haben die Grundlage für die Berechnung des Wertes eines Menschen für die Gesellschaft. Männer unterscheiden sich natürlich in vielerlei Hinsicht – sie unterscheiden sich in der Anzahl und dem Umfang ihrer Zuneigungen, im Umfang ihres Gewissens, in Geschmack und Vorstellungskraft und in ihrer moralischen Energie. Aber der ursprüngliche Punkt der Abweichung ist physischer Natur. Manche haben einen kleinen Körper und einen starken Geist, wie ein Corliss-Motor in einem winzigen Boot, dessen zerbrechliche Struktur bald in Stücke gerissen wird. Andere werden mit großen Körpern und sehr kleinem Geist geboren, als wäre eine Spielzeugmaschine dazu bestimmt, einen Schlammschlepper anzutreiben . Das bedeutet, dass der arme Ingenieur sein ganzes Leben lang stromaufwärts polieren muss. Andere zerstören ihr körperliches Kapital durch Unwissenheit ihrer Eltern, durch einen Unfall ihrer Kinderfrau oder durch ihre eigene Fehlerhaftigkeit oder Sünde . Bald sind sie wie Boote, die hoch und trocken auf den Strand geworfen werden und dazu verdammt sind, in der Sonne zu platzen und zu verfallen. Zu diesen absoluten Schwächen kommen dann noch die Missverhältnisse des Körpers, die Untemperatur verschiedener Organe. Um eine Uhr zu ruinieren, ist es nicht notwendig, dass jedes Lager zerstört wird. Eine lose Schraube stoppt alle Räder. Somit reicht ein sehr kleiner Fehler in der Steuerung des Körpermechanismus aus, um eine gute kreative Arbeit als Autor, Redner oder Erfinder zu verhindern. Vielleicht lernen nur wenige Männer jemals, ihr Gehirn und ihren Magen so zu verwalten, dass sie tagelang zu Hochdruck-Gehirnaktionen fähig sind – bis die geballten mentalen Kräfte alle Hindernisse durchbrechen und zum Erfolg führen. Ein großer Anführer repräsentiert eine Art Essenz des gesunden Menschenverstandes, aber robuster gesunder Menschenverstand ist die Vernunft der Nerven und des Gehirns. Wer regiert und führt, muss Verstand und Willen haben, aber er muss auch Brust und Bauch haben. Beecher sagt, dass die Lafette im richtigen Verhältnis zur Waffe stehen muss, die sie trägt. Wenn die Gesundheit nachlässt, ist die Waffe mit Stacheln versehen. Ideen sind Pfeile, und der Körper ist der Bogen, der sie nach Hause schickt. Der Geist zielt; der Körper feuert.

Eine gute Gesundheit ist möglicherweise besser als Genie, Reichtum oder Ehre. Als das Gymnasium jeden athenischen Jugendlichen zu einem Apollo an Gesundheit und Kraft gemacht hatte, schritten die Füße der griechischen Rasse am behändesten auf den Pfaden der Kunst, der Literatur und der Philosophie.

Ein weiterer Test für den Wert eines Mannes ist ein intellektueller. Die größten Verschwendungen einer Nation entstehen durch Unwissenheit. Scheitern ist Mangel an Wissen; Erfolg bedeutet zu wissen, wie. Reichtum liegt nicht in Dingen aus Eisen, Holz und Stein. Reichtum liegt im Gehirn, das das Metall organisiert. Roheisen ist 20 Dollar pro Tonne wert; zu Hufeisen verarbeitet, 90 $; in Messerklingen, 200 $; in Uhrenfedern, 1.000 $. Das heißt, Roheisen 20 $, Gehirnleistung 980 $. Millet kaufte einen Meter Leinwand für 1 Franc, bezahlte weitere 2 Francs für einen Haarpinsel und einige Farben; Auf dieser Leinwand verbreitete er sein Genie und schenkte uns „Der Angelus". Die ursprüngliche Investition in Rohmaterial betrug 60 Cent; Sein Geheimdienst gab diesem Rohmaterial einen Wert von 105.000 Dollar. Eines der Bilder auf der Weltausstellung zeigte einen Wilden, der am Ufer eines Baches stand, besorgt, aber nicht wissend, wie er die Flut überqueren könnte. Das Wissen um das Metall zu seinen Füßen gab dem Wilden eine Axt; Das Wissen um den Baum gab ihm ein Kanu; Die Kenntnis der Kanu-Vereinigung gab ihm ein Boot; Wissen in Richtung des Windes fügte Segel hinzu; Das Wissen über Feuer und Wasser vermittelte ihm der Ozeandampfer. Wenn wir nun dem Kapitän, der am Bug dieses schwimmenden Palastes, der Stadt New York, steht, das Wissen des Menschen wegnehmen könnten, während wir Schale für Schale von einer Zwiebel entfernen, hätten wir von dem eisernen Dampfer zunächst ein Segelboot, dann ein Kanu, dann Axt und Baum und schließlich ein Wilder, nackt und hilflos, einen kleinen Bach zu überqueren. Letztlich ist es Unwissenheit, die verschwendet; es ist Wissen, das rettet; Es ist die Weisheit, die den Vorrang gibt. Wenn Schlaf der Bruder des Todes ist, ist Unwissenheit der Vollbruder von Schlaf und Tod. Eine ungelehrte Fakultät ist zugleich ruhig und tot. Ein unwissender Mann wurde definiert als jemand, „den Gott zusammengepackt hat und den die Menschen nicht entfaltet haben Alle feinsten Töne der Schöpfung entgehen ihm; er hat eine Zunge, und sie ist für immer fehlerbehaftet. Ein Mechaniker, der über eine Kiste mit vierzig Werkzeugen verfügt und nur Hammer, Säge und Bohrer benutzen kann, hat bei seinen Kollegen kaum eine Chance und fällt bald weit zurück. Ein gebildeter Geist ist jemand, der für alle Anblicke, Szenen und Kräfte der Welt, durch die er sich bewegt, völlig wach ist. Das bedeutet nicht, dass man aus einem Zwei-Cent-Jungen einen 2.000-Dollar-Mann machen kann, indem man ihn aufs College schickt. Bildung ist Geisteshaltung; Es ändert die Größe, aber nicht die Sortierung. Aber wenn ein Shetlandpony auch durch noch so viel Drill keinen Zwei-Minuten-Gang zeigen kann, wird auch das Vollblut diese Geschwindigkeit nur durch lange, gewissenhafte und geduldige Erziehung zeigen können. Die Hauptquellen des Reichtums unserer Nation liegen nicht in Feldern, Wäldern und Minen, sondern in den freien Schulen, Kirchen und Druckereien. Unwissenheit führt zu Elend, Laster und Kriminalität. Mephistopheles war ein kultivierter Teufel, aber er ist die Ausnahme. Die Geschichte kennt keinen ungebildeten Seher, Weisen oder Heiligen. Kein Dante oder Shakespeare musste jemals „sein X-Zeichen" setzen.

Als John Cabot Lodge seine Studie über die Verteilung der Fähigkeiten in den Vereinigten Staaten durchführte, stellte er fest, dass fünf der großen westlichen Staaten in neunzig Jahren nur siebenundzwanzig Männer hervorgebracht hatten, die in den amerikanischen und englischen Enzyklopädien erwähnt wurden, während dies im kleinen Massachusetts der Fall war 2.686 Autoren, Redner, Philosophen und Staatenbauer. Die Analyse zeigt jedoch, dass die Unterschiede auf Bildung und Ideen zurückzuführen sind. Boston unterscheidet sich von Quebec insofern, als die Unterrichtsmethoden unterschiedlich sind. Die Neuengland-Siedler waren Männer aus Oxford und Cambridge, die das beste Blut, Gehirn und die beste angesammelte Kultur des alten England repräsentierten. Als sie im Wald landeten, gruppierten sie ihre Hütten um das Gebäude, das zugleich Kirche, Schule, Bibliothek und Rathaus war. Sie standen früh auf und blieben lange wach und prägten ihre Jugend mit Ideen von Freiheit und Intelligenz. Sie kamen am Sonntagmorgen um neun Uhr zusammen, um einem einstündigen Gebet und einer dreistündigen Predigt zuzuhören, und nach einem kalten Mittagessen hörten sie eine zweite kurze Predigt von zweieinhalb Stunden – diejenigen, die nicht starben, wurden großartig . Was am Sonntag begann, ging in der Woche weiter. Wir mögen über ihre Methoden lächeln, aber wir müssen die Männer bewundern, die sie hervorgebracht haben. Markieren Sie die Geistesgeschichte von Northampton. Im Laufe ihrer Geschichte hat diese Stadt 114 Anwälte, 112 Minister, 95 Ärzte, 100 Pädagogen, 7 College-Präsidenten, 30 Professoren, 24 Herausgeber, 6 Historiker und 14 Autoren entsandt, darunter George Bancroft, John Lothrop Motley und Professor Whitney verstorbener JG Holland; 38 Staatsbeamte, 28 Beamte der Vereinigten Staaten, darunter Mitglieder des Senats, und ein Präsident. Wie kommt es, dass diese kleine Kolonie diese große Schar von Autoren, Staatsmännern und Reformern hervorgebracht hat? Hier funktioniert kein bloßer Zufall. Die Beziehung zwischen Sonnenschein und Ernte ist nicht wichtiger als die Beziehung zwischen diesen Menschen und ihren berühmten Nachkommen. Obst nach seiner Art ist die göttliche Erklärung für Northamptons Einfluss auf die Nation. „Bildung macht Menschen groß" ist das göttliche Sprichwort. George William Curtis hat gesagt: „Die Revolutionsführer waren alle ausgebildete Männer, wie es die Führer der Welt immer waren, von dem Tag an, als Themistokles die gebildeten Athener nach Salamis führte, bis zu dem Tag, als Von Moltke die gebildeten Deutschen gegen Frankreich aufmarschierte. Die sicheren Grundlagen von Staaten basieren auf Wissen, nicht auf Unwissenheit; und jeder Spott über Bildung, über Bücherwissen, das die aufgezeichnete Weisheit der Erfahrung der Menschheit ist, ist der Spott des Demagogen über intelligente Freiheit, der zu nationaler Degeneration und zum Untergang führt."

Bedenken Sie auch, wie sich die Außenseiter des Lebens auf den Wert des Menschen auswirken. Der erfolgreiche Mann hat die Kontrolle über sein Wesen. Er bewegt sich auf der Linie des geringsten Widerstands. Am meisten erreicht derjenige, dessen Herz singt, während seine Hand arbeitet. Wie Tiere haben auch Menschen vielfältige Einsatzmöglichkeiten. Die Lerche singt, der Ochse trägt Lasten, das Pferd steht für Kraft und Schnelligkeit. Aber Menschen, die den Tieren gegenüber weise sind, sind sich selbst gegenüber oft töricht. Scharen schleppen sich zur Fabrik oder zum Feld, die „mit Füßen wie Hinterfüßen" zum Forum gegangen wären. Andere Scharen ärgern sich und reiben sich im Büro, deren Wünsche auf der Straße und auf den Feldern zu finden sind. Wer sich selbst zu einer Aufgabe auffordert, die er hasst, dient einem harten Herrn, und der Sklave wird nur einen geringen Lohn bekommen. Wenn ein Bauer Pferde an ein Teleskop anspannen und versuchen würde, damit zu pflügen, würde er im Sommer das Instrument ruinieren und seine Familie im Winter verhungern lassen. Nicht die Wünsche der Eltern, noch die Eitelkeit der Frau, noch der Stolz auf eine Stellung, sondern Gott und die Natur wählen den Beruf. Jedes Kind ist einzigartig, so neu wie die erste Ankunft auf diesem Planeten. Die Schule soll dem Jungen helfen, herauszufinden, welche intellektuellen Fähigkeiten er besitzt; Bildung verändert sich nicht, aber sie verleiht diesen Werkzeugen Charakter. Kein Mensch kann sein Temperament ändern, aber wenn er es versucht, kann er ihm das Herz brechen. Wie erbärmlich sind die Misserfolge von Männern, die den falschen Beruf gewählt haben! Der Kutscher badet die schmerzende Schulter eines Pferdes, dessen Halsband nicht passt, aber wenn Männer ihre Außenseiter machen und das Herz wund ist, lindert die Gesellschaft den Mann nicht, sondern geißelt ihn mit Peitschen zu seiner fruchtlosen Aufgabe. Diese große Klasse kann als unproduktiv angesehen werden. John Stuart Mill zählte die industriellen Fehlpaarungen zu den schwerwiegenderen Verlusten der Gesellschaft.

Zu diesem Element der Weisheit im Bezug auf die eigenen Pflichten muss die Fähigkeit hinzugefügt werden, reibungslose Beziehungen zu seinen Mitmenschen aufrechtzuerhalten. Menschen können durch Fleiß und Können viel hervorbringen und dennoch durch die bösen Elemente, die sie in sich tragen, noch mehr zerstören. Der stolze, herrschsüchtige Arbeitgeber reißt mit einer Hand nieder, was er mit der anderen aufbaut. Ein törichter Mann kann einer Stadt unermessliche Schätze kosten. Wie viele Fabriken sind gescheitert, weil der Eigentümer nicht in der Lage ist, mit Menschen umzugehen und Schwierigkeiten zu mildern. Die Geschichte zeigt, dass dumme Throne und Kriege zusammengehören, während geschickte Könige lange Zeiträume des Friedens bringen. Ein Redakteur stellte die Methoden zweier prominenter Männer gegenüber und sagte einmal: „Der erste Mann, der eine Million verdiente, kostete die Gesellschaft zehn Millionen ; der andere produzierte seine eine Million jedoch so, dass er zehn weitere zum Reichtum der Gesellschaft hinzufügte.“ Der verheerendste Angriff in der Geschichte Englands hatte seinen Ursprung in der Unkenntnis dieses Prinzips. Die Löhne der Bergleute eines bestimmten Kohlereviers mussten drastisch gekürzt werden. Sie hatten beschlossen, es zu akzeptieren, obwohl es ihre Kinder von der Schule und ihr Fleischessen wegbrachte. Als die für die Konferenz festgelegte Stunde kam, hätte die Vorsicht geboten, sich vor jedem Grund zur Verärgerung zu hüten. Aber der Arbeitgeber fuhr törichterweise mit seiner livrierten Kutsche in die Mitte der riesigen Arbeitermenge und stellte eine Stunde lang seinen Reichtum vor den traurigen Bergleuten zur Schau. Als die Männer den Lakaien, die tänzelnden Pferde und das vergoldete Geschirr sahen und an ihre hungernden Frauen dachten, revidierten sie ihre Zustimmung zur Lohnkürzung. Sie stürzten sich in einen langen Streik und wählten dies als Motto: „Pelze für seine Lakaien und goldene Teller für seine Pferde, außerdem drei Mahlzeiten am Tag für unsere Frauen und Kinder.“ Nun kosteten der darauffolgende Streik und die Unruhen, die sich lange hinzogen, England 5.000.000 Pfund. Aber dieser erbitterte Schlag war völlig unnötig. Dies sind die Männer, die die Wagenräder für die vorrückenden Heerscharen Gottes abnehmen. Wenn jemand an die Front kommt, der es versteht, Spannungen abzubauen, beginnt für die gesamte Gesellschaft ein neuer Vorwärtsmarsch. Die

Fähigkeit, sich persönlich zu benehmen, hat viel mit dem Wert eines Mannes zu tun.

Integrität steigert den menschlichen Wert. Ungerechtigkeiten verwüsten eine Stadt wie Feuer und Pest. Sozialer Wohlstand und Glück entstehen durch ein richtiges Leben. Güte ist eine Ware. Das Gewissen eines Kassierers hat einen Barwert. Wenn Kunst und Industrie Blumen und Früchte sind, sind Moral die Wurzeln, die sie nähren. Ungehorsam ist Sklaverei. Gehorsam ist Freiheit. Ungehorsam gegenüber dem Gesetz des Feuers, des Wassers oder der Säure ist der Tod. Die Befolgung des Farbgesetzes verleiht dem Künstler sein Können; der Gehorsam gegenüber dem Gesetz der Beredsamkeit verleiht dem Redner seine Kraft; Der Gehorsam gegenüber dem Gesetz des Eisens gibt dem Erfinder sein Werkzeug; Ungehorsam gegenüber dem Gesetz der Moral führt zu Verschwendung, Not und Elend. Das Individuum oder die Nation, die das Richtige nicht liebt und das Falsche nicht hasst, eilt der Armut entgegen. Die Strafe für Fehlverhalten ist so gewiss, dass die Sünde unendlich dumm erscheint. Jede Übertretung ist wie eine in die Luft geworfene Eisenplatte; Die Schwerkraft wird es auf den Kopf des Übeltäters zurückziehen und ihn verletzen. Es heißt, dass ein Mann, der sein Vertrauen für Geld verrät, auf derselben geistigen Ebene steht wie ein Affe, der sich die Kehle mit kochendem Wasser verbrüht, weil er durstig ist. Ein Trunkenbold ist jemand, der Ambrosia und Nektar gegen Müll eintauscht. Ein Verschwendungssüchtiger ist jemand, der eine Einladung zu einem Bankett mit den Göttern ablehnt, um aus einem Aschenfass zu speisen. Was für den Weinstock eine Plage ist, ist für den Menschen Sünde. Als der erste Dieb in der Kolonie Plymouth auftauchte, wurde ein Mann von den Feldern abgezogen, um Schlösser für die Häuser anzufertigen; Als zwei Diebe kamen, wurde ein zweiter Arbeiter aus der Fabrik abgezogen, um als Nachtwächter zu dienen. Bald wurden andere aus der produktiven Industrie abgezogen, um ein Gefängnis zu bauen und das Gesetz auszulegen und auszuführen. Jede Sünde kostet den Staat viel bares Geld. Bedenken Sie, welche Verschwendung der Hass angerichtet hat. Einst bildeten Italien, Griechenland und Mitteleuropa ein riesiges Lagerhaus voller wertvoller Kunstschätze. Aber die Menschen verwandelten die Kathedralen in Kriegsarsenale. Wenn die Angestellten in einem Porzellan- oder Kristallglasgeschäft morgens ihren Pflichten nachgehen und jeden Nachmittag einen offenen Kampf liefern, bei dem sie sich gegenseitig mit Vasen, Tassen und Medaillons bewerfen und jeden Abend ein Stück aufheben Eine Vase, hier eine armlose Venus und dort ein kopfloser Apollo, die wir künftigen Generationen zum Studium zur Verfügung stellen können, sollten wir etwas haben, das genau dem entspricht, was seit Jahrhunderten durch Hass und Klassenkämpfe geschehen ist. Ein Blick auf die Gesellschaft ähnelt einem Besuch in Lissabon, nachdem ein Erdbeben die Straßen mit Trümmern gefüllt und Häuser, Paläste und Tempel zerstört hat. Die

Geschichte ist voller Ruinen von Städten und Reichen. Nicht die Zeit, sondern der Ungehorsam hat ihre Zerstörung herbeigeführt. Die kommenden Generationen werden neue Zivilisationen hervorbringen; Aufrichtigkeit wird den Grundstein legen und Integrität wird die Struktur vervollständigen. Der Tempel ist Gerechtigkeit, in der Gott wohnt.

„Habe ein Leben in Fülle." Der Mensch ist weder zu einer knappen Zuwendung noch zu einem festen Betrag bestimmt, sondern er wird von einer ungemessenen Möglichkeit vorwärts gelockt. Die Persönlichkeit kann erweitert und bereichert werden. Es heißt, Cromwell sei das Beste gewesen, was England je hervorgebracht hat. Und die Mission Jesu Christi besteht darin, jeden von der Kleinheit zur vollen Größe emporzuheben. Es war schon immer so, dass, wenn ein Genie, z. B. Watt, ein Modell erfindet, die Menschen es unzählige Male reproduziert haben. Was der Mensch also verlangt, ist nicht die Steigerung der angeborenen Begabung, sondern ein Muster, nach dem dieses Rohmaterial geformt werden kann. Aus Kohlenstoff entsteht Holzkohle, und aus Kohlenstoff entsteht auch Diamant, aber das „Lichtmeer" ist zu einem Muster kristallisierter Kohlenstoff. Bauherren legen Ziegel nach Plan; der Musiker folgt seiner Partitur; Der Wert eines Yorker Münsters liegt nicht in der Anzahl der Steinschnüre, sondern in dem Plan, der sie organisiert; und der Wert eines Menschen liegt in der Antwort auf diese Frage: Wurden die Rohstoffe der Natur durch das Vorbild des menschlichen Lebens zu Einheit und Harmonie verarbeitet? Täglich ist er hier, um den Geist mit heiligen Ambitionen zu erregen; das Herz mit edlen Bestrebungen beflügeln ; mit einem alles überwindenden Mut inspirieren; um die gesamte Männlichkeit zu vitalisieren. Indem er den Einzelnen innerlich reich macht, schafft er äußeren Wert. Denn alle Dinge sind erste Gedanken. Werkzeuge, Stoffe, Schiffe, Häuser, Bücher sind erste Ideen, die sich dann in äußerer Form kristallisieren. Ein großartiges Bild ist eine schöne Vorstellung, die auf der Leinwand sichtbar zum Ausdruck kommt. Wecken Sie Geschmack in einem Mann und er verschönert sein Zuhause. Erwecke das Gewissen und er vertreibt die Sünden aus seinem Herzen. Wecken Sie seine Vorstellungen von Freiheit und er erlässt neue Gesetze. Jesus Christus ist hier, um die innere Seele des Menschen zu entflammen, damit er sein äußeres Leben verwandeln und bereichern kann. Kein jemals gemaltes Bild, keine jemals geschnitzte Statue, keine jemals gebaute Kathedrale ist auch nur halb so schön wie der von Christus geformte Mensch. Welchen Wert hat der Mensch für die Gesellschaft? Möge derjenige, der weiß, was in uns ist, antworten: „Was nützt es einem Menschen, wenn er die ganze Welt gewinnt und seine eigene Seele verliert?"

FUSSNOTEN:

Antiquitäten aus Northampton. Clark.

CHARAKTER: SEINE MATERIALIEN UND EXTERNEN LEHRER

„Charakter ist mehr als Intellekt. Eine große Seele wird sowohl stark zum Leben als auch zum Denken sein. Güte überstrahlt Genie, so wie die Sonne das elektrische Licht einen Schatten wirft." – *Emerson.*

„Was der überlegene Mann sucht, ist in sich selbst; was der kleine Mann sucht, ist in anderen." – *Konfuzius.*

„Schließlich ist die Art von Welt, die man in sich selbst trägt, das Wichtigste, und die Außenwelt erhält daraus all ihre Anmut, Farbe und ihren ganzen Wert." – *James Russell Lowell.*

„Säe eine Tat und du erntest eine Gewohnheit; säe eine Gewohnheit und du erntest einen Charakter; säe einen Charakter und du erntest ein Schicksal." – *Anon.*

„ So lehre uns, unsere Tage zu zählen, damit wir unser Herz der Weisheit widmen." – *Psalm 90.*

II

CHARAKTER: SEINE MATERIALIEN UND EXTERNEN LEHRER

Im Sterben rief Horace Greeley aus: „Ruhm ist ein Dunst, Popularität ein Unfall, Reichtum bekommt Flügel, wer heute jubelt, wird morgen verfluchen, nur eines bleibt bestehen – Charakter!" Diese gewichtigen Worte erinnern alle daran, dass die einzige Aufgabe des Lebens darin besteht, Mann zu werden. Unsere Welt ist eine Hochschule, Ereignisse sind Lehrer, Glück ist der Abschlusspunkt, Charakter ist das Diplom, das Gott dem Menschen verleiht. Es gibt viele Kräfte, die das Glück steigern, darunter Geld, Freunde, Position; Für den Erfolg ist jedoch nur eines unabdingbar: persönlicher Wert und Männlichkeit. Wer mit dem wahren Gewicht der Güte hervortritt, kann im Leben weder schwach noch im Tod vergessen sein. Die Gesellschaft bewundert ihren Gelehrten, aber die Gesellschaft verehrt und liebt ihren Helden, dessen Intellekt mit Güte bekleidet ist. Denn Charakter ist nicht Sache des Intellekts, sondern der Veranlagung. Seine Qualitäten durchdringen und färben Geist und Herz, auch wenn der Sommer die reife Frucht mit saftiger Reife durchdringt.

Über diesen edlen Griechen, der seine Stadt nach ungeschriebenen Gesetzen regierte, sagte das Volk: „ Phocions Charakter ist mehr als die Verfassung." Das Gewicht der Güte in Lamartine war so groß, dass seine Türen während der blutigen Tage in Paris unverschlossen blieben. Charakter war für ihn eine Verteidigung, die über die Kraft von Felswänden oder bewaffneten Regimentern hinausging. Emerson sagt, dass Lincoln, Washington und Burke eine gewisse Macht besaßen, die sich nicht durch ihre gedruckten Worte erklären ließe. Burke, der Mann, war unbeschreiblich feiner als alles, was er sagte. So wie eine Quelle mehr ist als der Kelch, den sie füllt, wie ein Dichter oder Architekt mehr ist als die Lieder, die er singt, oder der Tempel, den er errichtet, so ist der Mensch mehr als das Buch oder das Geschäft, das er gestaltet. Auf der Erde gibt es viele wundersame Szenen, die man Tempel, Schlachtfelder und Kathedralen nennt, aber auf der Erde gibt es keine Szene, die an Majestät und Schönheit mit der eines Mannes vergleichbar wäre, der zwar mit Intellekt bekleidet, aber auch mit Integrität und Tugenden geschmückt ist. Als Milton einen solchen Menschen erblickte, rief er zu Recht aus: „Ein guter Mann ist die reife Frucht, die unsere Erde Gott bereithält."

Charakter wurde als das gemeinsame Produkt von Natur und Erziehung definiert. Die Natur liefert den Rohstoff , Charakter ist die geschnitzte Statue. Zu den Rohmaterialien zählen die Rassenbegabung, das Temperament, der Grad der Lebenskraft, die Mentalität, die Begabung für Werkzeug oder

Industrie, für Kunst oder Wissenschaft. Diese Geburtsgeschenke sind Mengen, fest und unveränderlich. Kein Herzzerreißen kann die Natur mit zwei Talenten in einen Mann mit zehn Talenten verwandeln. Keine quälende Anstrengung kann die Statur auch nur um eine Elle vergrößern. Der Adler fliegt über den Abgrund so leicht wie eine Ameise über den Riss im Boden. Shakespeare schreibt Hamlet so leicht wie Tupper seine Geschichten. Einmal eine Eiche, immer eine Eiche. Pflege und Kultur können den Umfang des Baumes verdicken, aber kein Grad an Kultur kann dazu führen, dass ein Eichenzweig Feigen anstelle von Eicheln hervorbringt . Eine Rebellion gegen Temperament und Umstände wird mit Sicherheit zum Brechen des Herzens führen. Glück und Erfolg beginnen mit der aufrichtigen Annahme des Geburtsgeschenks und der Karriere, die Gott gewählt hat.

Da niemand seine beste Arbeit leisten kann, wenn er nicht seine stärksten Fähigkeiten einsetzt, besteht die erste Pflicht eines jeden darin, den Weg des geringsten Widerstands zu finden. Wer ein Genie für moralische Themen hat, sich aber an den Pflug oder die Schmiede geschnallt hat, läuft Gefahr, sowohl sein Glück als auch seinen Charakter zu zerstören. Alle diese Außenseiter sind tödlich. Kein Bauer spannt ein Rehkitz vor den Pflug oder setzt einen Ochsen in den rasenden Wagen. Das Problem des Lebens besteht darin, eine richtige Bestandsaufnahme der Gaben zu machen, die man mit sich herumträgt. So wie kein Zimmermann weiß, welche Werkzeuge sich in der Kiste befinden, bis er den Deckel anhebt und ein glänzendes Instrument nach dem anderen auspackt, so müssen die Instrumente in der Seele durch Bildung entfaltet werden. In unserer Welt begleitet der Erfinder die Maschine mit einer Tabelle, die die Verwendung jedes Rads und jeder Hemmung veranschaulicht. Aber kein Kind, das in der Wiege lag, brachte jemals ein Handbuch mit, in dem seine geistige Ausrüstung dargelegt und seine Eignung für diesen Beruf, diese Kunst oder Industrie aufgezeigt wurde. Der Gärtner pflanzt eine Wurzel mit der vollkommenen Gewissheit, dass daraus eine Rose entstehen wird, aber kein Mensch ist ein Prophet, der weise genug ist, um zu sagen, ob sich dieses Kind in die Qualität eines Denkers, eines Machers oder eines Träumers entfalten wird. Zu jeder Natur flüstert die Natur: „ Unsichtbar , unsichtbar, halte fest, was du hast.“ Denn die Seele ist schattenlos und geheimnisvoll. Keine Hand kann seine Umrisse zeichnen, kein Pinsel kann seine Konturen darstellen . Sogar die Mutter, die ihre Kindheit umarmt und ihre Schwächen trägt, sie Tag und Nacht über Jahre hinweg studiert, sieht nicht, sie kann nicht sehen, weiß nicht, sie kann nicht wissen, zu welchem Glanz der Reife sich das Kind entfalten wird.

Der Mensch betrachtet seine Mitmenschen wie ein Buch, das in einer fremden Sprache geschrieben ist; Der äußere Einband ist sichtbar, der innere Inhalt ist ungelesen. Generell sind Phrenologie und Physiognomie hilfreich, aber es ist einfacher, anhand des Türknaufs an seiner Haustür festzustellen, was für ein Mann in dem Haus lebt, als anhand der Beulen im Gesicht und auf der Stirn das Gehirn und das Herz darin zu bestimmen. Das Sprichwort der Natur lautet: „Ergreifen Sie den Griff Ihres eigenen Seins." Jeder muss seinen eigenen Charakter formen. Die Natur gibt Bäume, aber keine Werkzeuge; Wälder, aber keine Möbel. So stellt die Natur dem Menschen die Geburtsmaterialien und die Umgebung zur Verfügung; Der Mensch muss diese Materialien zu den Eigenschaften verarbeiten, die Fleiß, Integrität, Ehre, Wahrheit und Liebe genannt werden, und dabei immer dem idealen Menschen, Jesus Christus, nachempfunden sein.

Die Einflüsse, die dem Rohmaterial der Natur Charakter verleihen, sind vielfältig. Einst verglich der Seher die Seele mit Lehm. Der Schlamm fällt vor dem Töpfer auf das Brett, eine grobe Masse, ohne Form oder Anmut. Aber eine Stunde später steht der Ton mit der ganzen Schönheit einer schönen Vase geschmückt da. So beginnt die Seele als bloße Masse des Geistes, aber viele und mächtige Hände formen sie bald in die Umrisse eines edlen Mannes oder einer edlen Frau. Zu diesen Charakterbildnern gehören Heimat, Freundschaft, Beruf, Reisen, Erfolg, Liebe, Trauer und Tod.

Der erste Lehrer des Lebens ist die Außenwelt mit ihren Gesetzen. Der Mensch beginnt bei Null. Das Kind steckt seinen Finger ins Feuer und verbrennt; Von da an lernt er, sich in der Gegenwart von Feuer zurückzuhalten, und lässt die Flammen den Dampf zerschlagen, um einen Zug oder ein Schiff anzutreiben. Das Kind macht beim Umgang mit dem scharfen Werkzeug einen Fehler und schneidet sich; Von da an hebt er die Axt an den Baum. Das Kind verwechselt das Gewicht eines Steins oder die Höhe einer Treppe, und beim Fallen lernt es durch harte Stöße die Natur und den Nutzen der Schwerkraft kennen. Täglich treiben ihn die Dornen, die seine Füße durchbohren, zurück auf den glatten Weg der Naturgesetze. Die scharfen Schmerzen, die jedem Exzess folgen, lehren ihn die Freuden eines gesunden und richtigen Lebens. Es gibt auch keinen Gesetzesverstoß, der nicht mit Schmerzen verbunden ist. So wie scharfe Wächter an der Seite der Brücke über den Abgrund aufgestellt werden, um die Menschen vom Abgrund fernzuhalten, so werden auf beiden Seiten des Lebenswegs Naturgesetze gepflanzt, um irrende Füße auf den göttlichen Weg zurückzuführen. Schließlich zwingt die Natur den Jugendlichen durch viele Eingriffe in den Körper dazu, die Welt, in der er lebt, kennenzulernen. Der Mensch lernt, sich sicher in Wäldern, über Flüssen, durch Feuer, bei Wind und Sturm zu bewegen. Bald stellt sich jede Naturgewalt als ihr williger Diener zur Verfügung; Sie werden den Rossen der Ebene ähneln, die einst wild waren, jetzt aber trainiert sind und den Lenden und Gliedmaßen des Menschen ihre ganze Kraft und Kraft verleihen.

Nachdem die Jugend den Bereich der physikalischen Gesetze gemeistert hat, wird sie in den Bereich der häuslichen und sozialen Gesetze gedrängt.

Er rennt gegen seine Kameraden und Freunde an, überschreitet oft seine eigenen Rechte und verletzt die Rechte anderer. Dann fällt ein stärkerer Arm auf ihn und treibt ihn zurück in sein eigenes Territorium. Gelegentliche Züchtigungen durch Eltern und Lehrer, Freunde oder Feinde offenbaren ihm die Natur des Egoismus und erzwingen die Anerkennung anderer. So findet der Jugendliche durch langes Lehren die Gesetze heraus, die ihn umzingeln, die ihn aus jeder Pore bedrängen, bei Tag und bei Nacht, in der Werkstatt oder im Laden, zu Hause oder im Ausland. Langsam reifen diese Gesetze zur Männlichkeit heran. Wenn Ideen in rohes Eisen eingebracht werden, wird das Eisen zu einem Webstuhl oder einer Maschine. Wenn also Gottes Gesetze in einem Säugling inkarniert werden, wird das Kind in das Ebenbild eines Bürgers, eines Weisen oder Sehers verwandelt. Die Natur mit ihren Gesetzen ist nicht nur der früheste, sondern auch der mächtigste Lehrer des Lebens.

Die Versuchung ist ein weiterer Lehrer. Schutz gibt Unschuld, aber Übung gibt Tugend. Für Schiffsholz gehen wir am geschützten Treibhaus vorbei und suchen die Eiche auf den sturmgepeitschten Hügeln. In dieser wunderschönen Geschichte vom verlorenen Paradies reißt Gott die Hecke nieder, die um Adam und Eva errichtet wurde. Die Regierung durch einen Zaun draußen wurde von der Selbstverwaltung im Inneren abgelöst. Der Einsiedler und der Klosterheilige beenden ihre Karriere mit Unschuld. Aber Christus, der bis zum Blut gegen die Sünde kämpft, beendet seine Karriere mit Charakter. Gott erzieht den Menschen, indem er ihm die völlige Kontrolle über sich selbst gibt und ihn auf „das Pferd seines eigenen Willens" setzt und es ihm überlässt, es aus eigener Kraft zu brechen. Reisende nach Alaska erzählen uns, dass die Waldbeeren dort eine Süße erreichen, von der unser gemäßigtes Klima nichts weiß. Wissenschaftler sagen, dass das Glühwürmchen seine Feinde durch die Helligkeit seines eigenen Lichts in Schach hält. Der Mensch wird durch seine Liebe zur Wahrheit und zum Recht zu seiner eigenen Burg und Festung. Städte sind nicht mehr auf Nachtwächter angewiesen, um sich vor Plünderern und Einbrechern zu schützen. Früher vertrauten die Menschen auf Tresore und Eisenstangen an den Fenstern. Jetzt verlangen Banker elektrisches Licht, um ihre Schatztresore zu bewachen.

Seit Jahrhunderten zwingen die väterlichen Gesetze Spaniens jeden Spanier, seine Kirche zu fragen, was er denken und glauben soll. Diese Methode hat diesen Menschen ihre dauerhafte und eigenständige Männlichkeit geraubt und sie zu einer Rasse von Schwächlingen gemacht. Denn übermäßiger Schutz ist eine Gefahr. Stärke entsteht durch Ringen, Wissen durch Beobachtung, Weisheit durch Denken und Charakter durch Ausharren und Kämpfen. Bekanntheit ist oft ein Glücksfall. Jeder Luther und Cromwell wurde gegen den Tag der Gefahr und des Kampfes versucht und gestählt. So wie die siegreiche Alte Garde im Verhältnis zur Zahl und Schwere der Kriege geehrt wurde, die sie durchgemacht hatte, so bedecken die Versuchungen, die den Menschen vernichten wollen, wenn sie besiegt sind, ihn mit Ruhm. Ruskin stellt fest, dass die Kunstepochen auch Epochen des Krieges, des Umbruchs und der Tyrannei waren. Er begründet dies damit, dass, als die Tyrannei am härtesten, das Verbrechen am schwärzesten und die Sünde am hässlichsten war, Schönheit und Heldentum in den Rückschlägen und Konflikten ihre höchste Entfaltung erreichten.

Motley untersucht den Aufstieg der niederländischen Republik und stellt fest, wie die Erschütterungen und feurigen Taufen des Krieges diese Bauern in Patrioten verwandelten. Dies erklärt die Begeisterung der Gesellschaft für ihren Helden, der ganz vernarbt und grau ist. Wir bewundern die Unschuld des Kindes, aber es mangelt ihm an Reife und Reife; Es sind nur eine Handvoll Keime. Aber jedes Herz entzündet und glüht, wenn der wahre Held in der Person eines Paulus oder Savonarolas, eines Luthers oder Lincolns hervortritt, der durch Feuer, durch Flut, durch all den Donner des Lebenskampfes gegangen ist und sein Leben immer reifen, versüßen und vergrößern wird Feinheit und Sanftheit sind das Ergebnis großer Stärke und großer Weisheit, die er im Laufe eines langen Lebens angesammelt hat, bis er am Ende seiner Karriere steht wie die Sonne an einem Sommernachmittag, kurz bevor sie untergeht. Alle Statuen und Bilder wirken kitschig im Vergleich zu einem so reichen, reifen, leuchtenden und herrlichen Herzen, das mit einem christusähnlichen Charakter bekleidet ist.

Zu den Lehrern des Lebens gehören auch Neuheit und Lebensfreude. Erstens lebt der Mensch sein Leben in neuen persönlichen Erfahrungen. Dann wiederholt er durch Beobachtung sein Leben in der Karriere seiner Kinder. Ein drittes Mal umrundet er den Kreis und erlebt das Leben seiner Enkelkinder neu. Dann, weil das Neue vergangen ist und die Ereignisse seinen Geist nicht mehr anregen, zieht der Tod den Menschen von der Bühne und tritt in eine neue Schule ein. Der pädagogische Wert, der der Neuheit des Lebens beigemessen wird, ist enorm. Gott ist so reich, dass kein Tag und keine Szene einen früheren wiederholen muss. Das Sprichwort „Wir blicken nie auf denselben Fluss" sagt uns, dass sich alle Dinge ständig verändern und jeden Tag mit neuer Faszination erfüllen. „Während ich die Dichter lese", sagte Emerson, „denke ich, dass über Morgen und Abend nichts Neues gesagt werden kann; aber wenn ich sehe, wie der Tag anbricht, erinnere ich mich nicht an die Bilder von Homer und Chaucer. Die feuchte, warme, glitzernde, aufkeimende, melodische Stunde, die die engen Mauern meiner Seele einreißt und ihr Leben und Pulsieren bis zum Horizont ausdehnt.

Somit ist jeder neue Tag ein neuer Kontinent, den es zu erkunden gilt. Jeder Jugendliche ist ein neues Geschöpf voller entzückender und geheimnisvoller Möglichkeiten. Jedes Gehirn ist mit seinem eigenen Geheimnis ausgestattet, hat seine eigene Umlaufbahn und erlangt seine eigene, einzigartige Erfahrung. Wir leben in einer Welt, in der jedes Individuum, jedes Land, jedes Zeitalter, jeder Tag eine ganz eigene Geschichte hat. Diese Neuheit regt ständig die Neugier und das Lernen an. Gladstones Rezept, niemals alt zu werden, lautet: „Suchen Sie ein Thema in der Natur oder im Leben, für das Sie sich bisher noch nie interessiert haben, und erleben Sie seine Faszination." Für manche hört das Vergnügen auf, sobald ein Bild oder ein Buch gesehen wurde. Die Freude stirbt mit der Vertrautheit. Solche Menschen blicken auf die Tage der Kindheit als auf die Tage des Staunens und des Glücks zurück. Aber der Mann mit wirklicher Vision betrachtet jeden Stein, jedes Kraut und jede Blume immer mit den großen Augen von Kindern und mit einem Geist ständiger Verwunderung. Für ihn ist der Same eine Quelle voller neuer Freuden. Jeder Jugendliche sollte die Erfahrung von John Ruskin wiederholen. Die Begeisterung, die dieser Autor für die Welt Gottes empfand, war so groß, dass ihn ein Schauer der Angst, vermischt mit Ehrfurcht, erbeben ließ, als er sich einem fernen Berg näherte oder die Felsen über dem Wasser hängen oder die Wolken durch den Himmel ziehen sah vor Freude – einer solchen Freude, wie sie der Künstlerschüler in der Gegenwart seines edlen Meisters empfindet, einer solchen Erhellung von Geist und Herz, wie Dante es empfand, als er sich seiner Beatrice näherte. Phillips Brooks wurde mit zunehmendem Alter glücklicher und mit siebenundfünfzig sagte er: „Das Leben scheint ein Fest zu sein, bei dem Gott den besten Wein bis zum Schluss aufbewahrt." Bis zuletzt wuchs der große Prediger sprunghaft, denn er verlor nie jene Begeisterung für das Leben, die den besten Lehrern des Lebens Lebensfreude und Neuheit verleiht.

Durch ein seltsames Paradoxon werden die Menschen sowohl durch Monotonie als auch durch Neuheit gelehrt. In unserer Welt sind die Worte „Gesegnet sei die Plackerei" voller Bedeutung. Kultur und Charakter entstehen nicht durch verzehrende Aufregungen oder den Wirbel der Freuden. Der Kornspeicher wird nicht von den donnernden Kräften gefüllt, die Auge und Ohr ansprechen, sondern von den geheimen, unsichtbaren Kräften; die stillen Energien, die mächtigen Monarchen, die in Wurzeln und Samen verborgen sind. Was tobende Stürme nicht können, wird von stillem Saft und Sonnenschein erledigt. Alle grundlegenden Eigenschaften, die man Geduld, Ausdauer, Mut und Treue nennt, sind die Errungenschaften der Plackerei. Charakter kommt mit Gemeinplätzen. Größe entsteht durch langweilig gewordene Aufgaben und lästige Pflichten. Das Laufband ist ein göttlicher Lehrer. Wer Jahr für Jahr Sand schaufelt, braucht unser Mitleid nicht, denn das Sprichwort lautet: „Jeder Mensch hat seinen eigenen Sandhaufen." Der größte Geist, der seine Karriere ausführt, geht, sobald die Frische nachgelassen hat, einer abgedroschenen Aufgabe nach und findet die

Pflichten lästig. Es ist besser so. Ein Seher hat vorgeschlagen, dass die Stimmen der Erde gedämpft werden, damit wir das Flüstern Gottes hören können; Die Farben der Erde werden abgeschwächt, damit wir unsichtbare Dinge sehen können.

Einsamkeit ist ein weiser Lehrer. Wenn man auseinander geht, wächst die Jugend großartig. Emerson spricht davon, mit Gott allein über das Meer zu segeln. Die Begründer der Astronomie lebten auf einer Sandebene, wo der Horizont weder einen mit Weinreben bewachsenen Hügel noch eine verlockende Aussicht bot. Müde vom gelben Meer, wanderten ihre Gedanken entlang der himmlischen Straße und durch die Milchstraße, bis der Mann unsterblich wurde. Moses wurde der größte Jurist, weil er während der vierzig Jahre, in denen sein Geist kreativ und am besten war, in der Einsamkeit der Sandhügel rund um den Sinai lebte und frei für das intellektuelle und moralische Leben war. Die Geschichte erzählt von tausend Männern, die in Widrigkeiten ihre Tugend bewahrt haben, um dann in Stunden des Wohlstands unterzugehen. Das heißt, der Mensch wird durch die Krise stimuliert; Konflikt provoziert Heldentum, Verfolgung verleiht Stärke. Doch ohne die Notwendigkeit einer großen Prüfung zerfallen Männer, die großartig schienen. Die Menschen triumphieren im Unglück und werden von der Plackerei besiegt. Ein englischer Autor hat die Überzeugung zum Ausdruck gebracht, dass viele Männer „Ansehen erlangen, wenn alle Augen auf sie gerichtet sind, die inmitten von Dunkelheit und Monotonie in kleinliche Wertlosigkeit verfallen. Der krönende Sieg des Lebens gehört denen, die keinen glänzenden Kampf gewonnen haben, kein vernichtendes Unrecht erlitten haben; die die in keinem großen Drama eine Rolle gespielt haben, deren Wirkungskreis im Dunkeln lag, die aber große Prinzipien inmitten kleiner Pflichten liebten, erhabene Hoffnungen inmitten vulgärer Sorgen nährten und ewige Prinzipien in Kleinigkeiten veranschaulichten.

Verantwortung ist ein Lehrer der Gerechtigkeit. Gott erzieht die Menschen, indem er sie auf ihre eigenen Ressourcen verlässt. Der Mensch lernt schwimmen, indem er in den Strudel des Lebens geworfen wird und sich seinen Weg an Land bahnen muss. Kein Jugendlicher kann lernen, sein Lebensfahrzeug in einem abgeschiedenen und vor allen Stürmen geschützten See zu segeln, wohin andere Schiffe nie kommen. Geschicklichkeit entsteht durch das Segeln des eigenen Bootes zwischen Felsen und Stäben und gegnerischen Flotten, inmitten von Stürmen, Wirbeln und Gegenströmungen. In der englischen Literatur gibt es ein Sprichwort über die Unfähigkeit der Söhne reicher Männer. Der reiche Mann selbst wurde mächtig, weil er in Armut begann, keine Hand hatte, die ihm half, voranzukommen, und viele Hände, die ihn zurückhielten. Nach langem Ringen mit der gegnerischen Macht vereinte er in sich die Stärke und Weitsicht, die Genügsamkeit und Weisheit einer Zwanzig gewöhnlicher

Männer. Die Schule harter Schläge machte ihn zu einem Mann der Macht. Aber sein Sohn, der in einem weichen Nest liegt, vor jedem rauen Wind geschützt ist und die Bequemlichkeit mehr liebt als den Fleiß, läuft Gefahr, ohne Einsicht in die Geheimnisse seines Berufs oder seiner Industrie aufzuwachsen.

Allein die Verantwortung treibt den Menschen zur Arbeit und bringt seine besten Gaben zum Vorschein. Aus diesem Grund sollen die den Gelehrten gewährten Renten einigen genialen Männern geschadet haben. Johnson schrieb seinen unsterblichen Rasselas , um Geld für den Kauf des Sargs seiner Mutter zu sammeln. Hunger und Schmerz trieben Lee zur Erfindung seines Webstuhls. Nachdem sie als Witwe eine Familie ernähren musste, übernahm Mrs. Trollope in der Mitte ihres Lebens die Autorschaft und schrieb eine Reihe von Bänden. Die erbärmlichste Tragödie der englischen Literatur ist die von Coleridge. Wordsworth nannte ihn den vielseitigsten Mann seit Shakespeare, und Lamb hielt ihn für „einen leicht beschädigten Erzengel". Die Großzügigkeit seiner Freunde verschaffte dem Dichter ein Zuhause und alle Annehmlichkeiten, ohne dass er dafür arbeiten musste. Ist es möglich, dass Leichtigkeit und Verantwortungslosigkeit beim Opium dazu beigetragen haben, ihn zugrunde zu richten? Was meinte dieser Kritiker, als er über einen reichen jungen Freund sagte: „Er braucht allein die Armut, um ein großer Maler zu werden?" Es ist Verantwortung, die Vorsicht, Weitsicht, Besonnenheit und Mut lehrt und Schwache in Riesen verwandelt.

Die Extreme und Kontraste des Lebens prägen den Charakter stark. Unsere Welt bewegt sich von hell zu dunkel, von Hitze zu Kälte, von Sommer zu Winter. Heute auf dem Gipfel, ist der Held morgen im Tal. Moses, gestern ein verlassenes Sklavenkind, heute adoptiert von einer Königstochter; David, aber gestern ein Hirtenjunge mit seiner Harfe und heute im Palast des Königs wohnend; Menschen, die gestern im Überfluss lebten, heute in Armut versinken – das verdeutlicht die Extreme des Lebens. Diese Kontraste sind ebenso markant wie die, die wir an den Sonnenhängen der Alpen finden. Dort sind die Ausläufer mit Weinbergen bedeckt, während auf den Gipfeln ewiger Schnee liegt. In Wyoming sprudeln heiße Quellen dicht neben Schneeverwehungen. Während der wenigen und kurzen Lebensjahre des Menschen erlebt er viele Rückschläge. Er pendelt zwischen Hell und Dunkel hin und her. Für den Anführer ist es schwer, wieder in die hinteren Reihen zurückzufallen. Für den, der eine Bewegung zum Erfolg geführt hat, ist es nicht leicht, zu sehen, wie seine Lorbeeren Blatt für Blatt fallen. Nach einem langen und gefährlichen Dienst werden die alten und grauen Männer von der Jugend abgelöst, der die Gesellschaft nichts schuldig ist. So bewegt sich der Mensch von der Stärke zum Invalidismus, vom Wohlstand zum Unglück, von der Freude zum Leid, oder vom Elend zum Glück, von der Niederlage zum Sieg.

Nicht eine einzige Person wird jedoch früher oder später von diesen Veränderungen auf die Probe gestellt. Gott sendet Wohlstand, um den Charakter auf die höchste Ebene zu heben. Es ist ein Irrtum anzunehmen, dass die höhere Menschheit in extremer Armut gedeiht. Watkinson hat wunderschön gesagt: „Demut ist nie so schön, wie wenn sie in Scharlach gekleidet ist; Mäßigung ist nie so beeindruckend, wie wenn sie bei Banketten sitzt; Einfachheit ist nie so entzückend, wie wenn sie inmitten von Pracht wohnt; Reinheit ist nie so göttlich, wie wenn sie unbefleckt ist." Gewänder werden im Palast eines Königs getragen; Sanftmut ist nie so berührend wie bei den Mächtigen. Wenn Männer Gold und Güte, Größe und Frömmigkeit, Genie und Anmut vereinen, ist die menschliche Natur von ihrer besten Seite." Andererseits ist das Unglück eine Ergänzung, die den fehlenden Wohlstand ausgleicht. Die Fülle an Weihnachtsgeschenken führt oft dazu, dass Kinder die Eltern vergessen, die sie geschenkt haben. Manche sind mit Wohlstand geschmückt, so wie Berge mit üppigen Wäldern geschmückt sind. Andere zeichnen sich durch die Kargheit, aber auch durch die Erhabenheit und dauerhafte Stärke der Alpenberge aus. Der Charakter ist wie jede andere Struktur – nichts stellt ihn so auf die Probe wie Extreme.

Wenn Freundschaft und Liebe den Menschen bereichert und alle geheimen Quellen seines Wesens vertieft haben, wenn die Trauer ihn verfeinert und das Leid ihn milder gemacht hat, dann sendet Gott die Ideale, um den Menschen zu neuen Errungenschaften anzuspornen. Ein Ideal ist ein Muster oder Plan, der dem Menschen zur Nachahmung, Verwirklichung und Führung vor Augen gehalten wird. Im innersten Tempel der Stille des Herzens, wohin weder Freund noch Feind jemals kommen dürfen, enthüllt die Seele ihr geheimes Ideal. Das dort aufgestellte Muster verkündet sofort, was der Mensch ist, und prophezeit, was er sein wird. Im Alter denken die Menschen, was sie sind, aber in der Jugend werden wir das, was wir denken. Deshalb muss das vor dem geistigen Auge gehaltene Muster von höchster und reinster Qualität sein. Die Legende erzählt von einem Meisterlehrling, der aus den weggeworfenen kleinen Glassplittern ein Fenster von unvergleichlicher Schönheit baute. Das Ideal, das vor dem Geist des Jungen stand, ordnete und fügte diese zerbrochenen Teile zusammen und formte sie zu Linien vollkommener Schönheit.

So lebt und baut der Mensch durch seine inneren Bestrebungen. Das innere Auge offenbart dem Werktätigen ein besseres Werkzeug, ein besseres Gesetz oder eine bessere Reform, und die Verwirklichung dieser Visionen führt zu sozialem Fortschritt. Die Vision des Gewissens offenbart neue Möglichkeiten des Charakters, und diese geben Pflicht. Die Vision des Herzens offenbart neue Möglichkeiten der Freundschaft, und diese geben dem Zuhause. So wie die Sonne, die am Horizont steht, zunächst in jedem Tautropfen ihre Kreise zieht und danach die ganze Erde nach vorne hebt, so wiederholt sich das Ideal zunächst im einzelnen Herzen und hebt anschließend die gesamte Gesellschaft nach vorne. So entsteht für den Menschen, der seinen Charakter langsam aufbaut, das höchste Ideal, wenn Jesus Christus in seiner ganzen Pracht zum Vorschein kommt. Er ist keine leere Abstraktion, keine blutleere Theorie, sondern ein Knochen aus unseren Knochen, ein Bruder unseres eigenen Körpers und Atems, doch von keiner Schwäche getrübt, von keiner Sünde gezeichnet, der Versuchungen zurückwirft, wie manches Gibraltar die Wogen des Meeres und die Teile davon zurückwirft Treibholz. Stark, er bezwang seine Stärke am Tag der Schlacht und hielt sich wie Eisen. Doch Er war so sanft, dass Seine weiße Hand den Fall des Rosenblattes spürte, während Er Seine Riesigkeit den Bedürfnissen des kleinen Kindes beugte. Er konnte auch nicht von den Banden des Todes gehalten werden, denn Er bahnte einen Weg durch das Grab und ließ die Nacht des Todes leuchten wie den Tag. „Ich habe nur eine Leidenschaft", sagte Tholuck . „Er ist es! Er ist es!" So wie Shakespeare dem jungen Dichter zum ersten Mal seinen wahren Reichtum an Fantasie offenbart, wie Raffael dem jungen Künstler zum ersten Mal die Möglichkeiten der Farbe offenbart, so kennt der Mensch seine unendlichen Fähigkeiten erst, wenn Jesus Christus in all seiner ungetrübten Pracht hervortritt. Mit ihm hat der Mensch nicht nur seinen Lehrer und Erlöser , sondern auch seinen Meister und sein Vorbild, das alle Bedürfnisse der höchsten Männlichkeit und des edelsten Charakters erfüllt.

FUSSNOTEN:

Moderne Maler, Bd. III, S. 368.

BESTREBUNGEN UND IDEALE

„Als ein höchst reines und edles Gesicht,
Auf der überfüllten und eiligen Straße gesehen,
überströmt die Welt eine plötzliche Anmut,
einen fliegenden, süßen Geruch,
und dann lässt das Vorbeigehen die betrogenen Sinne zurück
, die mit einer geisterhaften Exzellenz zurückschrecken.

' So steigen in unserer Seele die Visionen auf
Von diesem schönen Leben, das wir nie geführt haben;
Sie blitzen prachtvoll an unseren Augen vorbei.
Wir schrecken auf, und sie sind geflohen;
Sie gehen vorbei und lassen uns mit leerem Blick zurück,
resigniert mit unseren unedlen Tagen." –
The Fugitive Ideal, von Wm. Watson.

„Zufriedenheit und Streben liegen im Leben eines jeden wahren Mannes."

„Kein Vogel kann im großen blauen Himmel gegen eine edle Seele antreten. Der Flügel des Adlers ist langsam im Vergleich zum Flug der Hoffnung und Liebe." – *Swing.*

„Wir überlegen uns,
was uns gefällt, und dann bauen wir es auf –
wie der Zufall es will, auf Felsen oder Sand;
denn die Zeit ist es leid, durch die Welt zu wandern,
und die heimatgebundene Fantasie lässt ihre Barke an Land laufen." ." –
Taylor.

III

BESTREBUNGEN UND IDEALE.

Der Mensch ist ein Pilger auf der Reise zur neuen und schönen Stadt des Ideals. Streben, nicht Zufriedenheit ist das Gesetz seines Lebens. Der heutige Triumph diktiert neue Kämpfe für morgen. Der vom Erfolg errötete Jugendliche kann sich nur für eine Nacht im Zelt der Zufriedenheit niederlassen; Wenn der Morgen kommt, muss er sein Zelt zusammenklappen und sich auf den Weg zu einer neuen Errungenschaft machen. Der Mann ist bereit für sein Begräbnisgewand, der sich von seinen gegenwärtigen Lorbeeren zufriedenstellen lässt. Gott hat die Welt mit Gegenmitteln zur Zufriedenheit und mit Anreizen zum Fortschritt überhäuft. Die Welt ist nicht für Faule geschaffen. Die Erde ist wie eine Straße, ein schlechter Ort zum Schlafen, ein guter Ort zum Reisen. Die Welt ist wie eine Schmiede, ungeeignet zum Wohnen, aber gut, um dem Schwert eines Kriegers Härte zu verleihen. Das Leben ist darauf ausgelegt, langweilige Männer aufzuwecken, faule Männer unglücklich und die Tiefflieger unglücklich zu machen. Wenn andere Anreize fehlschlagen, geißeln Angst und Reue die Menschen vorwärts; Aber vorrangige Ideale sind die Hauptanreger für Wachstum. Jeden Morgen, wenn die Seele aufwacht, sieht sie, wie der ideale Mann, den man eigentlich sein sollte, in voller Pracht aufsteigt, um den Mann zu beschämen, der man ist. Kolumbus wurde von den schwebenden Ästen, dem treibenden Unkraut und den seltsamen Vögeln in die neue Welt voller tropischer Schätze gelockt. Durch Bestrebungen und Ideale lockt Gott die Menschen in das unentdeckte Land der Seele. Vor langer Zeit führte der vorbeiziehende Stern die Weisen des Ostens zur Krippe, in der das kleine Kind lag; Und noch immer hängt Gott Hoffnungen in die Nacht der Menschen – Sterne, um die Menschen aus dem Sumpf der Zufriedenheit zu den Hügeln des Paradieses zu führen. Die Seele hungert nach etwas Großem, und Ideale locken zur langen Reise, zum fernen Hafen und sind die Sterne, nach denen der Pilger seinen Weg bestimmt.

Die großen Lehrer des Lebens sind Freundschaft, Beruf, Reisen, Bücher, Ehe und vor allem der Hunger nach Herzenslust. Diese inneren Sehnsüchte sind die Quellen allen menschlichen Fortschritts im Äußeren. Manchmal sagen Philosophen, dass die Geschichte der Zivilisation die Geschichte großer Männer sei. Wenn wir dies bekennen, wollen wir weitermachen und beachten, dass die Geschichte aller großen Männer die Geschichte ihrer idealen Stunden ist, die sich in Verhalten und Charakter verwirklichen. Als er um Mitternacht in seiner trostlosen Mansarde erwachte, bot sich John Milton eine herrliche Vision. Der zwölfjährige Junge würde gern ein Gedicht schreiben, das die Welt nicht freiwillig sterben lassen würde. Er wusste, dass jeder, der ein Heldengedicht schreiben wollte, zunächst ein heldenhaftes Leben führen musste. Von dieser Stunde an folgte der Jugendliche dem Ideal, das ihn weiterführte, strebte sieben Jahre lang unaufhörlich nach Wissen, schloss sein Buch nie vor Mitternacht ab und verließ Cambridge mit dem Beifall des Guten und ohne Makel oder Makel in seinem Leben. Als er später eine Pilgerreise nach Italien unternahm, um in diesem Land der Lieder und Geschichten zu studieren, hörte er von den Bürgerkriegen in England und kehrte sofort zurück, wobei er seinen Ehrgeiz für Kultur aufgab, weil er es für sinnvoll hielt, entspannt und sicher ins Ausland zu reisen während seine Mitbürger zu Hause für die Freiheit kämpften. Als er sich dem Angriff eines brutalen Soldaten widersetzte, der sein Schwert hob und sagte: „Ich habe die Macht, dich zu töten", antwortete der Gelehrte: „Und ich habe die Macht, getötet zu werden und meinen Mörder zu verachten." Als er alt und blind wurde und bösen Tagen und Zungen zum Opfer fiel, schrieb er aus seinem heldenhaften Leben heraus sein unsterbliches Gedicht. Im Sterben verfolgte er immer noch sein Ideal, denn als er sich ins Tal und in den Schatten bewegte, flüsterte der blinde Dichter: „Immer noch führt ihn die himmlische Vision!"

Hätten die Menschen es nur gewusst, das ist das Geheimnis aller heroischen Größe. Hier sitzt der unvergleichliche alte Grieche Sokrates im Gefängnis und spricht mit seinen Freunden über Tod und Unsterblichkeit, über die Wahrheit und Schönheit, die er jenseits zu finden hofft. Mit einer Hand reibt er sein Bein, das von den harten Fesseln wund ist, mit der anderen hält er den Giftbecher. Als die Sonne den Horizont berührte, nahm er den Kelch des Todes aus der Hand des Gefängniswärters und ging mit strahlendem Gesicht ins Tal hinab, und inmitten der dichten Schatten verschwand er für immer aus den Augen der Sterblichen und verfolgte immer noch seine herrliche Vision. Und hier ist dieses reinweiße Märtyrermädchen, gemalt von Millais, mitten im Meer inmitten der steigenden Flut, blickt aber in den offenen Himmel, mit einem großen, süßen Licht auf ihrem Gesicht. Hier ist Luther, umgeben von finster dreinblickenden Soldaten und hungrigen, wölfischen Priestern, der nach oben schaut und dann herausfordert: „Ich kann und werde nicht widerrufen, Gott steh mir bei." Hier ist John Brown, dessen Körper völlig von Kugeln durchbohrt ist und der schrecklich wund ist, wie er sich bückt, um das Kind zu küssen, als es zum Galgen geht, mit Herz so hoch wie an seinem Hochzeitstag. Und hier ist diese christliche Krankenschwester, die der Schlachtlinie bis dicht an die Schützengräben folgte, ihr Feuer anzündete und heiße Getränke für sterbende Männer zubereitete; Als sie vom Oberst gefragt wurde, der ihr sagte, sie solle diese Feuer machen, antwortete sie: „Gott, der Allmächtige, Sir!" und machte sich sofort daran, ihre Vision zu verwirklichen. Und hier ist Livingstone mit seinem großen, schroffen Kopf und den tiefliegenden

Augen, gefunden im Herzen Afrikas, tot neben seinem Sofa, mit kaum trockener Tinte auf den Worten, die seine Vision interpretierten: „Gott segne alle Menschen, die auf irgendeine Weise helfen." heile diese offene Wunde der Welt!" Da ist vor allem Christus, der von der Stunde an, als der Stern bei seiner Krippe in Bethlehem blieb und das Licht, das man weder an Land noch auf See gesehen hatte, auf dem leuchtenden und verklärten Berg schien, bis zum Tag seines erhobenen Kreuzes folgte der göttlichen Vision, die ihn schließlich zum Ölberg führte, zum offenen Himmel, zur aufsteigenden Wolke, zum einladenden Himmel.

Aber Gott, der großen Männern Visionen gegeben hat, stellt jedes kleinere menschliche Leben zwischen seinen Traum und seine Aufgabe. Im Volk wird ein tiefer Herzenshunger geweckt, und dann erhebt sich ein Patriot, Reformer oder Held, um dieses Streben zu stillen. Später speichert die Geschichte diese edlen Errungenschaften von gestern als Seelennahrung für heute . Das Herz braucht wie der Körper Nahrung und findet sie in den höchsten Taten und besten Eigenschaften derer, die es zuvor getan haben. So wird der Künstlerschüler von seinem großen Meister gefüttert. Der junge Soldat eifert seinem tapferen General nach. Der Patriot lässt sich von seinem heldenhaften Häuptling inspirieren. Die Geschichte zeichnet die Taten edler Männer auf, nicht um ihre Seiten zu schmücken, sondern um die nachfolgenden Generationen zu stärken. Der Maßstab für die Zivilisation einer Nation ist die Anzahl der Helden, die sie hatte und deren Qualitäten für Kinder und Jugendliche gesammelt wurden.

Ein einziger Held hat ein Volk verwandelt. Der blinde Barde, der durch die Dörfer Griechenlands sang, traf auf ein unhöfliches und einfaches Volk. Aber Homer öffnete eine Galerie in den Wolken und enthüllte dort Achilles als den idealen Griechen. Es wurde zum Ehrgeiz eines jeden athenischen Jungen, die Ilias in seinem Gedächtnis zu verankern und Achilles in seinem Herzen und Leben zu wiederholen. Bald blickte der Achilles am Himmel auf 20.000 junge Achilles herab, die durch die Straßen darunter gingen. Mit welcher Bewunderung erinnern sich die Menschen an die geistigen Leistungen Athens! Was für Tempel und welche Statuen darin! Was für Redner und Beredsamkeit! Was für Dramen! Was für lyrische Gedichte! Was für Philosophen! Doch ein idealer Mann, der nie lebte, außer in der Vision eines Dichters, verwandelte unhöfliche Stämme in intellektuelle Riesen. Daher hungert jede Nation nach Helden. Wenn es keine gibt, schickt Gott Dichter, um sie als Seelennahrung für die Jugend der Nation zu erfinden. Das beste Geschenk an ein Volk sind nicht Weinberge, noch überfüllte Getreidespeicher, noch überfüllte Häfen, noch reiche Flotten, sondern ein guter und großer Mann, dessen Beispiel und Einfluss die Größe im ganzen Volk widerspiegeln. So wie der Planet, der über unserer Erde hängt, das Meer in Flutwellen erhebt, so hängt Gott berühmte Männer in den Himmel, um ihre reichen Schätze auf die Gesellschaft herabregnen zu lassen.

Darüber hinaus sind es die Anzahl und Art seiner Bestrebungen, die den Platz eines Mannes auf der Skala der Männlichkeit bestimmen. Am niedrigsten von allen ist die große Unterklasse der pulslosen Männer, die sich mit dem Kriechen begnügen und nicht an Flügel denken, mit denen sie sich erheben könnten. Sie sind bloße Drifter, Geschöpfe der Umstände, die gleichgültig dort bleiben, wo Geburt oder Ereignisse sie hervorgebracht haben. Da sie Nahrung und Kleidung haben, sind sie damit zufrieden. Keine Inspiration treibt sie an, keine Ideale tadeln sie, keine Vision möglicher Exzellenz oder eines möglichen Fortschritts beeinträchtigt ihre vulgäre Zufriedenheit. Wie tote Blätter, die von der Strömung vorangetrieben werden, treiben diese Männer durch das Leben. Nicht wirklich schlecht, sie sind nur gleichgültig gut und daher der Stoff, aus dem bösartige Menschen gemacht sind. In Malariagebieten, sagen Ärzte, sind Menschen mit überdurchschnittlicher Gesundheit in Sicherheit, weil die überbordende Vitalität im Inneren das Gift in der Außenluft zurückdrängt, während Männer, die an der Grenze zwischen guter Gesundheit und Krankheit leben, die Bedingungen für Fieber schaffen, die die Krankheit verzehren Leben. Ebenso sind Männer, die ein gleichgültiges, auf dem Rücken liegendes Leben ohne Impulse nach oben führen, dem Bösen ausgesetzt und werden zu einer ständigen Bedrohung für die Gesellschaft.

Weiter oben auf der Skala der Männlichkeit stehen die Männer mit intermittierenden Ambitionen. Ein Reisender kann vom Licht der immerwährenden Sonne geleitet voranschreiten, oder er kann nachts inmitten eines Gewitters reisen, wenn das einzige Licht ein gelegentlicher Blitz ist, der hier den Weg und dort den Abgrund offenbart. Aber sobald der Blitz vorbei ist, ist die Dunkelheit dichter als zuvor. Und den Menschen kommen leuchtende Stunden, die das gemeinsame Leben zurechtweisen. Dann rebelliert die Seele vor allen bösen Gedanken und Dingen und sehnt sich nach allem, was gottähnlichen Charakter hat, nach Ehre und Reinheit, nach Tapferkeit und Mut, nach Treue zu den feineren Überzeugungen, die tief in den geheimen Tiefen der Seele verborgen sind. Was sind das für Helden – in der Visionsstunde! Mit welcher Stärke halten diese Soldaten den Schlägen stand – wenn die Schlacht noch in der Zukunft liegt! Aber sobald der Konflikt kommt, verschwindet ihr Mut! An einem Wintermorgen formt der Frost auf der Fensterscheibe Bäume, Häuser, Throne, Burgen, Städte, aber das ist nur Frost. So hängt die Vorstellungskraft Bilder von der Herrlichkeit und Erhabenheit und Gottähnlichkeit des höheren Lebens vor den Geist, aber ein einziger Hauch der Versuchung beweist, dass sie vergänglich sind. Diese zeitweise auftretenden Ideale sind jedoch besser als ununterbrochene Rückenlage und Zufriedenheit. Aber das Beste von allem ist die dritte Art von Männern, die im täglichen Leben ihre leuchtenden Stunden erkennen und ihre Ideale in Verhalten und Charakter umwandeln. Dies sind die Seelenarchitekten, die ihre Gedanken und Taten in einen Plan einbauen; die vorwärts reisen, nicht ziellos, sondern einem Ziel entgegen; die nicht irgendwohin segeln , sondern in Richtung eines Hafens; die nicht nach den Wolken, sondern nach den Fixsternen lenken. Ganz oben auf der Skala der Menschheit stehen diejenigen, die unaufhörlich nach dem großen Vorbild des Lebens streben.

Betrachten Sie die Nutzung der Bestrebungen der Seele. Ideale erlösen das Leben von der Plackerei. Vier Fünftel der Menschheit sind so übergewichtig und unterhirnbehaftet, dass der Geist erschöpft ist, um für Hunger und Kleidung zu sorgen. Nicht morgen, aber es könnte den Menschen große Not bereiten. Armut verengt das Leben zu einem Laufbanddasein. Unzählige Menschen schuften in der festen und tiefen Mine. Viele Menschen müssen sich an unangenehme Gerüche in der Nase gewöhnen. Menschen schuften von morgens bis abends inmitten des Maschinenlärms, vor dem sich das Ohr auflehnt. Myriaden graben und forschen und verachten ihre Mühe. Wer all seine Jahre damit verbringt, Nadeln in ein Papier zu stecken, sieht sich in seiner Entwicklung als Mann bedroht. Andere sind mitten im Leben gestrandet. Kürzlich verlief die Testausstellung einer Maschine erfolgreich und die Anwesenden gratulierten dem Erfinder herzlich. Aber ein Mann war anwesend, dessen Gesicht vor Schmerz verzerrt war und dessen Augen von Tränen feucht waren. Als er einem Fragesteller seine Gefühle erklärte, sagte er: „Vor einer Stunde betrat ich diesen Raum als gelernter Arbeiter; diese Maschine schickt mich als gewöhnlicher Arbeiter aus dieser Tür. Seit Jahren verdiene ich als erfahrener Maschinenschlosser fünf Dollar am Tag. Nach Sparsamkeit I." Ich hatte gehofft, meine Kinder in eine höhere Sphäre zu erziehen, aber jetzt ist jede meiner Hoffnungen ruiniert. Das Leben ist voller dieser Enttäuschungen. Eine Reise unter Menschen ist wie eine Reise durch ein Erntefeld, nachdem ein Hagelsturm alle Knospen und Blätter abgerissen und den jungen Mais in die Erde geschleudert hat. Um ein solches Leben zu führen, müssen Menschen durch Hoffnungen und Sehnsüchte gerettet werden. Dann sendet Gott Visionen herein, um den Menschen Flügel zu geben und sie in den Bereich der Ruhe zu heben. Es entsteht Hoffnung, die Knechtschaft des Lebens zu brechen. Die Seele erhebt sich wie ein Singvogel in den Himmel.

Enttäuschte Männer finden, dass Essen selbst nicht so süß ist wie Träume. Die auf dem Dachboden arbeitende Näherin näht mit jedem Faden Hoffnung und träumt davon, dass ein Ritter kommt, um sie aus der Armut zu befreien, und ihre Träumereien verspotten und verzehren ihr Leid. Der Arbeiter, der in seinem Graben gräbt, versüßt seine Mühe und lindert seine Müdigkeit durch den Traum von dem bescheidenen Haus, das er eines Tages mit Arbeit und Liebe aufbauen wird. Viele im mittleren Lebensalter finden sich, wenn es zu spät ist, im falschen Beruf wieder, bewahren aber ihre Nützlichkeit und ihr Glück, indem sie sich mit den Gedanken an den Beruf umgeben, den sie lieben und den sie darüber hinaus vielleicht noch erfüllen werden. Wie funktioniert die Fantasie überall! Welche Schiffe werden dadurch gebaut, welche Länder werden erkundet, welche Armeen werden geführt, welche Throne werden in Gedanken errichtet! Als der Samen in der Gefängniszelle aufging, vergrößerte der dort eingesperrte Gelehrte die kleine Pflanze, bis sie in seinen Gedanken zu einem riesigen Wald wurde, in dem alle Blumen blühten und würzige Sträucher wuchsen und Vögel sangen und in dem Bäche mit einer Musik plätscherten, die nie erklang sterbliches Ohr. Unzählige Menschen ertragen es, indem sie unsichtbare Dinge sehen. Sie ziehen sich von den Ärgernissen und Enttäuschungen draußen in ihr Leben mit verborgener Vision zurück. Ihre inneren Gedanken stehen in seltsamem Kontrast zu den äußeren Tatsachen und dem Leben. Im Mittelalter, als die Judenverfolgung ausbrach, wurden diese Kaufleute unterdrückt und ausgeraubt und konnten sich vor der Zerstörung nur dadurch retten, dass sie draußen ein erbärmliches Leben und in verborgenen Verstecken ein fürstliches Leben führten. Es wurde gesagt: „Man könnte einem alten Kaufmann folgen, der voller Flecken und Flecken von all dem Elend des Bettelns ist, durch Gassen, die für die Füße unangenehm und für alle Sinne beleidigend sind, und durch eine enge Gasse etwas betreten, das wie der Eingang eines Hauses aussieht." schlecht gepflegter Stall. Von dort öffnet sich eine schäbige Halle voller übler Gerüche. Doch wenn man die Stufen hinaufsteigt, gelangt man zu einem Geheimgang, wo man beim Öffnen der Tür von dem Glanz geblendet wird, der auf einen hereinbricht. Man befindet sich im Palast eines Prinz. Die Wände sind mit Schmuck bedeckt. An den Wänden hängen seltene Wandteppiche. Die Schüsseln, die den Tisch bedecken, sind aus Silber und Gold, und das Haus, das sich beeilt, den Elternteil zu empfangen und seine äußere Verkleidung abzulegen, ist selbst wie der König gekleidet Kinder." Daher machen die Ideale einen großen Unterschied zwischen dem äußeren Menschen und dem verborgenen inneren Leben. Das Unsichtbare sieht, das Herz singt, während die Hand arbeitet. Die obige Vision hebt das Leben aus der Müdigkeit in den Bereich der Freude und Ruhe.

Es ist auch die Aufgabe dieser göttlichen Ideale, das niedere physische Leben zu tadeln und jeden schmutzigen, selbstsüchtigen Zweck zu vereiteln. Die Visionsstunde ist der natürliche Feind der vulgären Stimmung. Männer beginnen ihr Leben mit dem hohen Ziel, edel, großzügig und offen zu leben. Voller erlesener Bestrebungen und hungrig nach den höchsten Dingen betritt die Jugend triumphierend den Weg des Lebens. Doch auf seiner Reise begegnet er Konflikten und Streit, Neid und Eifersucht, Enttäuschung und Niederlage. Es fällt ihm schwer, dem Niveau seiner besten Laune gerecht zu werden. Eigennutz beeinflusst sein Urteilsvermögen. Gier besticht mit der Vernunft. Stolz führt ihn in die Irre. Egoismus verleitet ihn dazu, sein feineres Selbst zu verletzen. Der Kampf um die Aufrechterhaltung seiner Ideale ist wie ein Kampf ums Leben selbst. Viele, leider! Geben Sie nach einem kurzen, heftigen Konflikt den Krieg auf und brechen Sie den Glauben und die Treue zu den tieferen Überzeugungen. Sie löschen das Licht, das in der Ferne schien, um sie anzulocken und anzufeuern. Sie sind davon überzeugt, dass das ideale Leben nicht praktikabel ist, und finden einen Durchschnitt zwischen ihrer höchsten Stimmung und ihren tiefsten Stunden. Dann ist der Glanz des Lebens völlig verblasst, und die Seele gleicht einem edlen Herrenhaus am Morgen nach einem Bankett oder Empfang. Am Abend, wenn man sich auf das glanzvolle Fest vorbereitet, wird das ganze Haus erleuchtet. Jede Kuriosität ist in ihrer Nische. Die Harfe ist an ihrem Platz. Die Luft ist erfüllt vom Duft von Rosen. Aber wenn der Morgen kommt, wie groß ist die Veränderung! Die Fenster sind verdunkelt und die Flure verlassen; die Wachskerzen sind bis zur Fassung durchgebrannt oder flackern in Rauch auf; Die von der heißen Luft verbrannten Blumen sind verwelkt und abgefallen, und im Bankettsaal sind nur noch die „Bruchstücke" übrig. Vorbei ist die ganze Pracht des Festes! Wenn also Menschen ihre heroischen Ideale beiseite legen und ihre Visionen begraben, schwindet der Glanz des Lebens und seine Schönheit geht verloren. Dann sendet Gott die himmlische Vision, um das ärmere, sinnliche Leben und die materielle Stimmung des Menschen zu tadeln. Über dem Leben, das ist, hängt Gott die Herrlichkeit, die Größe und die Reinheit des Lebens, das sein könnte, und die Seele, die nach oben blickt, verachtet die niederen Dinge und hungert und dürstet nach Wahrheit und Reinheit. Dann kommt der Mensch wieder zu sich selbst und kehrt zur Seite seines Vaters zurück .

Darüber hinaus kommen diese Visionsstunden zu den Menschen, um ihnen Hinweise und Schimmer davon zu geben, was sie sein werden, wenn die Zeit und Gottes Ressourcen ihren Zweck der Stärke und Schönheit in der Seele erfüllt haben. Der Mensch wird weit von sich selbst entfernt geboren und muss das Ziel sehen, auf das er zusteuert. Er hat einen Körper und führt ein niederes Leben, aber der Mensch ist das, was er in seinen besten Stunden und erhabensten Stimmungen ist. Der Maßstab für die Stärke jedes Lebewesens ist seine höchste Fähigkeit. Die Stärke des Hirsches ist Schnelligkeit, die Stärke eines Löwen; Aber der Kraft des Fußes fügt der Adler Flügel hinzu und wird deshalb für seinen schnellen Flug gelobt. Dem Flügel verleiht die Biene ein Genie für das Bauen mit geometrischem Geschick, und ihr Lob liegt in ihrer seltenen Intelligenz. So muss der Mensch auch an seiner höchsten Fähigkeit gemessen werden, nämlich dass er die Macht hat, unsichtbare Dinge zu sehen und in unsichtbaren Bereichen zu wirken. Es wird uns erzählt, dass Cicero drei Sommervillen und eine Winterresidenz besaß, aber er war nicht stolz auf seinen Reichtum, sondern auf seine Redekunst und seine Beredsamkeit. Der große alte Staatsmann Englands hat die Fähigkeit, die Axt auf die hohen Bäume zu heben, aber er rühmt sich seiner Fähigkeiten in der Staatskunst. Nebenbei erntet der Mensch Schätze auf den Feldern, findet Reichtümer in den Wäldern und Reichtum in den Bergen; doch seine wahre Männlichkeit liegt in der Vernunft und dem moralischen Gefühl und dem Geist, der „Vater unser" sagt. Für ihn ist das Leben für den Körper so, als würde jemand, der einen prächtigen Palast erben sollte, die Galerien, Bibliotheken und prächtigen Säle schließen und nur den Speisesaal öffnen, um dort zu leben und zu essen.

Glücklich ist der Mann, der ein guter Mechaniker oder Kaufmann ist; aber leider! wenn er nur das ist. Glücklich, wer in der Nähe der Kornkammer und des Vorratshauses Erfolg hat; aber leider! wenn er in Richtung des spirituellen Bereichs schrumpft und schrumpft. Auf alle, die reich an physischen Schätzen sind, aber dem unsichtbaren Bereich gegenüber bankrott sind, kommt ein göttlicher Einfluss, der Unzufriedenheit hervorruft. Dann sieht man, dass niedere Freuden ungekrönt sind und schmutzige Freuden kein Zepter haben. Die Seele wird unruhig und enttäuscht, wo sie einst zufrieden war. Wenn es in die Ferne blickt, sieht es in seinen Visionsstunden den schönen Zustand, zu dem Gott es eines Tages führen wird. Hier erinnern wir uns an den Traum des Bauern. Sein bescheidenes Häuschen wurde, während er schlief, mit einem Strohdach gedeckt und zu einem vornehmen Herrenhaus. Aus dem einen kleinen Raum wurde viel und riesig. Die kleinen Fenster wurden gewölbt und schön und blickten auf die riesigen Anwesen, die ihm gehörten. Der Kamin wurde zum Altar, über dem Seraphim hingen. Der Schornstein wurde zu einer goldenen Leiter, wie die, die Jakob sah, und seine lebenden und toten Kinder gingen wie Engel vorbei und trugen Schätze hinauf und hinunter. Und während das menschliche Herz grübelt und träumt, baut Gott sein Heiligtum in der Seele. Die Vision, die das Herz sieht, ist in Wirklichkeit das Muster, nach dem Gott wirkt. Diese erfüllen die Transformation, die im Traum des Bauern bewirkt wurde.

Um ihren edlen Dienst zu erfüllen, haben Ideale schwere Feinde. Dazu zählen Eitelkeit und Stolz. Als der Weise sagte: „ Siehst du einen Mann, der in seiner eigenen Einbildung weise ist, so gibt es für einen Narren mehr Hoffnung als für ihn", deutete er an, dass er Narren gekannt hatte, die von ihrer Torheit geheilt worden waren, aber nie einen eitlen Mann, der von seiner Eitelkeit geheilt worden war . Plinius sagte: „Es ist genauso schwer, Stolz zu erziehen, wie eine leere Flasche mit einem Korken darin zu füllen." Manche Männer sind von Natur aus eitel. Sie denken, dass die gesamte Schöpfung auf ein Zentrum zuläuft, und sie sind dieses Zentrum. Der Ausschlag der Einbildung bricht häufig schon sehr früh im Leben aus. Bei den meisten ist es wie das Tänzeln und Fröhlichkeit eines untrainierten

Fohlens; Das Heilmittel ist der Pflug und das Geschirr. Auch das Scheitern ist ein Heilmittel, und das gilt auch für den Erfolg. Vor allem aber tadeln die Ideale die Einbildung. Die Vorstellung ist Gott in der Seele, und die Erhöhung der möglichen Errungenschaften, der Herrlichkeit dessen, was Menschen werden können, beschämt und macht verächtlich, was Menschen sind.

Auch Trägheit und Zufriedenheit stehen den Idealen entgegen. Männer vereinen ein paar Großzügigkeiten und Integrität. Seelengeizige Menschen freuen sich darüber, wie Geldgeizige über ihren glänzenden Schatz, zufrieden mit der geringen Tugend, die sie haben. Aber kein Mann hat das Recht, einer stagnierenden Karriere nachzugehen; Das Leben soll keine Pfütze sein, sondern ein süßer und fließender Bach. Kein Mensch hat das Recht zu rosten; er ist verpflichtet, seine Werkzeuge durch Gebrauch hell zu halten. Kein Mensch hat das Recht, gelähmt zu sein; er muss sich vergrößern und wachsen. Also kommen Ideale ins Spiel, um die Menschen zu zwingen, vorwärts zu gehen. Es ist einfacher, sich in eine Dornenhecke zu legen oder in einem Brennnesselnfeld zu schlafen, als zufrieden zu bleiben, wie er ist, während seine Ideale ihn nach oben geißeln.

Vor allem die bösartigen Elemente stellen sich dem idealen Leben entgegen. Es besteht Feindschaft zwischen Vulgarität und Visionen. Wenn Wut kommt, geht die Freude; Wenn die Gier im Übergewicht ist, wird die Großzügigkeit vertrieben. Wenn während eines Vogelgesangs im Wald nur der Schatten eines herannahenden Falken auf den Boden fällt, ist jede süße Stimme verstummt. Wenn also auch nur ein einziger böser, falkenartiger Ton im Herzen zu hören ist, verschwinden alle edleren Freuden und Bestrebungen. Das höhere Leben ist mit dem niederen verfeindet, und dieser Krieg ist ein Krieg der Vernichtung.

Oh, ihr jungen Herzen! Behüte gut einen Felsen, der für alle Vorzüglichkeit verhängnisvoll ist. Wenn Sie jemals den Glauben an Ihre Ideale gebrochen haben, heben Sie sie auf und erneuern Sie den Glauben. Schätzen Sie Ideale, wie der Reisende den Nordstern schätzt, und halten Sie das Leitlicht rein und hell und hoch über dem Horizont. Das Schiff kann seine Segel und Masten verlieren, aber wenn es nur Kurs und Kompass beibehält, kann der Hafen erreicht werden. Sobald es den Stern zum Vorbeisteuern verliert, muss die Reise mit einem Schiffbruch enden. Denn wenn der heroische Zweck verschwindet, verschwindet die ganze Herrlichkeit des Lebens. Niemand soll die Beerdigung des Sohnes einer Witwe für den traurigsten Anblick der Welt halten. Mögen die Menschen nicht darüber trauern, dass die Erstgeborenen unter dem Rasen liegen, als wäre dies der größte Kummer des Menschen. Die Erde kennt keine Tragödie wie den Tod der Ideale der Seele. Deshalb kämpft für sie wie für das Leben selbst! Der Zyniker mag sie lächerlich machen, weil er, nachdem er seine eigene Reinheit und Wahrheit verloren hat, natürlich denkt, dass keine davon rein oder wahr sei; aber weise Männer werden sich über Bestrebungen und Ideale beraten lassen. Sogar niedrige Dinge haben die Kraft zur Aufstachelung. Kein toter Baum im Wald wäre so unansehnlich, wenn nicht eine großzügige Rebe einen Mantel der Schönheit um seine Nacktheit hüllen würde. Kein Keller ist so dunkel, aber wenn es einen Spalt gibt, durch den das Sonnenlicht fällt, streckt die Pflanze ihre schwachen Ranken empor, um von dem wärmenden Strahl gesegnet zu werden. Doch die Seele stammt von Gott, ist höher als Weinstock oder Baum und sollte nach Ihm streben, der diese geheimnisvollen Sehnsüchte im Herzen weckt.

Die Seele ist wie ein verlorenes Kind. Es wandert ein Fremder in einem fremden Land. Oft ist es herzzerreißend , denn selbst die besten Dinge befriedigen es nur für kurze Zeit. Tägliche, geheimnisvolle Ideale pochen und pochen in uns. Es kämpft mit einer vagabundierenden Unruhe. Es sehnt sich nach dem, was es nicht findet. Ein tiefer, geheimnisvoller Hunger steigt auf. Es würde gern zur Besinnung kommen. In seinen idealen Stunden sieht es in der Ferne die Vision, die es nach Hause und in den Himmel lockt. Das Geheimnis des Menschen ist das Geheimnis seiner Sehstunden. Diese sagen ihm, woher er kam – und wohin er geht. Dann wurde Christus zum Führer der Seele; Gottes Herz, die Heimat der Seele.

DIE PHYSISCHE BASIS DES CHARAKTERS

„Gesundheit ist das lebenswichtige Prinzip der Glückseligkeit." – *Thompson.*

„Gute Natur ist oft nur eine Frage der Gesundheit. Menschen mit einer guten Verdauung neigen dazu, gutmütig zu sein; mit schlechter Verdauung sind sie mürrisch." – *Beecher.*

„Ein Mann, der in seiner Jugend so erzogen wurde, dass sein Körper der bereitwillige Diener seines Willens ist und mit gleicher Leichtigkeit und Freude alle Arbeiten verrichtet, zu denen er als Mechanismus fähig ist, – dessen Intellekt eine klare, kalte Logikmaschine ist, mit allen seinen Teilen von gleicher Stärke und in einwandfreiem Zustand, bereit wie eine Dampfmaschine, für jede Art von Arbeit eingesetzt zu werden und die hauchdünnen Fasern zu spinnen und die Anker des Geistes zu schmieden." – *Huxley.*

„Abschließend habe ich noch einen Rat, der von sehr großer Bedeutung ist. Sie sollten bedenken, dass die Gesundheit eine Sache ist, um die man sich ständig kümmern muss, als die allerhöchste aller zeitlichen Dinge. Es gibt keine Errungenschaft, die perfekter Gesundheit gleichkommt." Was sind Nuggets oder Millionen?" – *Carlyles Ansprache an Studenten in Edinburgh.*

„Obwohl ich alt aussehe, bin ich doch stark und lüstern.
Denn in meiner Jugend habe ich nie
heiße und rebellische Getränke in meinem Blut getrunken und
auch nicht mit schamloser Stirn um
die Mittel der Schwäche und Schwäche geworben.
Deshalb ist mein Alter wie ein lüsterner Winter,
frostig, aber freundlich. — „*Wie es euch gefällt* ", ii: 3.

IV

DIE PHYSISCHE BASIS DES CHARAKTERS

Die antike Gesellschaft betrachtete den menschlichen Körper mit größter Verehrung. Der Bürger von Theben oder Memphis kannte keinen höheren Ehrgeiz als die Fähigkeit, seinen Körper einzubalsamieren. Die Menschen liebten bis zum Tod und darüber hinaus das physische Haus, in dem die Seele wohnte. Jeder Instinkt der Verfeinerung und Selbstachtung empörte sich gegen den Gedanken, den Körper wie ein abgelegtes Kleidungsstück oder ein abgenutztes Werkzeug wegzuwerfen. In seiner Sterbestunde war es Ramses nicht wichtig, dass seine Karriere auf einem Obelisken dargestellt und in einer Pyramide aufbewahrt werden sollte, aber es lag dem König sehr am Herzen, dass der Einbalsamierer dem Körper, mit dem seine Seele singend, weinend und weinend gegangen war, Beständigkeit verleihen sollte liebend durch sechzig Jahre und zehn. Der in den Gräbern gefundene Papyrus sagt uns, dass die Soldaten dieser fernen Zeit den Tod selbst nicht mehr fürchteten als den Sturz an einen abgelegenen Ort, wo der Körper, vernachlässigt und vergessen, seine Elemente schnell an Luft und Erde zurückgeben würde. Wie edel war das Gefühl, das Händen und Füßen Würde und Ehre schenkte! Heilig, doppelt heilig war der Körper, der der Seele lange und treu gedient hatte!

Die Seele ist eine Stadt, und so wie Theben viele Tore hatte, durch die große, mit kostbaren Schätzen beladene Karawanen zogen, so sind die fünf Sinne Tore, durch die alle Anblicke und Geräusche der Erde reisen. Durch das goldene Tor des Ohrs sind welche edlen Wahrheiten gegangen, welche Botschafter der Zuneigung, welche süßen Freundschaften sich vereint haben. Das Auge ist ein Via Appia, über den alle Prozessionen der Jahreszeiten gegangen sind. Wie schützen Hand und Sehkraft den Menschen? Jäger benutzen scharfe Speere, um wilde Tiere zurückzuhalten, aber Livingstone, nur mit Augenstrahlen bewaffnet, trieb ein knurrendes Tier in das Dickicht, und Luther, der seine großen Augen auf einen Attentäter richtete, ließ den Mörder fliehen. Welche Flöte oder Harfe ist in ihrer Süße mit der Stimme vergleichbar? Es trägt Warnung und Alarm. Es wird für Sie sprechen, für Sie bitten, für Sie beten. Es ist wirklich ein Architekt, der Dantes Diktum erfüllt, „Berge von Melodien anzuhäufen". Wenn man der Seele gut dient, wird der Körper durch den Dienst heilig. Deshalb liebt und bewacht der Mensch das physische Haus, in dem er lebt.

Immer werden Gegenstände und Orte, die mit den tiefen Freuden und Sorgen des Lebens verbunden sind, durch diese Assoziationen selbst heilig. Die Herde, die durch den Wald zieht, hinterlässt einige weiße Fäden. Der

Vogel kleidet sein Nest mit Daunen aus seinem eigenen Busen aus. So hinterlässt das Herz, wenn es vorwärts geht, einen Schatz und parfümiert seinen Weg. An dem Baum hängt die Erinnerung an das geflüsterte Geständnis, das unter seinen Zweigen gemacht wurde. Kein Palast ist so unvergesslich wie das kleine Haus, in dem Sie aufgewachsen sind, keine Charter-Eiche ist so historisch wie die Bäume, unter denen Sie gespielt haben, kein Nil ist so bemerkenswert wie der kleine Bach, der einst zu Ihren Seufzern sang, kein Band oder Manuskript ist so wertvoll wie der Brief und Testament, das dein sterbender Vater dir in die Hand drückte. Im Verständnis dieses Prinzips bewachen Nationen das Manuskript des Weisen, das Schwert des Generals und die mit Heldenblut befleckte Flagge. Unvergesslich für immer: das kleine Zimmer, in dem Milton schrieb, das Häuschen, in dem Shakespeare wohnte, der Ort, an dem Dante träumte, die Ruine, in der Phidias arbeitete. Aber kein Gebäude zeigte jemals eine so schöne handwerkliche Arbeit wie der Tempel, der durch göttliches Geschick erbaut wurde. Gott hat das Haus der Seele schön anzusehen gemacht. Der Tod mag seine Türen schließen, seine Fenster verdunkeln und seine Säulen niederreißen; Dennoch sind ihre Ruinen kostbar und müssen mit eifersüchtiger Sorgfalt bewacht werden. Wie heilig ist der Ort, an dem die Eltern liegen, die sich um uns gekümmert haben, der Busen, der unsere Kindheit beschützte, die Hände, die unsere Schwäche überallhin trugen. Männer werden die Entweihung des Körpers oder des Grabes immer als Gotteslästerung betrachten. Das physische Haus ist im Stehen der Tempel Gottes; Wenn es fällt, muss es für immer im Gedächtnis des Menschen heilig sein.

Die Wissenschaft lehrt uns, den Körper als Denkmaschine zu betrachten. Als mentaler Mechanismus zeigt es das göttliche Wesen als Erfinder, der eine Maschine geschaffen hat, die Watts Motor so weit überlegen ist, wie dieser Motor einem Klumpen oder Stein überlegen ist. In diesem göttlichen Mechanismus sind alle komplizierten und langlebigen Maschinen in einem vereint. Stellen Sie sich ein Instrument vor, das so empfindlich ist, dass es gleichzeitig ein Teleskop und ein Mikroskop ist, das in einem Moment den Flug einer Hunderte Millionen Meilen entfernten Sonne beobachtet und sich dann schnell darauf einstellt, die Spitze der feinsten Nadel zu sehen! Stellen Sie sich eine Maschine vor, die im selben Moment die Dankbarkeit des lodernden Feuers spüren, die Süße einer Orange schmecken, die ästhetischen Freuden eines Bildes erleben, sich an die Ereignisse in den Karrieren der Männer erinnern kann, die der Künstler beschrieben hat, die erkennen kann Eintritt einer Gruppe von Freunden, aus dem Sprachwirrwarr eine seit Jahren nicht mehr gehörte Stimme hervorbringen, Hochgefühl bei der unerwarteten Begegnung! Die bloße Erwähnung eines solchen Instruments, das Audiophon, Telefon, Phonograph, Orgel, Webstuhl und viele andere noch zu erfindende Mechanismen vereint, wirkt wie eine Geschichte aus

„1001 Nacht". Doch Körper und Gehirn bilden einen so wundersamen geistigen Webstuhl, der Gedankentexturen webt, die man Gespräche, Gedichte, Reden nennt, und die die Kreationen eines Jacquard-Webstuhls zu einem Kinderspiel machen. Der Körper ist wie ein riesiges geistiges Depot, dessen Linien in die ganze Welt verlaufen. Alles, was draußen ist, hat im Inneren einen Schreibtisch, an dem es seine besonderen Geschäfte abwickelt. Es gibt einen visuellen Schreibtisch, an dem Sonnenstrahlen ihre Rechnungen bilden; ein akustisches Pult, an dem Melodien ihre Verhandlungen führen; ein Erinnerungspult, an dem Handlungen und Motive festgehalten werden; ein logischer Schreibtisch, an dem Begründungen und Argumente entgegengenommen und abgelegt werden. Wahrlich, Gott hat die Knochen und Sehnen, die die Seele umschließen, zu einem „furchtbar und wunderbar geschaffenen" Mechanismus verwoben.

Heute schreibt uns die Wissenschaft die Geschichte des Aufstiegs des Körpers auf. Gelehrte erkennen, dass die Materie ihre Mission erfüllt hat, jetzt, da der Staub aufrecht steht, in einem denkenden Gehirn pocht und in einem glühenden Herzen schlägt. Unsere Welt ist eine Welt, in der Gott angeordnet hat, dass Eicheln zu Eichen werden, Hütten zu Häusern werden, Zelte zu Tempeln, Kinder zu Menschen, und die Generationen reisen weiter zu diesem erhabenen Ereignis, „auf das sich die ganze Schöpfung zubewegt". Auf diesem langen Weg nach oben erklärt die Wissenschaft, dass der menschliche Körper seinen Platz gefunden hat. Professor Drummond, berühmt für seinen christlichen Glauben, sagt uns in seinem jüngsten Band, dass der Körper des Menschen alle Vorzüge der gesamten niederen Tierschöpfung hervorbringt und in sich vereint. Da die heutige Lokomotive den Motor von Watt und die Verbesserungen aller nachfolgenden Erfinder enthält; da die Hoe-Druckmaschine die grobe Handmaschine von Guttenberg und die besten Eigenschaften aller darauf folgenden Maschinen enthält; Der menschliche Körper enthält also die besondere Gabe aller früheren und niederen Formen tierischen Lebens. Bei der Herstellung eines Schnitters beginnt der Maschinist nicht mit der Sichel, verbindet dann den Haken mit der Sense und setzt anschließend daran den groben Schnitter an, um dann alle sich verbessernden Typen durchzugehen. Aber beim Keimmenschen übernimmt die Natur genau diese Methode. Während sich das embryonale Leben entwickelt, geht es in das Ebenbild jedes niederen Tieres hinein und durch dieses hindurch, und auf seiner immer weiter nach oben gerichteten Reise trägt es die besondere Anmut und Gabe jedes Geschöpfes mit sich, das es zurückgelassen hat, „manchmal einen Knochen, einen Muskel oder ein Ganglion, „bis die Vorzüge vieler niederer Formen in einem höheren Menschen vereint sind. Im menschlichen Körper gibt es mittlerweile siebzig verkümmerte Strukturen, z. B. Wurmfortsätze, die im niederen Leben nützlich, beim Menschen jedoch mehr als nutzlos sind. Als ein Anatom ein Organ in einem bestimmten Tier entdeckte, sagte er dessen rudimentäre Existenz im embryonalen Menschen voraus, und uns wird gesagt, dass seine Prophezeiung durch das Mikroskop erfüllt wurde, „so wie der Planet Neptun entdeckt wurde, nachdem seine Existenz anhand der erzeugten Störungen vorhergesagt worden war." in der Umlaufbahn des Uranus. So wie eine edle Galerie ihre Vormachtstellung jahrhundertelanger Arbeit verdankt und Schätze aus allen Gegenden und Ländern repräsentiert, so repräsentiert der menschliche Körper Beiträge von Land und Meer sowie Glieder und Organe von unzähligen Kreaturen, die kriechen, gehen und fliegen.

Somit wurde die Abstammung des Menschen von den Tieren durch den Aufstieg des menschlichen Körpers ersetzt. Das ist keine Erniedrigung, sondern eine unaussprechliche Erhöhung. Der Mensch sei „fürchterlich und wunderbar geschaffen". Gott hat den langen Weg nach oben angeordnet, um seinen Körper außerordentlich empfindlich und geeignet zu machen, die Heimat eines göttlichen Geistes zu sein. Wie wunderbar erhöht diese Sichtweise die Würde des Menschen und kleidet Gott mit Majestät und Herrlichkeit! Für den Erfinder ist es eine großartige Sache, eine Uhr zu konstruieren. Aber was wäre, wenn einem Juwelier das Genie gegeben würde, eine Uhr zu konstruieren, die die Fähigkeit besitzt, sich selbst zu regulieren, und wenn sie abgenutzt ist, um sich in einer anderen Uhr einer neuen und höheren Form zu reproduzieren, wobei ihr gleichzeitig die Kraft verliehen würde, diese Fähigkeit weiterzugeben? Selbstverbesserung? Ist die Weisheit und das Können, die für die Herstellung einer Uhr erforderlich sind, die sich selbst reguliert, verbessert und erfolgreich ist, nicht weitaus größer als die Weisheit, die für die Konstruktion eines einfachen Zeitmessers erforderlich ist? Sollte die Wissenschaft endlich die neue Sichtweise etablieren, die bereits von praktisch allen Biologen übernommen wurde, wird sie nur die Methode des Gradualismus und eines sich entfaltenden Fortschritts an die Stelle eines menschlichen Körpers setzen, der durch einen augenblicklichen und zwingenden Befehl geschaffen wurde. Aber das ist eine Frage für Spezialisten und Experten. Diejenigen Gelehrten, die diese Ansicht akzeptieren, darunter Denker wie der verstorbene Präsident McCosh aus Princeton; Dana aus Yale; Lehrer wie Caird , Drummond und viele andere, die man nennen könnte, die alle für ihren christlichen Glauben und ihr christliches Leben bekannt sind, stellen fest, dass diese neuen Ansichten den Glauben nicht verschwenden, sondern ihn vielmehr nähren. Früher fürchteten und bekämpften die Menschen Newtons Lehre von der Schwerkraft und zitterten davor, dass dieses Prinzip den Glauben zerstören würde. Heutzutage sind viele beunruhigt über die neuen Ansichten über die Entwicklung. Aber es ist möglich, an die Evolution zu glauben und dennoch mit ganzem Verstand, ganzer Seele und aller Kraft an Gott zu glauben. Seltsamerweise sind manche nicht bereit, schrittweise aus einem Tier aufgestiegen zu sein, wohl aber eher, direkt aus der Erdscholle aufgestiegen zu sein. Aber jeder Ursprung ist gut

genug, vorausgesetzt, der Mensch hat sich weit genug von der Scholle und
dem Tier entfernt und sich dem Engel in gewisser Weise genähert. Es gibt
einige, für die kein Abstieg möglich scheint – sie können nicht tiefer gehen;
jetzt bei den Tieren wohnen; andere scheinen überhaupt keinen Aufstieg
gemacht zu haben, sondern befinden sich jetzt schon auf der Ebene der
Dinge, die kriechen und kriechen. Überlassen wir die Frage den
Wissenschaftlern. Wie auch immer der Körper entstanden ist, Mentalität und
Spiritualität sind ihm nun eingepflanzt. Der Mensch ist kein Tier mehr,
sondern geistig; und die wundersame Entwicklung des Menschen auf dieser
Seite des Grabes ist das Versprechen und die Verheißung eines langen
Fortschritts über das Grab hinaus, wenn der göttliche Geist durch seine
geheimen Ressourcen aus den Menschen Gefühle, Gesinnungen und
Bestrebungen weit über die Gegenwart hinaus hervorbringen wird Denken
und Leben sind wie der Baum jenseits des Samens und der tief liegenden
Wurzeln.

In dieser neuen Sicht auf den menschlichen Körper stellt die Wissenschaft
nicht nur das Wachstum und die Vervollkommnung des Menschen als das
Ziel dar, das Gott von Anfang an angestrebt hat, sondern wirft auch Licht
auf die Sündhaftigkeit des Menschen und die Konflikte, die in der Seele
toben. Der Mensch wird als Doppelgeschöpf gesehen. Der Geistmensch
reitet auf einem Mann aus Fleisch und wird oft von diesem geworfen und
mit Füßen getreten . Es gibt eine niedere tierische Natur, die über alle
Begierden und Leidenschaften verfügt, die die physische Organisation
aufrechterhalten; aber darüber hinaus gibt es einen spirituellen Menschen mit
Vernunft und moralischem Gefühl, mit Zuneigung und Glauben. Die
Vereinigung der beiden bedeutet Streit und Konflikt; das Tun, was man nicht
tun würde, und das Unterlassen, was man tun würde. Der Dichter beschreibt
den Zustand mit den Worten: „Der Teufel besetzte schon früh menschliches
Territorium, und Gott sandte einen Engel, um ihn zu enteignen." Die
tierische Natur schäumt allerlei Leidenschaften und Gelüste aus. Von dort
gehen auch grelle Lichter und trübe Ströme aus. Aber der Untermensch ist
nicht der wahre Mensch. Der Soldat reitet auf dem Pferd, ist aber er selbst
anders als sein Tier. Unten nutzt der Mensch ein Tier, aber oben ist der
Mensch das, was er ist. Sünde ist der Kampf um die Vorherrschaft zwischen
den tierischen Kräften und den höheren spirituellen Mächten. Die
Leidenschaften unten müssen den Menschen oben untergeordnet werden.
Bei manchen Menschen überwiegen die tierischen Impulse mit schrecklicher
Kraft, und ihre Kontrolle ist nicht einfach. Es ist, als würde ein Kind
versuchen, einen Wagen zu steuern, der von vierzig Sonnenrossen gezogen
wird. Wenn ein Mann feststellt, dass er den Gebirgsbach weder
zurückdämmen noch seine Quellen verstopfen kann , lernt er, den Bach zu
nutzen, indem er eine Mühle baut und den Druck der Flut zum Mahlen seines
Getreides kontrolliert. In ähnlicher Weise besteht das Problem des Lebens

darin, dass der höhere Mensch die unteren Kräfte erzieht, kontrolliert und in Mitgefühl und Dienst umwandelt. Die kämpferischen Kräfte, die sich einst gegen seine Mitmenschen richteten, müssen gegen die Natur eingesetzt werden und zum Abholzen von Wäldern, zum Überbrücken von Flüssen und zum Durchbohren von Bergen eingesetzt werden. So wird jede tierische Kraft und Leidenschaft durch die Hingabe an geistige und spirituelle Zwecke und Ziele heilig.

Mittelalter zu sein ; es wird zu einer konkreten persönlichen Tatsache. Täglich gerät jeder unter seine Herrschaft und Herrschaft. Der Geist liebt die Wahrheit und der Körper verleitet den Menschen dazu, die Wahrheit zu brechen. Die Seele liebt Ehre und Leidenschaft verleitet sie dazu, vom Weg abzuweichen. Der Mensch geht morgens mit allen offenen Quellen der Großzügigkeit hinaus; Doch vor der Nacht hat der Egoismus die verborgenen Quellen verstopft. Am Morgen geht der Mann hinaus, während ihm die Liebe ins Gesicht strahlt; Er kommt nachts zurück, mürrisch und schwarz vor Hass und Feindschaft. Am Morgen ist die Seele wie ein junger Soldat, der in makellosem Weiß paradiert; Nachts sind seine Kleider voller Maßlosigkeit und Sünde. So wie es entlang der Wendekreise eine Linie gibt, wo zwei Zonen aufeinandertreffen und einen ewigen Sturm erzeugen, so gibt es beim Menschen eine Mittellinie, wo der tierische Mensch auf den spirituellen Menschen trifft, und dort herrscht ein ewiger Sturm. Dort vergehen die Wolken nie, und der Donner erlischt nie am Horizont der Zeit. Diese Sichtweise, die sich auf die universelle Vernunft beruft, beruft sich auch auf die göttliche Hilfe. In seinem täglichen Kampf braucht der Mensch die grüblerische Präsenz und den ständigen Anreiz des göttlichen Wesens. Der Mensch wartet auf Gottes Impuls, wie die gefrorenen Wurzeln auf die Annäherung der Sonne Gottes warten. Die Seele schaut immer zu den Hügeln, von denen ihre Hilfe kommt. Morgens, mittags und abends sehnt sich der Mensch nach einem Erlöser. Gott ist der Garant für den Sieg der Seele über den Körper. Für Menschen, die im Sumpf der Sünde zappeln und verzweifeln, sind diese Worte: „Ihr dürft, ihr müsst wiedergeboren werden" süßer als Engelslieder, die von den Hügeln des Paradieses fallen.

Betrachten Sie die Verwendungsmöglichkeiten des Körpers. Es ist Gottes Schulmeister, der Fleiß lehrt, zu Sparsamkeit und Sparsamkeit zwingt und alle grundlegenden Moralvorstellungen fördert. Es enthält die Quellen aller materiellen Zivilisation. Wenn wir zu den Anfängen der Geschichte zurückgehen, stellen wir fest, dass Hunger und die mit dem Körper verbundenen Wünsche die wichtigsten Stimulanzien für den industriellen Fortschritt waren. Trägheit ist Stagnation. Die Wilden in den Tropen sind träge und kommen nicht voran. Der Hunger zwingt den Menschen zu der Frage, welche Nahrung es im Fluss gibt, welche Wurzeln im Boden sind, welche Früchte auf den Bäumen sind, welche Kräfte in der Luft sind. Der

Körper ist in seinen Forderungen gebieterisch. Hunger ist eine stechende Geißel. Die Notwendigkeit vertreibt die bösen Geister der Trägheit und Trägheit. Der frühe Mensch, der auf der Suche nach Nahrung durch das Dickicht streifte, stieß zufällig auf eine süße Pflaume, und weil der Strauch weit von seiner Hütte entfernt wuchs , pflanzte er die Wurzel in ein Tal in der Nähe seines Zuhauses um. Von dort kamen alle Obstgärten und Weinberge der Menschen. Der Mann zitterte vor Kälte und suchte eine geschützte Höhle oder einen hohlen Baum auf. Doch bald forderte ihn der Körper auf, zusätzlich zu der Höhle, die die Natur geschaffen hatte, eine zweite Höhle auszuheben. Der Mensch erfüllte seine Wünsche und ging im Interesse seines Körpers dazu über, Stein auf Stein zu häufen und geschnitzte Säulen und gekerbte Bögen zu errichten. Von dort kamen alle Häuser. Für den Körper geht der Sämann los, um zu säen, und der Erntemann freut sich auf die Zeit der Garben und des Geschreis . Um den Körper zu stärken , führt der Hirte seine Herden und Herden, und für die Kleidung lässt der Weber Webstühle und Spindeln fliegen. Für den Körper rasen alle Züge ein und aus und bringen Früchte aus dem sonnigen Süden und Pelze aus dem eisigen Norden. Alle niederen Tugenden und Integritäten entspringen seinen Wünschen. So wie ein Motor, der lose in einem großen Schiff herumliegt, keinen Wert hätte, aber, mit Bolzen befestigt, den großen Rumpf durch das Wasser treibt, so befestigt und schraubt der Körper den Geist an Feld, Wald und Stadt und macht ihn nützlich und produktiv. Materielles Leben und Zivilisation ruhen buchstäblich auf den Knochen und Sehnen des Menschen.

Der Körper ist auch der Kanal allen Wissens. Wie dürftig ist das Verständnis des Kindes für das Welthaus, in dem es lebt! Es gibt genug Regale, aber sie sind alle leer. Im Interesse der Intelligenz ist sein Geist in diesen sensiblen Körper eingebettet, und die Kräfte der Welt, die sich nicht an diesen sensiblen Nervenmechanismus wenden, melden sich. Feuer kommt herein, um die Finger des Menschen zu verbrennen und ihn zu lehren, wie man das Feuer dazu bringt, Dampf aus Wasser zu schlagen. Die Kälte dringt in seine Ohren ein und kneift ihm in die Wangen, bis er lernt, wie Eis, Schnee und Regen funktionieren. Steel schneidet sich in die Finger und das Blut sickert heraus. Von da an richtet er die Axt auf die Bäume und die Sense auf das stehende Korn. Der fallende Stein verletzt ihn und erfordert Kenntnisse über die Schwerkraft und den Einsatz von Stolperhämmern, Gewichten und Flaschenzügen. Beim Blick nach unten erkennt das Auge die Handschrift auf den Felsen und der Geist liest die romantische Geschichte der Erde. Beim Blick nach oben verläuft die Vision entlang der Milchstraße, um die Sternenmassen zu messen und ihre Bewegungen herauszufinden. Das Ohr strebt nach süßen Tönen, und die heilige Cäcilia hört Melodien vom Himmel. Die Eltern beugen sich über die Wiege und staunen über Gottes Großzügigkeit angesichts eines Säuglings. Wenn das Kleine weggeht, kopieren die Eltern sein Gesicht in groben Farben oder schnitzen seine Form in Marmor. Somit sind alle Künste, Wissenschaften und Erfindungen Geschenke des Körpers für das geistige und moralische Leben des Menschen.

Es gibt eine wunderschöne Geschichte über eine Gruppe himmlischer Wesen, die verkleidet auf einer Mission der Barmherzigkeit eine antike Stadt betraten. Beim eiligen Aufbruch blieb ein hübsches kleines Kind irgendwie zurück und war verloren. Als am Morgen Männer auf die Straße kamen , fanden sie einen süßen Jungen mit sonnigem Haar, der auf den Stufen des Tempels saß. Sprache hatte er keine. Er beantwortete Fragen mit tränenden Augen und verängstigtem Gesicht. Während sich die Männer wunderten, näherte sich ein Sklave mit einer Harfe. Dann gab das himmlische Kind ein Zeichen für das Instrument, denn diese Sprache konnte er sprechen. Er warf seine Arme um die Harfe wie das Kind um den Hals seiner Mutter. Er berührte eine Saite. Aus der gedämpften Luft stahl sich ein reiner, klarer und süßer Ton, als wären Amethyste und Perlen zu flüssigen Melodien verschmolzen. Es war Musik, aber nicht die Musik, die Sterbliche den Sterblichen geben. Es war ein Lied, das der Geist dem Geist sang und über die Straßen des Himmels signalisierte. Es war eine Hymne an die Mutter, die er geliebt und verloren hatte. Mit tränenreichen Augen und lächelndem Gesicht weinten der kleine Fremde und die Harfe gemeinsam und lachten und schluchzten ihren Kummer und Gesang heraus. Es war die Rede eines Kindes, das Heimweh nach dem Himmel hatte. Was diese Harfe für den schweigenden Jungen war, ist der menschliche Körper für die innere Seele des Menschen. Die Seele wimmelte von Gedanken. Fantasien wogten und drängten sich in mir. Dann gab Gott der Seele einen Körper, wie eine Harfe mit vielen Saiten. Dadurch findet die Seele ihre Stimme und strömt ihre reichen Gedanken und vielfältigen Emotionen aus.

Bedenken Sie auch, wie die Natur den Körper als System der moralischen Registrierung eingerichtet hat. Die Natur zeichnet die Taten aller Menschen auf und führt sie auf fleischlichen Tafeln auf. Der Geist kann es vergessen, der Körper niemals. Das Gehirn sorgt dafür, dass die inneren Gedanken das äußere Gesichtsgewebe sofort entsorgen. Geistige Helligkeit sorgt für Gesichtserleuchtung. Die richtige Handlung oder der richtige Gedanke verleiht den Gesichtszügen ihren Stempel der Schönheit; Die falsche Handlung oder der schlechte Gedanke besiegeln die Verzerrung. Moralische Reinheit und Süße verfeinern und verschönern das Antlitz. Der Körper ist ein Schaufenster, das den Warenvorrat der Seele bewirbt und ausstellt. Die Natur verdichtet Äste, Knospen und Sträucher zu Steinkohle; verdichtet die reichhaltigen Kräfte von Luft, Sonne und Boden zu Pfirsich und Birne. Im Reich der Moral gibt es Menschen, deren Tugend, Wahrheit und Güte vereint zu sein scheinen. Im Gegenteil, jeden Tag werden Sie auf unseren Straßen Männer treffen, die solide Bestialität und Schurkerei in Fleisch und

Haut darstellen. Jedes Merkmal zeugt ebenso von Schurkerei wie das eines Affen von Idiotie. Experten, die sich mit Physiognomie auskennen, brauchen kein Geständnis aus schelmischen Lippen, sondern lesen die Lebensgeschichte von Seite zu Seite, geschrieben auf Gesichtszügen, die „von Sinnlichkeit getrübt, von Leidenschaft erschüttert, von Reue gebrandmarkt" sind; der von Trägheit verzehrte und durch selbstsüchtige Zwecke entehrte Körper; die Knochen voll der Sünden der Jugend, das Gesicht voller geheimer Laster, die Wurzeln unten verdorrt und die Zweige oben abgeschnitten. Es ist ebenso natürlich und notwendig, dass sich verborgene Gedanken und Taten durch die Nagelhaut offenbaren, wie dass sich Wurzeln oder Knospen im Frühling entfalten und sichtbar und beobachtbar werden. Hier und jetzt neigt alles dazu, die Handschrift der Natur zu verdunkeln und sie in Nebel und Verkleidung zu verschleiern. Aber der Körper ist Gottes Leinwand, und die Handschrift der Natur geht immer weiter. Jede Fähigkeit ist ein Pinsel, und mit ihm denkt sich die Vernunft das Porträt aus. Sogar der Wolf kann etwas zu den Gesichtszügen beitragen, ebenso die Schlange und der Skorpion. Bald wird eine Stunde kommen, in der die Menschen nicht mehr die Stimme der Sirenen hören werden, die ihnen Loblieder ins Ohr singen, noch den Lobgesang von Menschen mit geringen Taten und Gewissen, sondern eine Stunde, in der die Menschen in der Gegenwart des alles offenbarenden Lichts stehen und sehen werden Sich selbst, wie sie sind, und das Leben Revue passieren lassen, das sie verkörpert und dargestellt haben . Glücklich, dreimal glücklich, diejenigen, die alle Lebenswege durchquert haben und schließlich zu der Stunde kommen, in der sie sich selbst gegenüberstehen und darin ein göttliches Bild finden, gleich der Anmut und Vollendung dessen, dessen Gesicht verklärt und erleuchtet wurde das Licht.

Endlich ist der Tag angebrochen, an dem die Wissenschaft das Argument für Unsterblichkeit untermauert. Der Traum des Propheten und Sehers wird im Lichte moderner Erkenntnisse bestätigt. „Jede neue Entdeckung", sagt John Fiske, „stellt den Menschen auf einen höheren Gipfel als je zuvor und erleuchtet die Zukunft mit der strahlenden Farbe der Hoffnung." Der Mensch lässt seinen Körper zurück und reist weiter in Richtung einer unsterblichen Bestimmung. Die Wissenschaft hat den Worten von Sokrates tausend neue Bedeutungen verliehen: „Die Zerstörung der Harfe bedeutet nicht den Tod des Harfenisten." Die Natur schreibt vor, dass die Blüte fallen muss, wenn die Frucht anschwillt. Wenn das geflügelte Wesen hervorkommen und sich vermehren soll, muss die Puppe sterben und abnehmen. Wenn die lange Reise vorbei ist, ist es selbstverständlich, dass die Kiste, in der die reich geschnitzte und kostbare Statue verpackt ist, beiseite geworfen wird. Schnell geht die Jugend der Reife entgegen, das Alter dem Alter, und die Sense erwartet alle. Aber Krankheit und Ärger können nichts weiter bewirken, als das Auge zu trüben, das Ohr stumpf zu machen und die

Hand zu schwächen. Sterben und Tod nützen nichts, wenn Vernunft, Zuneigung, Hoffnung oder Liebe verletzt werden.

Am Ende einer langen und beschwerlichen Karriere geriet der berühmte Lyman Beecher unter eine mentale Wolke. Der große Mann wurde als kleines Kind. Eines Tages, nachdem sein Sohn Henry Ward eine beeindruckende Predigt gehalten hatte, betrat sein Vater die Kanzel und begann zu sprechen und ließ seine Worte schweifen. Mit großer Zärtlichkeit legte der Prediger seine Hand auf die Schulter seines Vaters und sagte zu den Zuhörern: „Mein Vater ist wie ein Mann, der, nachdem er lange in einem alten Haus gelebt hat, Vorbereitungen für den Einzug in ein neues und größeres Zuhause getroffen hat. Er erwartet einen baldigen Umzug." Er schickte einen Großteil seines Seelenmobiliars im Voraus weiter. Als später der Tag der Entfernung verschoben wurde , schien die Zeitspanne so kurz, dass es unnötig war, seine geistigen Güter zurückzubringen. Oh, schöne Worte, die diejenigen beschreiben, deren Kräfte nachlassen, deren Geist nachlässt und deren Sinne nachlassen, weil Gott ihre Seelenmöbel zusammenpackt, damit sie für die lange Reise bereit sind, die uns alle erwartet. Aber die Reise des Menschen führt nicht bis ins Grab. Sterben ist Transmutation. Sterben ist nicht das Falten der Flügel; aber die Triebe für einen neuen und größeren Flug ausbauen. Sterben bedeutet nicht, einen unsichtbaren Felsen zu treffen, sondern eine schnelle Einfahrt in einen offenen Hafen. Der Tod ist kein Feind, er lässt den Pfeil auf jemanden zufliegen, der an der Festtafel des Lebens sitzt. Der Tod ist ein Freund, der im Auftrag der Erlösung und eines göttlichen Konvois kommt. Für Gottes Kinder „bedeutet die Berufung zum Tod, die Berufung zu Gott; die Berufung zu Gott bedeutet, in Christus gefunden zu sein; in Christus gefunden zu sein bedeutet Hoffnung, Heimat und Himmel."

FUSSNOTEN:

Siehe Symposium on Evolution, Homiletic Review, Mai 1894.

DER GEIST: UND DIE PFLICHT DES RICHTIGEN DENKENS

„Alle, die ihr die Kraft des Denkens besitzt, schätzt es hoch! Denkt daran, dass sein Flug unendlich ist; er windet sich über so viele Berggipfel und läuft so von der Poesie zur Beredsamkeit, er fliegt so von Stern zu Stern, er träumt so sehr, Er liebt so sehr, strebt so sehr und hängt so sehr an Geheimnissen und Tatsachen, dass wir es durchaus als die Anstrengung des Menschen bezeichnen können, die Heimat, den unendlichen Palast seines himmlischen Vaters zu erkunden." – *Swing.*

„Männer mit Imperien im Gehirn." – *Lowell.*

„Es ist der Geist, der den Körper reich macht." – *Taming of the Shrew.*

„Wie Gedanken, deren bloße Süße beweist ,
dass sie für die Unsterblichkeit geboren wurden." – *Wordsworth.*

„Weder Jahre noch Bücher haben bisher dazu beigetragen, das damals in mir verankerte Vorurteil auszurotten, dass ein Gelehrter der Liebling von Himmel und Erde, die Exzellenz seines Landes, der glücklichste aller Menschen sei." – *Emerson.*

„Glücklich ist der Mann, der Weisheit findet , denn ihre Handelsware ist besser als die Silberware und ihr Gewinn besser als feines Gold." – *Salomo.*

V

DER VERSTAND; UND DIE PFLICHT DES RICHTIGEN DENKENS

Mit schönen Bildern verglich der Seher der alten Zeit den Geist mit einem Baum. Der Baum schüttelt seine Früchte nieder und der Geist stößt seine Gedanken aus. Die Zweige des einen werden das Land mit Wäldern bedecken; Die Fähigkeiten des anderen werden die Welt mit Ernten säen , die verderben, oder Ernten, die segnen. Der Maßstab für den persönlichen Wert ist daher die Anzahl und Qualität der Gedanken, die dem menschlichen Geist entspringen. Bei allem Tun, das man Handel nennt, und bei allem Reden, das man Konversation und Bücher nennt, beginnt man mit dem Denken, das man Ideen nennt. Jedes Ding war zunächst ein Gedanke. Ein Webstuhl ist Arkwrights Gedanke, gekleidet in eiserne Kleidung. Bücher sind die Gedanken des Gelehrten, die auf der weißen Seite eingefangen und befestigt sind. So wie unser Planet und die Ernten, die ihn bedecken, die Gedanken Gottes sind, die zum sichtbaren Ausdruck kommen, so sind alle Häuser und Schiffe, alle Städte und Institutionen die inneren Gedanken des Menschen, die äußere und materielle Verkörperung annehmen.

Wenn zu Gewohnheiten verdichtete Gedanken den Charakter und das Schicksal des Einzelnen bestimmt haben, gehen sie weiter und sichern seinen sozialen Fortschritt. Wenn Gott eine große Aufwärtsbewegung für die Gesellschaft anordnet, bringt er einem Führer eine großartige Idee in den Sinn. Solche göttlichen Energien haben den Gedanken, dass sie neue Epochen in der Geschichte schaffen. Durch Luther ließ der Gedanke der Freiheit in Kirche und Staat Tyrannen erzittern und Throne ins Wanken bringen. Durch Cromwell wurde der Gedanke an persönliche Rechte zu einer Waffe, die mächtig genug war, um diese Zitadelle der Ungerechtigkeit, die das göttliche Recht der Könige genannt wird, völlig zu zerstören. Es war ein großer moralischer Gedanke namens „Goldene Regel", der die Kanonen des Nordens für den Sieg und die Kanonen des Südens für die Niederlage abfeuerte. Die Macht einer moralischen Idee ist unermesslich. Es übersteigt die Kraft von Erdbeben und die Kraft von Flutwellen. Der Grund, warum kein Gelehrter oder Historiker die Ereignisse und Institutionen des nächsten Jahrhunderts vorhersagen kann, liegt darin, dass niemand sagen kann, welche großartige Idee Gott in die Seele eines Mannes einflößen wird, der dazu bestimmt ist, seine Stimme und sein Prophet zu sein.

Nun ist die Allmacht der Gedanken nicht ohne Grund. Der Mensch ist das Kind des Genies, weil er das Kind Gottes ist. Diese schönen Worte „nach Seinem Bild geschaffen" sagen uns, dass der menschliche Mechanismus dem Göttlichen nachempfunden ist. Vernunft und Gedächtnis des Menschen entsprechen diesen Fähigkeiten in Gott, ebenso wie das Gewissen und die moralischen Gefühle. An der schöpferischen Genialität ist der Mensch allein ein Teilhaber Gottes. So wie der Unendliche, der durch den Weltraum geht, die leuchtenden Fußstapfen hinterlässt, die man Sonnen und Sterne nennt und die auf unzähligen Planeten leuchten und funkeln, so hinterlässt der Geist des Menschen, der sich durch das Leben bewegt, einen Weg, der voller Bücher, Gesetze, Freiheiten und Häuser leuchtet. Von all den wunderbaren Dingen, die Gott geschaffen hat, ist der Wundernde Mensch selbst das Wunderbarste. Keine Schatulle im Besitz eines Königs, gefüllt mit Edelsteinen und funkelnden Juwelen, enthielt jemals einen solchen Schatz, wie Gott ihn in diese Schatulle aus Knochen und Sehnen gelegt hat. Die Fantasie kann dieses Wesen, das eine Miniaturausgabe der Unendlichkeit ist, nicht in allzu satten Farben malen. Es ist keine Fiktion, sondern eine Tatsache, wenn man sagt, die Vernunft sei ein Webstuhl; Nur wo Jacquards Mechanismus ein paar Meter Seide und Satin webt, webt die Vernunft Gespräche, Mitgefühl, Lieder, Gedichte, Beredsamkeit – Texturen, die alle unsterblich sind. Und die Erinnerung ist eine Galerie; Nur dort, wo der Louvre ein paar Bilder der Vergangenheit aufbewahrt, bringt die Erinnerung, die ihren Wunderstab schwingt, alle Gesichter zurück, lebende und tote, und lässt Berge und Schlachtfelder mit allen fernen Szenen in feierlicher Prozession vor dem Geist vorüberziehen.

Die Bank of England verfügt tatsächlich über einen Mechanismus, der Münzen prüft und alle leichten Gewichte auswirft. Aber Urteilen ist ein Instrument, um unsichtbare Dinge zu prüfen , Argumente und Motive abzuwägen, Prinzipien und Charaktere zu prüfen. Und sind die Wünsche nicht wie die reich beladenen Argos des Handels? Und stellen Sie sich vor, ist es nicht die Kunstfertigkeit eines Künstlers und Architekten? Die im Bereich des Nützlichen wirkende Imagination verwandelt Eisen in Motoren. Imagination, die im Bereich des Schönen arbeitet, verwandelt Pigmente in Bilder. Im Bereich des Denkens kann die Vorstellungskraft wahre Dinge in Wissenschaften und gute Dinge in ethische Systeme verwandeln. Nun hat der Philosoph gesagt, dass der größte Stern derjenige ist, der am kleinen Ende des Teleskops steht, derjenige, der schaut, nicht ansieht oder sucht. Wenn ein Agassiz, der den Atlantik ausbaggert, uns erzählt, welche Tiere dort vor einer Million Jahren lebten, scheint der Geist des Wissenschaftlers ein Abgrund tiefer zu sein als das Meer selbst; und als Tyndall, der auf den Gipfel des Matterhorns klettert, auf dieser Felsseite alle Ereignisse der Antike liest, wird der Berg zu einem Ameisenhaufen und wird in der Gegenwart des bergorientierten Gelehrten bedeutungslos. Jäger erzählen uns, dass sie beim Durchqueren eines Sumpfes von einem Grashügel zum nächsten springen. Doch Herschel und Proctor wandern bei ihrer Erkundung der himmlischen Welt von Stern zu Stern. Der Weingärtner, der eine Weintraube in seinem Kelch auspresst, erklärt uns lediglich die Art und Weise, wie der Gelehrte

Planeten und Sonnen auspresst, um den Kelch des Wissens für die durstige Seele des Menschen zu füllen. Dieser riesigen und wundersamen Welt im Äußeren entspricht der reiche und vielfältige Geist des Menschen im Inneren! Emerson rief zu Recht aus: „Mensch, du Palast des Sehens und Hörens, der in deinen Sinnen die Nächte und Morgen, die Sommer und Winter trägt; in deinem Gehirn die Geometrie der Stadt Gottes, in deinem Herzen alle Lauben der Liebe, und alle Bereiche von richtig und falsch.

Da dies die Natur des Geistes ist, bedenken Sie seine ungeheure Fruchtbarkeit im Denken. Wenn alle Prozesse des Geistes auf materielles Volumen reduziert würden, würden die Gedanken jedes Augenblicks eine Seite füllen, die Gedanken jeder Stunde würden ein Kapitel füllen, die Gedanken jedes Tages würden einen Band füllen, die Emotionen eines Jahres würden füllen eine kleine Bibliothek mit vielen Bänden. Der Wert könnte fehlen, aber nicht die Masse. Dem Auge ist es gegeben, die Ernten zu betrachten, die durch die geheime Kraft der Wurzeln und Sonnenstrahlen hervorgebracht werden. Aber wenn alle Produkte der Seele für Auge und Ohr sichtbar gemacht werden könnten, wie wunderbar wären diese Ausdünstungen, die aufsteigen und die ganze Luft erfüllen würden. Wären alle Emotionen, Leidenschaften und Träume eines einzigen Tages vollständig offenbart, welche Dramen gäbe es jenseits aller Tragödien, die Menschenhand jemals angedeutet hat! Bedenken Sie, welche Fruchtbarkeit der Geist hat! Überlegen Sie, wie viele Gedankengänge die Vernunft pro Stunde in Anspruch nimmt. Bedenken Sie alles, was zum Menschen als Tier gehört, seine Ängste und Leidenschaften, die von Natur aus defensiv sind . Betrachten Sie seine soziale Ausstattung mit allen möglichen Stimmungen und Zuneigungskombinationen. Betrachten Sie die gewaltigen Aktivitäten seiner nach außen wirkenden Vernunft und die nach oben wirkende Vorstellungskraft. Manchmal sind die Gedanken eines Menschen morgens auf Zahl und Stärke gerichtet, vergleichbar mit der Stärke von Armeen. Manchmal atmen seine Sehnsüchte in der Nacht mit der ganzen Reinheit und Schönheit der Wolken gen Himmel. Bedenken Sie auch, wie Konflikte und Kriege im Leben die Fähigkeiten des Menschen anregen und ihren Prozess beschleunigen.

Bedenken Sie, wie Mut, Verzweiflung, Hoffnung und Angst, Freundschaft und Feindschaft die Aktivitäten steigern. Betrachten Sie die Ambitionen des Menschen – Rösser der Sonne, die mit unglaublicher Geschwindigkeit den Streitwagen der Seele vorantreiben. Bedenken Sie die Rivalitäten zwischen Männern. Welche Denkintensitäten werden dadurch hervorgerufen! Bedenken Sie, dass der Geist gegenüber seinen Freunden Gedanken aussendet, die Almosengeber der Großzügigkeit und Engel der Barmherzigkeit sind. Aber bedenken Sie, dass der Mensch seinem Feind gegenübersteht und einen Geist hat wie eine ummauerte Stadt voller bewaffneter Männer. Bedenken Sie, wie in den Konflikten des Lebens Gedanken zu Schwertern des Zorns, zu Keulen des Neides und zu Stacheln für zischenden Hass werden. Bedenken Sie, dass die Seele in Zeiten großer Aufregung buchstäblich lodert und brennt und Emotionen und Gedanken ausatmet, so wie ein Planet Licht und Wärme ausatmet. Wunderbar ist die Kraft des neu erfundenen Webstuhls, der mit erstaunlicher Geschwindigkeit Seidenfiguren von Blumen, Bäumen und Vögeln webt. Aber die höchste Geschwindigkeit dieser fliegenden Shuttles ist Langsamkeit selbst im Vergleich zur Schnelligkeit des mentalen Webstuhls, der ohne Lärm oder Klirren ewige Stoffe aus den Kettungen und Schüssen von Zuneigung und Gedanken, von Leidenschaft und Absicht webt. Bedenken Sie, dass jeder Mann nicht nur aus zwei Männern besteht, sondern aus zwanzig Männern. Alle klimatischen Störungen in der Natur, alle Temperaturschwankungen durch Hitze und Kälte, Nässe und Trockenheit, Sommer und Winter reagieren in ihrer Zahl und Vielfalt lediglich auf die Stimmungen im Gehirn des Menschen. Nicht der alles hervorbringende Sommer ist so reich an Fülle, wie der Geist reich an Gedanken ist, wenn er seine herrschenden und kreativen Stimmungen ausübt. Riesig sind die Gebäude, die Menschenhände errichtet haben; süß sind die Lieder, die der Geist des Menschen gesungen hat; lieblich die Gesichter, die Menschenhand gemalt hat; Aber die stillen Lieder, die die Seele hört, die unsichtbaren Bilder, die der Geist sieht, die geheimen Gebäude, die die Fantasie errichtet, sie sind tausendmal schöner als alles, was bisher in dieser materiellen Welt verkörpert wurde.

Die Spanier haben ein Sprichwort: „Wer Gedanken sät, wird Taten, Gewohnheiten und Charakter ernten", denn das Schicksal selbst wird durch das Denken bestimmt. Das Leben wird durch seine Meistergedanken gewonnen oder verloren. So wie nichts den Charakter so deutlich macht wie die Gesellschaft, die wir mögen und pflegen, so sagt nichts die Zukunft so gut voraus wie die Gedanken, über die wir grübeln. Von John Keats wurde gesagt, dass sein Gesicht das Gesicht eines Menschen war, der eine Vision gesehen hatte. So lange war sein innerer Blick auf die Schönheit gerichtet, so lange hatte er diese herrliche Vision geliebt, so lange hatte er damit gelebt, dass nicht nur seine Seele die Lieblichkeit dessen annahm, was er betrachtete, sondern auch die Zeilen des Dichters Gesicht wurden von Bildhauern , die man Gedanken und Ideale nennt , in Schönheit gemeißelt . Wenn Wordsworth davon spricht, dass die Schönheit des Mädchens „aus murmelnden Klängen geboren" sei, bringt der Dichter seine Überzeugung zum Ausdruck, dass die lange Liebe des Mädchens zum süßen Dornbusch und zum Lied der Drossel, ihre zärtliche Pflege ihrer Lieblingsblumen, in der Sättigung ihrer eigenen Blumen geendet hatte Gesicht mit Süße. Schnell werden wir wie die Gedanken, die wir lieben. Gelehrte haben festgestellt, dass alte Menschen, die „lange zusammengelebt haben, bei Sonnenschein und bei bewölktem Wetter", sich am Ende fast so ähnlich sehen wie Bruder und Schwester: Emerson erklärt diese Ähnlichkeit, indem er sagt, dass sie lange Zeit die gleichen Gedanken hatten und die gleichen Gedanken hatten Die Liebe zu denselben Objekten bringt Ähnlichkeit in die Merkmale ein. Es gibt auch keine Schönheit im Gesicht einer Jugend oder eines Mädchens, die den sauren Gemütszustand oder die Unzufriedenheit im Herzen lange überleben kann.

Im Gegensatz dazu haben alle von Natur aus sehr schlichte Gesichter gesehen, die geradezu strahlend geworden sind, weil die schöne Seele, die in den Muskeln verankert ist und hinter ihnen steht, durch alle Gesichtstücher hindurchscheint und diese verschönert. Zwei unserer großen Romanautoren haben die architektonische Kraft der Gedanken speziell untersucht. Dickens zeigt, wie Monks seine Karriere als unschuldiges und schönes Kind begann; aber er beendete sein Leben als eine Ansammlung solider Bestialität, als bloßer Brocken fleischlicher Ungerechtigkeit. Es war der Gedanke an Laster und Vulgarität, der das Gesicht des Engels in das Antlitz eines Dämons verwandelte. Hawthorne hat eine ähnliche Studie über Chillingworth angefertigt, dessen moralischer Verfall durch böses Denken einsetzte, als Gesicht und Körperbau voll ausgereift waren. Chillingworth trat in seinem mittleren Leben als nachdenklicher, ernsthafter und gerechter Mann hervor; aber während seiner Abwesenheit erlitt er ein schweres Unrecht. Da der Arzt die Identität seines Feindes nicht kannte, verdächtigte er seinen Freund. Durch geschickte Fragen grub er sich in Dimmesdales Herz, so wie der Küster im Grab nach einem möglichen Juwel auf der Brust eines Toten suchen würde. Als sich der Verdacht zur Gewissheit verfestigt hatte, wurde aus Feindschaft Hass. Dann folterte Chillingworth sein Opfer zwei Jahre lang, so wie einst Inquisitoren Männer folterten, indem sie das Fleisch mit glühenden Zangen zwickten. Bald nahm das einst so sanfte und gerechte Gesicht des Arztes ein unheimliches und bösartiges Aussehen an. Kinder hatten Angst vor ihm, Männer zitterten in seiner Gegenwart – sie wussten nicht warum. Einmal sah der Richter das Licht in seinen Augen schimmern, „mit Flammen, die blau brannten, wie das grässliche Feuer, das aus Bunyans schrecklichem Eingang am Hang schoss und im Gesicht des Pilgers zitterte". All dies ist Hawthornes Art, uns zu erklären, wie Gedanken den Charakter bestimmen und das Schicksal prägen. Wer an gemeine und hässliche Dinge denkt, dem wird schnell Schlamm in den Augen zu sehen sein. Die innere Hässlichkeit verunreinigt bald das Gesichtsgewebe. Aber wer an „wahre, gerechte und schöne Dinge" denkt, wird durch sein Denken in das Bild des Ideals verwandelt, das er betrachtet, so wie die Rose rot wird, indem sie ihre Brust den Sonnenstrahlen aussetzt und jedes Blütenblatt in die Sonnenstrahlen eintaucht feine Strahlen.

Gedanken bilden nicht nur den Charakter des Einzelnen; Sie sind auch die Architekten von Staaten und Nationen. All dieser wundervolle Stoff, der wie ein wunderschönes Kleidungsstück über unserem Land liegt, ist ein aus Ideen gesponnener und gewebter Stoff. Jede äußere Substanz wurde durch ein inneres Gefühl aufgebaut . Was das Auge sieht, sind Stein und Ziegel und Eisen, die von Maurern und Zimmerleuten vereint wurden, aber die Kräfte, die diese materiellen Dinge zusammenhalten, sind keine Eisenbänder, sondern Gedanken und Überzeugungen. Zerstöre den Lebensnerv, der durch den Baum verläuft, und die Holzringe werden bald auseinanderfallen. Zerstören Sie die Gedanken und Überzeugungen unseres Volkes, und seine Häuser, Hochschulen und Institutionen werden verfallen und verfallen. Treiben Sie eine Million Mohammedaner in unser Land, und ihre inneren Gedanken werden sich in Moscheen, Minaretten und Harems verwirklichen. Aber stoßen Sie eine Million Amerikaner nach Kleinasien, und sofort werden ihre Gedanken diese sichtbaren Formen annehmen, die Häuser und Fabriken, Tempel der Gelehrsamkeit, Altäre des Lobpreises und des Gebets genannt werden. Denn was wir sächsische Zivilisation nennen, ist nur eine großartige Inkarnation eines bestimmten Geistestyps und eines bestimmten moralischen Charakters. Nicht nur Einzelpersonen, sondern auch Nationen sind der Stoff, aus dem Gedanken gemacht sind.

In seiner berühmten Geschichte vom Bogenschießen stellt Virgil Acestes dar, wie er seinen Pfeil mit solcher Kraft abfeuerte, dass er beim Fliegen Feuer fing und in Flammen in die Luft aufstieg und so von der Stelle, an der der Bogenschütze stand, einen Weg aus Licht in den Himmel öffnete. Nun ist es den Gedanken des Menschen anvertraut, diese schöne Geschichte zu erfüllen, indem sie leuchtende Wege eröffnen, auf denen sich die menschlichen Schritte bewegen können. Auf der praktischen Seite löst der Mensch sein Broterwerbproblem allein durch das Denken. Jeder steht an seinem Platz, nutzt seine stärkste Fähigkeit und arbeitet auf der Linie des geringsten Widerstands, jeder muss sich Nahrung und Unterstützung erkämpfen. Zu sagen, dass die Gesellschaft uns den Lebensunterhalt schuldet oder mehr konsumiert, als wir produzieren, bedeutet, auf das Niveau von Armen und Parasiten herabzusinken. Der erfolgreiche Mann ist jemand, dessen Gedanken über sein Brotverdienen weise Gedanken waren; Arme und Landstreicher mit ihrem Hunger und ihren Lumpen sind Männer, die töricht darüber nachgedacht haben, wie sie am besten ihren Lebensunterhalt verdienen könnten.

Wer über eine starke Fähigkeit verfügt, deren Einsatz Freude und Erfolg bringen würde, sie aber außer Acht lässt, um eine schwächere Fähigkeit zu nutzen, ist zur Mittelmäßigkeit und zum herzzerreißenden Scheitern verdammt. Der Adler hat kräftige Muskeln unter den Flügeln, aber schlanke und schwache Beine; Dem Rehkitz fehlt das Gewicht eines Zugpferdes, es verfügt aber über Gliedmaßen für die Schnelligkeit. Wenn nun ein Adler an einem Wanderrennen teilnehmen würde und das Rehkitz in die Liste der

Zugpferde aufgenommen würde, hätten wir etwas, das genau der Art und Weise entspricht, wie manche Menschen ihren Lebensunterhalt dadurch verdienen, dass sie ihre Stärksten anbinden Gabe und nutzen ihre schwächsten Fähigkeiten. Wenn gesagt wird, dass nur fünf von hundert Kaufleuten erfolgreich sind, erkennen wir, dass die große Mehrheit der Männer keinen Sinn darin hat, einen Beruf zu wählen. Sidney Smith erinnerte sich an seine Freunde, die sich selbst verfehlt hatten, und sagte einmal: „Wenn wir die Beschäftigungen des Lebens durch Löcher in einem Tisch darstellen, einige rund, einige quadratisch, einige länglich, und Personen durch Holzstücke mit ähnlichen Formen, werden wir im Allgemeinen finden." dass der dreieckige Mensch in das quadratische Loch geraten ist, der längliche in das dreieckige, während der quadratische Mensch sich in das runde Loch gezwängt hat." Aus Mangel an klugem Denken im Voraus sind Scharen an gebrochenen Herzen inmitten von Versagen und Elend gestorben, die vielleicht großes Glück und Erfolg hätten erreichen können, wenn sie ihre Gedanken bei der Wahl ihres Lebenswerks eingesetzt hätten. Wer mit bleiernem Herzen an seine Aufgabe herangeht, ist aus dem Rennen, bevor er überhaupt dabei ist. Erfolg bedeutet, dass das Herz liebt, was die Hand tut. Das Problem des Brotverdienens ist dasjenige, das uns zuerst und am meisten berührt, und nur weise Gedanken sind dazu da, dieses Problem zu lösen.

Die Zahl und der Wert unserer Gedanken bestimmen den Wert eines Menschen für die Gesellschaft. Keine Investitionen bringen einen so hohen Zinssatz wie kluge Investitionen. Handarbeit bringt wenig, Kopfarbeit aber viel. In einem westlichen Lager steckte ein Bergmann sein unteres Gehirn in die Spitzhacke und verdiente 2,00 Dollar pro Tag; ein anderer Bergmann steckte sein höheres Gehirn in die Briefmarkenmühle und erhielt bald täglich zwanzig Dollar für seine Arbeit; Ein dritter Jugendlicher, der in derselben Mine schuftete, steckte sein Genie in ein elektrisches Verfahren zur Erzgewinnung und verkaufte seine Erfindung für ein Vermögen. Es scheint, dass der Reichtum nicht in der Wahl lag, sondern in den Gedanken, die damit umgingen. Hätte Gott gewollt, dass der Mensch seine Arbeit durch den Körper erledigt, wären die Beine des Menschen lang genug gewesen, um mehrere Meilen mit einem Schritt zurückzulegen, sein Bizeps wäre stark genug gewesen, um die Kurbel von Dampfschiffen zu drehen, und sein Rücken wäre atlantisch gewesen, um Güterwaggons zu tragen über die Ebenen.

Doch anstatt dem Menschen lange Beine zu geben, gab Gott ihm einen Geist, der in der Lage war, Lokomotiven zu bauen. Anstelle von Teleskopaugen brachte er den Menschen dazu, weitsichtige Brillen zu erfinden. Anstelle von tausend Fingern zum Weben gab er dem Menschen fünf Finger und das Genie, tausend Stahlfinger zum Spinnen zu erfinden.

Reichtum liegt nicht in Dingen, sondern im Gehirn, das Rohstoffe formt. Die Goldsumme, die aus Kalifornien abgezogen wurde, war riesig, aber dieses Land könnte durchaus hundert Kalifornier dafür zahlen, dass ein Mann ein Verfahren erfindet, mit dem Kohle den Motor ohne den Einsatz von Dampf antreiben kann. Dieser Erfinder würde die Straßenbahnen für einen Cent in die Lage versetzen, die Bewohner des Mietshausviertels zehn Meilen in zehn Minuten aufs Land zu befördern, und würde dadurch durch Sonnenschein, frische Luft und Einsamkeit hundert Probleme lösen, die den Staatsmann jetzt quälen und der Moralist. Ein junger Botaniker in Kansas hat gerade seine Absicht bekannt gegeben, die Wolfsmilchpflanze und die Erdbeere zu kreuzen, damit künftig Erdbeeren und Sahne auf demselben Strauch wachsen können. Seine Aufgabe mag zum Scheitern verurteilt sein, aber dieser junge Mann versteht zumindest, dass dieser Gedanke den Wildreis in Weizen verwandelt hat; Der Gedanke verwandelte den süßen Dornbusch in die purpurrote Rose; Brains mischte die Pigmente für Paul Veronese und gab der Leinwand im Wert von ein paar Gulden den Wert von Zehntausenden Dollar . Bereits weise Gedanken haben den Barbaren in einen Gentleman und Bürger verwandelt, und an manchen Tagen werden Gedanken den Menschen mit den Eigenschaften und Qualitäten Gottes krönen.

Einst beschrieb der griechische Philosoph den Ursprung des Menschen. Als Ceres eines Tages einen Bach überquerte, sah er ein menschliches Gesicht aus der Erde auftauchen. Es war das Gesicht eines Mannes. Die Göttin stand neben diesem erdgeborenen Geschöpf und befreite seinen Kopf und seine Brust; aber seine Beine blieben im Boden verankert. Nun sind die unsichtbaren Freunde, die den Menschen von seinen irdischen Fesseln befreien, jene göttlichen Besucher, die Ideen und Gedanken genannt werden. Gott hat Gedanken zu goldenen Streitwagen gemacht, in denen die Seele in die himmlischen Höhen getragen wird.

Wenn Gedanken den Weg des Menschen mit Glück und Frieden gesät haben , bestimmen sie anschließend den Charakter und die Zukunft. Jedes Leben, das an Güte und Edelmut denkwürdig ist, hat als Antriebskraft einen edlen Gedanken. Jeder Held ist auf diesen goldenen Kugeln, die man gute Gedanken nennt, zur Unsterblichkeit aufgestiegen. Hier ist dieser Geist der Kathedrale, John Milton. In seiner Einsamkeit und Blindheit war sein Geist sein Königreich. Er liebte es, an Dinge zu denken, die wahr und rein waren und von guter Bedeutung waren. Oft um Mitternacht drang der Klang himmlischer Musik an das Ohr des Dichters, den er anschließend in sein „Wiedergewonnenes Paradies" übertrug. Im Sterben wurde es ihm gegeben, stolz zu sagen: „Ich gehöre nicht zu denen, die die Schönheit der Gefühle durch Missbildung des Verhaltens entehrt haben, noch die Maximen des Freien Mannes durch die Taten des Sklaven, sondern durch die Gnade

Gottes habe ich es getan." hielt meine Seele unbefleckt. Hier ist der unsterbliche Bunyan, der seine besten Jahre im Gefängnis von Bedford verbrachte, weil er darauf bestand, den Menschen die Botschaft zu überbringen, die Gott ihm zuerst gegeben hatte; aber auch er öffnete seinen Geist nur für gute Gedanken. Auch für ihn dämmerte die himmlische Vision. Als sich die Gefängnistüren vor Petrus und dem Engel öffneten, teilten sich die Kerkerwände vor seinen Gedanken. Er ging in froher Freiheit umher und durchquerte die Portale des Palastes der Schönen. Von den Marmorstufen aus sah er in der Ferne die Köstlichen Berge. Direkt daneben floss der Fluss des Wassers des Lebens. Die Brisen der Hügel des Paradieses kühlten seine heißen Schläfen und hoben sein Haar. Seine königlichen Gedanken krönten den Bedford-Tüftler und machten ihn zum König der englischen Literatur.

Hier erhebt sich auch der Sohn des Zimmermanns vor jedem irdischen Pilger wie ein Stern in der Nacht. Ein Mann von wirklich kolossalem Intellekt, unvergleichlich, wenn er durch die Reiche und Zeitalter schreitet und doch immer die sanftesten, freundlichsten Gedanken denkt; Gedanken der Milde ebenso wie der Majestät; Gedanken der Menschheit sowie der Göttlichkeit. Seine Gedanken waren Medikamente gegen verletzte Herzen; Seine Gedanken waren Flügel für alle Tiefflieger; Seine Gedanken befreiten diejenigen, die im Dickicht gefangen waren; Seine Gedanken setzten neben jeder Wiege einen Engel nieder; Seine Gedanken an die Inkarnation machten den menschlichen Körper für immer heilig; Seine Gedanken an das Grab heiligten das Grab. Sterbend und auferstehend, bahnen sich seine Gedanken einen offenen Weg durch den Himmel. Durch seine Unterweisung haben die Menschen das Denken gelernt – nicht nur große, sondern auch gute Gedanken, und auch, wie man Gedanken in Leben umsetzt.

Gott brachte ihre Gedanken zu Gott und verwandelte das Denken in einen Charakter. Jeder Spinner, der in Bescheidenheit und Treue seinen Webstuhl bedient, spinnt zwar Kleidungsstücke für andere, webt aber auch selbst unsichtbare Kleidungsstücke des ewigen Lebens. Jeder Schiffbauer, der seine Balken mit ehrlichen Gedanken zusammenfügt, wird feststellen, dass seine Gedanken zu Schiffen geworden sind, die ihn über das Meer zum Hafen Gottes tragen. Jeder Arbeiter, der Integrität in Gold und Silber legt, wird feststellen, dass er seinen eigenen Charakter in eine Schönheit verwandelt hat, die über die von Edelsteinen und Saphiren hinausgeht. Denn seine Gedanken ziehen ihnen nach in die Zukunft. St. George Mivart war davon so tief beeindruckt, dass er sagte: „Die alte arme Frau, die ich heute im Armenhaus gesehen habe, wie sie in ihrem Hunger ihren Apfel aufhob, um ihn dem kleinen Waisenkind zu geben, das gerade hereingebracht wurde, und ihren Strumpf entwirrte Wenn sie ihre verdrehten alten Finger beugt, um das Garn zu Socken für die blauen Füße des Kindes zu stricken, wird sie, ich glaube wirklich, ihr Leben nach dem Tod mit mehr intellektuellem Genie beginnen – merken Sie sich die Worte, intellektuelles Genie –, als irgendein Staatsmann oder irgendein Staatsmann dieses zweite Leben beginnen wird Premierminister oder berühmter Mann unserer Tage. Denn ich kenne niemanden, der in seinem Leben so treu gewesen wäre wie die Treue der armen Frau zu ihrem Kleinen.

Denn der Intellekt wiegt leicht wie Punk gegen das Gold des Charakters. Sollte Gott uns die Wahl zwischen Güte und Genialität geben, könnten wir durchaus sagen: „Gib Luzifer Genialität, lass meine die bessere sein." Der Intellekt ist kalt wie der Eispalast in Quebec. Mit gebrochenem Herzen und erschöpft vom Kampf des Lebens nähern sich Männer einigen großherzigen Männern, während Pilger sich dicht an das Winterfeuer drängen. Männer ziehen ihre Stühle weder um einen Eisblock noch um einen brillanten Intellekt herum. Unser Streit mit dem törichten Wissenschaftler besteht darin, dass er Gott als unendliches Gehirn darstellt. Wir freuen uns über die Offenbarung Christi, weil er Gott als Herz und nicht als Genie darstellt.

Gott sei Dank für großartige Gedanken, aber tausendmal mehr sei Gott für gute Gedanken gelobt! Sie schüren das Feuer der Begeisterung. Sie sind Ruder, die uns gen Himmel führen. Sie sind Samen für große Ernten der Freude. Sie erfüllen die Geschichte der Feen, die in der Nacht, während die Menschen schliefen, Abgründe überbrückten, Paläste bauten , Straßen anlegten und sie mit Häusern säumten und die Stadt mit Mauern bauten. Denn jeder Gedanke ist ein Baumeister, jeder Zweck ein Haus und jede Neigung ein Zimmermann. So wie sich die Erbauer des Kölner Doms vom Plan und Muster von Rile leiten ließen, so sind auch die Gedanken der Menschen nach diesem unvergleichlichen Vorbild, Jesus Christus, aufgebaut . Und während unsere Gedanken wirken, wirken auch seine Gedanken und verleihen der Seelenkraft Schönheit. Im alten Märchen schlief der Künstlerschüler aus großer Müdigkeit vor dem Bild ein, das ihn enttäuschte. Während er schlief, schlich sich sein Meister in den Raum und korrigierte mit ein paar schnellen Berührungen die Fehler, brachte die Linien strahlender Schönheit zum Vorschein und entfachte neue Hoffnung im Herzen des Jungen. Und es gibt unerwartete Vorsehungen im Leben, seltsame Einflüsse, Eingriffe und Stimmen in der Nacht. Diese Ereignisse, über die wir keine Kontrolle haben, diese Gedanken des Meisters oben prägen uns nicht weniger als die Gedanken, die sich von innen heraus aufbauen. Es scheint, dass nicht einer, sondern zwei an der Struktur der Seele arbeiten. Als Michael Angelo eines Tages in Anwesenheit seines Meisters das Gerüst in der Sixtinischen Kapelle niederriss und die Arbeiter die Seile, den Gips und den Müll wegräumten, sahen die Menschen die Gesichter von Engeln und Seraphinen mit ihrer strahlenden und unsterblichen Schönheit , so wird dieser Engel namens Tod eines glücklichen Tages das Gerüst des Lebens niederreißen und für immer ins Sonnenlicht setzen, dieses aus Gedanken erbaute Bauwerk, das stattliche Herrenhaus, das im Geist errichtet wurde, das nicht mit Händen geschaffene Gebäude, den ewigen Charakter in den Himmeln.

DER MORALISCHE NUTZEN DER ERINNERUNG

„Ohne Gedächtnis ist der Mensch ein ewiges Kind." – *Locke.*

„Das Gedächtnis spielt eine große Rolle bei der Bewertung von Menschen. Quintilian hielt es für den Maßstab für Genie. Die Dichter stellten die Musen als Töchter der Erinnerung dar." – *Emerson.*

„Erinnerung ist das einzige Paradies, aus dem wir nicht vertrieben werden können." – *Richter.*

„Ein Land voller Versprechen, ein Land voller Erinnerungen, ein Land voller Versprechen, in dem die Milch
und der Honig köstlicher Erinnerungen fließen ."
– *Tennyson.*

„Ich habe einen Raum, den niemand außer mir selbst betritt.
Auf einem Thron sitzt eine gesegnete Erinnerung.
Dort dreht sich mein Leben." — *CG Rosetti.*

VI

DER MORALISCHE NUTZEN DER ERINNERUNG

Die Seele ist ein Monarch, dessen Herrschaft drei Bereiche umfasst. Sein Thron ist in der Gegenwart, aber sein Zepter erstreckt sich rückwärts über das Gestern und vorwärts über das Morgen. Die Göttlichkeit, die über die Vergangenheit herrscht, ist die Erinnerung; Heute wird von der Vernunft regiert, morgen steht die Herrschaft der Hoffnung. Zu allen Zeiten war die Erinnerung eine unbeliebte Göttin. Der Dichter Byron stellt sich diese Gottheit als traurig dar, wie sie inmitten verwesender Ruinen und welker Blätter sitzt. Aber die Redner enthüllen die Zukunft als ein tropisches Reich, magisch, geheimnisvoll und überaus reichhaltig. Der Tempel, in dem die Hoffnung verehrt wird, ist immer überfüllt; In ihren Schreinen mangelt es nie an Blumengeschenken und süßen Liedern.

Aber irgendwann ist der Tag gekommen, an dem der Mensch erkennt, dass der riesige Schatz, dessen Erbe der jetzige Erbe geworden ist, von dem Freund hinterlassen wurde, der gestern anrief. Die Seele nimmt an Wissen und Kultur zu, denn während sie durch die reichen Felder des Lebens geht, pflückt das Gedächtnis den reifen Schatz an beiden Händen und lässt kein goldenes Bündel zurück. Die Philosophie widersetzt sich daher jener Form der Poesie, die das Gestern durch den fallenden Turm, das gelbe Blatt, die untergehende Sonne darstellt. Erinnerung ist eine Galerie mit Bildern aus der Vergangenheit. Das Gedächtnis ist eine Bibliothek mit Weisheiten für die Notfälle von morgen. Die Erinnerung ist ein Festsaal, an dessen Wänden die Schilde besiegter Feinde hängen. Die Erinnerung ist ein Kornspeicher, der Brot für den Hunger von morgen und Samen für die Aussaat von morgen enthält. Nur der Mann hat ein großes Morgen, der viele große Gestern hinter sich hat.

Aristoteles nutzte das Gedächtnis als Maßstab für Genie. Er glaubte, dass jeder große Mann in seiner Abteilung über ein großes Gedächtnis verfügte. Er war der große Künstler, dessen Geist die Schönheit jedes süßen Kindes, die Lieblichkeit jeder Jungfrau und Mutter erforschte und dessen Erinnerung sie bewahrte. Er war der große Wissenschaftler, der sich an alle Fakten erinnerte, keine Ausnahme vergaß und alles nach Gesetzen gruppierte. Der große Redner war derjenige, dessen Gedächtnis bereit war, alle aus Büchern und Gesprächen, aus Reisen und Erfahrungen gewonnenen Wahrheiten zu liefern – Waffen, mit denen der Redner seinen Zuhörern in einer edlen Sache entgegentritt, sie kontrolliert und erobert.

Nachdem er durch den Windsor Park gefahren war, erkannte der Künstler Doré , dass er sich an jeden Baum erinnerte, an dem er vorbeikam, und dass er jeden Strauch aus dem Gedächtnis zeichnen konnte. Die Dampfmaschine verdanken wir Watts mechanischem Genie; Doch bevor er mit seiner Arbeit begann, forderte der erfinderische Geist das Gedächtnis auf, alle Objekte, Kräfte und Fakten hervorzubringen, die von diesem dampfenden Teekessel angedeutet wurden und mit ihm in Zusammenhang standen. Genie kann nicht ohne Material erschaffen, an dem es arbeiten kann. Es wird dem Auge und dem Ohr und dem Grund gegeben, die Fakten zu erfahren; Das Gedächtnis speichert diese Schätze, bis sie gebraucht werden. und indem sie daraus wählt, formt die erfinderische Fähigkeit physische Dinge zu Werkzeugen, schöne Dinge zu Bildern, Ideen zu intellektuellen Philosophien, Moral zu ethischen Systemen. Der Architekt ist hilflos, wenn er sich nicht daran erinnert, wo sich die Steinbrüche befinden und welche Art sie haben; wo die Murmeln sind und welche Farben sie haben; wo die Wälder und was ihre Bäume sind.

So haben alle kreativen Köpfe, von Phidias bis Shakespeare, die Stärke des Gedächtnisses mit der Fruchtbarkeit der Erfindung vereint. So wie der Gobelin-Wandteppich, der die Belagerung Trojas darstellt, aus unzähligen farbigen Fäden gewebt ist, so ist jeder Hamlet und jedes „In Memoriam" eine intellektuelle Struktur, die aus Ideen und Sehnsüchten gewebt ist, die die Erinnerung liefert. Tatsächlich könnte es ohne diese Fähigkeit kein Wissen und keine Kultur geben. Zerstöre die Erinnerung und der Mensch würde ein ewiges Kind bleiben. Da der Geist jede neue Idee und Erfahrung weiterträgt, kommt der Tag, an dem der Jugendliche als Meister in seinem gewählten Handwerk oder Beruf hervortritt . Es ist die Erinnerung, die das Leben und Denken des Menschen vereint und alle seine Erfahrungen in einem Bündel zusammenfasst.

Im Großen und Ganzen ist die Zivilisation selbst eine Art Rassengedächtnis. Gehen wir zurück zum Beginn der Geschichte, kommen wir zu einer Zeit, in der der Mensch als Wilder auftrat, sein Haus eine Höhle, seine Kleidung ein Ledergürtel, seine Nahrung Heuschrecken und Beeren. Aber heute ist er von Zuhause, Büchern und Bildern, Webstühlen, Zügen und Schiffen umgeben. Nun, gestern war der Freund, der dem Menschen all diesen reichen Schatz geschenkt hat. Wir pflücken Weintrauben von Weinreben, die bereits von anderen Generationen gepflanzt wurden. Wir fahren in Zügen und Schiffen, die andere Denker erfunden haben. Wir bewundern Bilder und Statuen, die von anderen Händen bemalt und geschnitzt wurden. Unser Glück beruht auf Gesetzen und Institutionen, für die andere Menschen gestorben sind. Wir singen Lieder, die die Vergangenheit geschrieben hat, und sprechen eine Sprache, die längst verstorbene Generationen geprägt haben.

Als De Tocqueville unser Land besuchte, reiste er westwärts, bis er an der äußersten Grenze der Zivilisation stand. Vor ihm lagen Wälder und Prärien, die sich über Tausende von Kilometern der untergehenden Sonne entgegen erstreckten. Aber was ihn am tiefsten beeindruckte, war die Zivilisation hinter ihm, die bis zum Atlantik reichte – eine Zivilisation, die Städte und Dörfer umfasste, mit freien Institutionen, mit Schulzimmern, Kirchen und Bibliotheken. Mit Freude dachte er darüber nach, dass die geistige und moralische Ernte, die er hinter sich hatte, ausreichte, um das weite, uneroberte Land mit Schätzen zu besäen. So ist jedes Heute eine Grenzlinie, auf der die Seele steht. Es ist die Notwendigkeit des Lebens für den Menschen, in die Vergangenheit zurückzureisen, um Nahrung und Samen zu finden, mit denen er die unbesiegte Zukunft säen kann. Für jeden Einzelnen birgt der gestrige Tag die Anfänge von Kunst und Architektur. Der gestrige Tag markiert die Anfänge von Reform und Philanthropie. Gestern beinhaltet den Aufstieg und Sieg der Freiheit. Gestern findet das erste Schulzimmer, die Hochschule und die Bibliothek statt. Gestern steht das Kreuz und all seine Siege über Unwissenheit und Sünde. Gestern ergießt sich ein Fluss mit seinen reichen Fluten und verleiht allen Unternehmungen der Menschheit Majestät und Schwung. Gestern ist ein Tempel, dessen hohe Kuppeln und breite Mauern und brennende Altäre andere Hände und Herzen gebaut haben. Für den Einzelnen ist die Erinnerung eine Kornkammer für geistige Schätze; und für die Rasse ist die Zivilisation eine Art soziales Gedächtnis.

Betrachten Sie die dem Gedächtnis auferlegte Aufgabe. Die Aktivität und Fruchtbarkeit des menschlichen Geistes sind unermesslich. Die Vernunft webt Gedanken nicht so sehr, als dass sie sie ausatmet. Objekte marschieren in Karawanen durch das Augentor und das Ohrentor und provozieren jeweils einen eigenen Gedankengang. Und die unbewussten Prozesse des Geistes sind noch zahlreicher. Die stillen Lieder, die das Genie hört, die unsichtbaren Bilder, die das Genie malt, die verborgenen Burgen, die das Genie baut – kein Gebäude einer Stadt ohne sie kann sich an Wunder, Schönheit und Reichtum mit den Bauprozessen der inneren Seele messen. Wenn ein engelhafter Reporter die Gedanken aller Menschen auf physische Daten reduzieren könnte, wie umfangreich wäre das Buch! Gedanken gehen nicht einzeln, sondern marschieren in Armeen. Gefühle und Sehnsüchte bewegen sich wie Scharen singender Sänger. Wünsche schwärmen aus der Seele wie Bienen aus einem Bienenstock. Die Seele ist eine Stadt, durch deren Tore zahllose Karawanen strömen, die Schätze in sich tragen und Schätze nach außen tragen. Kein Great Eastern beförderte jemals eine Fracht, die in ihrer Größe und ihrem Reichtum mit der Reise im Geiste vergleichbar war.

Nirgends wird die Macht und das Können Gottes deutlicher zum Ausdruck gebracht als hier. Er hat den Geist mit der vollen Kraft ausgestattet, all seine Freuden, seine Freundschaften und Siege voranzutreiben. Dem Menschen ist es gegeben, in einem einzigen Sommer den Weg zu beschreiten, den die Menschheit gegangen ist. Für Glück und Kultur verweilt der Reisende bei Runnymede oder Marston Moor; bleibt in der Burg oder Kathedrale, bleibt lange in Galerien oder Museen. Es ist die Notwendigkeit seines Körpers, dass der Reisende den Berg hinter sich lässt, wenn er in die Stadt in der Ebene zurückkehrt. Aber es ist das Vorrecht des Geistes, diese Anblicke und Szenen aufzunehmen und sie wie einen durch die Erinnerung tragbaren Schatz fortzutragen. Durch einen geheimen Prozess werden Berge, Täler und Paläste verkleinert, fotografiert und zur Vergrößerung auf die ursprünglichen Proportionen aufbewahrt.

Wir haben bereits von dem Erfinder gehört, der einen Motor plante, der seine Spur festlegte und sie während der Fahrt wieder aufnahm. Aber dieser mechanische Traum erfüllt sich buchstäblich in der Erinnerung. Wenn Milton alt und blind geworden ist, kann es sein, dass er das ganze Panorama der Vergangenheit vor seinem geistigen Auge vor Augen führt, weil er feststellt, dass die Ereignisse der Kindheit in der Erinnerung hilfreicher sind, als sie in der Realität waren. Rückblickend dachte Longfellow, dass die Pfade der Kindheit ihre Rauheit verloren hatten; jeder Weg war mit Blumen gesäumt; süße Lieder lagen in der Luft; Das alte Zuhause war schöner als die Königspaläste, die sich der Berührung seiner Männlichkeit geöffnet hatten.

Ebenso begab sich Dante, sturmgepeitscht, bedrängt und des Egoismus überdrüssig, in das fremde Land, das er „Jugend" nannte. Dort versteckte er sich, bis die Stürme vorüber waren. Für ihn hielt die Erinnerung so viel Helles und Schönes bereit, dass sie für ihn zu einer Mappe von Kupferstichen, einer Bildergalerie, einem Palast mit vielen Gemächern wurde. Darin verborgen, wurden die Probleme der Erde so harmlos wie Hagel und Schnee auf den Ziegeldächern von Burgen. Die Menschen fragen sich oft, wie Staatsmänner, Generäle und Reformatoren, die bis zum Erträglichen unterdrückt waren, ihre Lasten ertragen konnten. Das ist ihr Geheimnis: Sie haben in der Vergangenheit Zuflucht gefunden, in der Erinnerung Medikamente gefunden und in alten Szenen gebadet, die erfrischt und den Schmutz des Lebens beseitigt haben. Aus der Kälte der arktischen Feindschaft wird der Seele durch die Erinnerung die Möglichkeit gegeben, sich über Sturm und Kälte zu erheben und in einem Augenblick in die tropische Atmosphäre edler Freundschaft einzutreten, in der Duft und Schönheit, ewige Wärme und Reichtum herrschen.

Es war ein beliebter Grundsatz von Sokrates, dass der geringere Mensch die verborgene Kraft in seiner Vernunft oder Vorstellungskraft erst dann begreift, wenn er deren Können am Größten bezeugt. Er impliziert, dass die Beredsamkeit, die Kunst und das Können, die die Kinder des Genies krönen, in rudimentärer Form bei allen Menschen vorhanden sind. Um daher das Gedächtnis in seinen gewöhnlichen Prozessen zu verstehen, betrachten wir seine Funktionen bei denen, bei denen es einzigartig ist. Glücklicherweise haben Gelehrte aller Zeiten wichtige Fakten über die Fähigkeit der Erinnerung bewahrt. Die klassischen Redner enthalten immer wieder Hinweise auf reisende Sänger, die die gesamte Ilias und Odyssee rezitieren könnten. In seinen „Deklamationen" erwähnt Seneca, dass er in der Reihenfolge, in der ihm die Krankheit vorgelesen wurde, zweitausend Wörter und Namen sprechen konnte und dass er eines Morgens der Lesung von zweihundert Versen zuhörte. und am Nachmittag rezitierte sie sie in ihrer Reihenfolge und ohne Fehler.

Muretus bemerkt, dass ihm die Geschichten aus Senecas Erinnerung fast unglaublich vorkamen, bis er Zeuge eines noch wunderbareren Ereignisses wurde. Die Zusammenfassung seiner Aussage ist, dass in Padua ein junger Korse lebte, ein brillanter und angesehener Student des Zivilrechts. Als eine Gruppe Herren von seinem wunderbaren Gedächtnisvermögen hörte, forderte er von ihm eine Demonstration seiner Macht. Sechs venezianische Adlige waren Richter, obwohl es noch viele andere Zeugen dieser Leistung gab. Muretus diktierte Wörter, lateinische, griechische, barbarische, unzusammenhängende und zusammenhängende, bis er sich selbst und den Mann, der sie aufschrieb, und das anwesende Publikum ermüdete. Anschließend wiederholte der junge Mann die gesamte Wortliste in der gleichen Reihenfolge, dann rückwärts, dann jedes zweite Wort, dann jedes fünfte Wort usw. und alles ohne Fehler.

Sir William Hamilton sagt, dass der Bibliothekar des Großherzogs der Toskana jedes Buch und jede Broschüre in der Bibliothek seines Herrn gelesen und von jeder Seite ein mentales Foto gemacht habe. Auf die Frage, wo eine bestimmte Passage zu finden sei, nannte er die Nische, das Regal, das Buch oder die Seite, auf der sich die betreffende Passage befand. Scaliger, der Gelehrte, der als der gelehrteste Mann aller Zeiten bezeichnet wurde, prägte sich die Ilias in drei Wochen ein und beherrschte alle griechischen Dichter in vier Monaten. Ben Jonson konnte alles wiederholen, was er jemals geschrieben und viele Bände gelesen hatte, ebenso wie Niebuhr, der Historiker. Macaulay glaubte, dass er nie etwas vergessen hatte, was er jemals gelesen, gesehen oder gedacht hatte. Coleridge erzählt von einem unwissenden Familiendiener, der in Momenten der Bewusstlosigkeit durch Fieber Passagen auf Griechisch und Hebräisch rezitierte. Die Erklärung lautete, dass der Diener schon seit langem in der Familie eines alten Geistlichen lebte, dessen Gewohnheit es war, die Bibel im Original vorzulesen.

Ärzte haben Fälle festgestellt, in denen ein Ausländer, der im Alter von vier oder fünf Jahren in dieses Land kam, seine Muttersprache völlig vergessen hatte. Alt und grau geworden, in Momenten der Bewusstlosigkeit durch Fieber, hat der alte Mann in der vergessenen Sprache der Kindheit gesprochen. Unsere besten Studenten der Mentalphilosophie glauben, dass kein Gedanke oder Gefühl, keine Feindschaft oder Sehnsucht jemals vergessen wird. Die auf Ton geschriebenen Gefühle verhärten sich zu Granit. Schlafende Erinnerungen sind nicht tot. Mit einer Berührung kehren sie in ihrer alten Kraft und Kraft zurück. Die Wissenschaft sagt uns, dass der Flug eines Vogels, das Fallen eines Blattes, das Lachen eines Kindes, die Schwingung eines Gesangs das gesamte Universum verändert. Der Junge, der einen Stein von einem Baum zum anderen schleudert, verändert den Schwerpunkt der Erde. Und wenn die Bewegungen toter Blätter und Steine unveränderlich in der Natur niedergeschriebene Ereignisse sind, wie viel mehr sind es dann lebendige Hoffnungen und Gedanken. Die Seele ist empfindlicher als das Thermometer, empfindlicher als das Barometer und alle ihre Vorgänge werden registriert. Gedanken sind Ereignisse, die den Geist in leuchtenden Farben durchdringen. Hätte der Mensch es nur gewusst, fällt kein Ereignis durch das Netz der Erinnerung.

Es hilft uns, die Unsterblichkeit des Gedächtnisses zu verstehen, wenn wir auf die Vorkehrungen achten, die die Natur zur Enthüllung verborgener Tatsachen und Kräfte bietet. Die heutige Chemie zeigt uns, wie Ereignisse, die in der Dunkelheit geschehen, im Licht enthüllt werden und die Taten des Verborgenen vom Dach des Hauses aus verkündet werden. In alten Zeiten kommunizierten Fürsten durch Boten miteinander. Dann galt es zu verhindern, dass die Depesche in die Hände des Feindes fiel, und so befand sich zwischen den Zeilen der scheinbaren Nachricht eine Depesche in Buchstaben, die so farblos wie Wasser waren. Doch als man das Blatt vor das lodernde Feuer hielt, erschien die geheime Schrift. So hat die Natur im Reich der Seele dafür gesorgt, dass Ereignisse aus der Vergangenheit hervorstechen. Unter Reiz vollbringt das Gedächtnis die erstaunlichsten Leistungen. Aufregung ist ein Feuer, das die dunkle Schallplatte deutlich hervortreten lässt.

Ein angesehener Anwalt aus einer Stadt im Osten berichtete, dass er, als er sich in einen Streit verwickelte, von dem weitreichende Fragen abhingen, plötzlich merkte, dass er vergessen hatte, einen äußerst wichtigen Punkt im Auge zu behalten. In dieser aufregenden Stunde wurden seine Fähigkeiten stark angeregt. Längst vergessene Entscheidungen, Autoritäten und Präzedenzfälle kamen ihm wieder in den Sinn. Anfangs waren sie nur schwach umrissen, doch langsam wurden sie klarer, bis er sie schließlich mit vollkommener Deutlichkeit las. Herr Beecher hatte eine ähnliche Erfahrung, als er in Liverpool der Mafia gegenüberstand. Er sagte, dass alle Ereignisse, Argumente und Appelle, die er jemals gehört, gelesen oder geschrieben hatte, als rednerische Waffen vor seinem geistigen Auge vorübergingen, und als er dort stand, brauchte er nur seine Hand auszustrecken und die Waffen zu ergreifen, während sie rauchend vorbeizogen. Alle Männer des öffentlichen

Lebens haben ähnliche Erfahrungen gemacht – sehen Sie sich die Aussagen von Pitt, Burke und Wendell Phillips an. Aber welches Ereignis hat eine solche Macht, die Aufzeichnungen der Erinnerung wiederherzustellen, als diese geheime Aufregung, wenn die Seele wie ein Botschafter ist, der von einer Auslandsmission nach Hause zurückkehrt, um vor dem Thron Gottes zu berichten? Wenn man also in seinem Bericht darlegt, welcher heilige Reiz wird auf das Gedächtnis einwirken!

In allen Zeitaltern haben Dichter und Philosophen viel Wert auf Assoziationen gelegt, um dunkle Erinnerungen wiederherzustellen. Porter erzählt die Geschichte einer Dinnerparty, bei der nach einem Hinweis auf Benedict Arnold sofort jemand nach dem Wert des römischen Denars fragte. Die Reflexion zeigt, dass die Frage direkt durch das diskutierte Thema angeregt wurde. Benedict Arnold schlug Judas Iskariot und die dreißig Silberstücke vor, die ihm gegeben wurden, und damit den Wert der Münze, die er als Belohnung erhielt. In ähnlicher Weise gibt es eine Überlieferung, nach der Petrus jedes Mal, wenn er das Krähen eines Hahns hörte, voller Kummer war. Bulwer Lytton stellt dar, dass Eugene Aram kaum in der Lage war, einen Schmerzensschrei zu unterdrücken, als ein Freund zufällig in die Nähe der Stelle fuhr, wo er in mörderischem Hass einen tödlichen Schlag versetzt hatte.

Daher wird keine Sünde jemals begraben, außer wie ein Mörder sein Opfer unter einer dünnen Sandschicht begräbt. Aber wenn er dort vorbeigeht, erhebt sich ein Skelettarm und zeigt zum Himmel und zum Übeltäter. Der Philosoph bekräftigt, dass „die Erinnerung an die Vergangenheit niemals verschwinden kann, bis der Baum, der Fluss oder das Meer", mit dem die dunkle Erinnerung verbunden ist, ausgelöscht wurde. So wirkt das Gesetz der Assoziation immer darauf hin, das grässliche Phantom zurückzubringen, das Blut zu kühlen und das Gehirn zu versengen. Nichts wird jemals vergessen. Eine Berührung, ein Anblick, ein Geräusch, das Rauschen des Baches, das Geräusch einer fernen Glocke, das Bellen eines Hundes am stillen Abend, der grüne Weg im Wald, auf dem das Sonnenlicht glitzert, der Weg des Mondes auf dem Wasser, der Leuchter des Bischofs für Jean Valjean, der Tod eines Sträflings für Dean Maitland, der Blutstropfen für Donatello – all das kann durch die damit verbundenen Ereignisse das Herz in Stein verwandeln und das Leben mit Stummheit erfüllen Qual der Reue.

Darüber hinaus weist Shakespeare darauf hin, dass das Gewissen in seinen gebieterischen Aspekten die Fähigkeit besitzt, vergessene Taten wiederzubeleben. Im Labor nehmen Wissenschaftler zwei Gläser, von denen jedes eine Flüssigkeit enthält, die farblos wie Wasser ist, und gießen sie zusammen, und siehe da! sie vereinigen sich und bilden eine Substanz, die schwärzer ist als die schwärzeste Tinte. So wie das chemische Bad das Bild hervorbringt, das in der Fotoplatte verborgen war, so erheben sich in seinen höheren Stimmungen halb erinnerte und halb vergessene Ereignisse zur vollkommenen Erinnerung. Die Geschichte erzählt uns von dem orientalischen Despoten, der in einer ausgelassenen Stunde seinem Butler befahl, einen Propheten, den er eingesperrt hatte, zu töten und den bleichen Kopf auf ein Pferd zu bringen. Lange danach kam der Tag, an dem ein Soldat, in der Abgeschiedenheit seines Palastes sitzend, allen um den Festtisch herum die Geschichte eines Wundertäters erzählte, den er auf seiner Reise gesehen hatte. Als die Bankettgäste sich fragten, wer dieser Mann sei, stand der König plötzlich bleich und zitternd auf und schrie. „Ich weiß! Es ist Johannes der Täufer, den ich enthauptet habe; er ist von den Toten auferstanden!"

Diese alte Geschichte erzählt uns, dass schlummernde Erinnerungen nicht tot sind, sondern wie Schlangen im Winterschlaf, die voller Wärme ihren Kopf heben, um zuzuschlagen. Es erfüllt, wie gesagt, die alte Geschichte des Mannes, der an der Wand entlang tastet, bis seine Finger auf eine verborgene Feder treffen, woraufhin die verborgene Tür auffliegt und das verborgene Skelett zum Vorschein bringt. Es sagt uns, dass vieles in dem Sinne vergessen werden kann, dass man den Verstand verloren hat, aber nichts ist in dem Sinne vergessen, dass man sich nicht daran erinnern kann. Jeder Gedanke, den der Geist denkt, schreitet in seinem Charakter voran, auch wenn längst vergessene Lebensmittel in Fleisch und Blut übergehen. Die Erinnerung ist eine Leinwand darüber und der Mann arbeitet darunter. Jede Fähigkeit ist ein Pinsel, mit dem der Mensch sein Porträt ausdenkt. Hier und jetzt, getäuscht vom Sirenengesang, hält sich jeder Macbeth für besser, als er ist. Aber irgendwann kommt die Zeit, in der die Erinnerung das Porträt reinigt und sein Gesicht unauslöschlich in voller Offenbarung hervortreten lässt.

Aber die Erinnerung hat auch Aspekte, die gnädig und äußerst inspirierend sind. „Ich habe gestern gut gelebt", sagte der Dichter; „Morgen soll es sein Schlimmstes tun." Zu diesem Gefühl fügte der Staatsmann hinzu: „Ich habe für meine Mitmenschen getan, was ich konnte, und meine Erinnerungen daran sind kostbarer als Gold und Perlen." So werden alle, die Weisheit und Güte geliebt haben, ihre Schätze in der Obhut der Erinnerung sicher finden. Vielleicht verschwinden einige wertvolle Dinge aus dem Leben. Die Melodie, die nach dem Singen des Liedes auf den Akkorden zittert, versinkt in der Stille. Das Licht, das in den Wolken verbleibt, nachdem der Tag vorüber ist, erlischt schließlich in der Dunkelheit. Aber da die Seele durch ihre Persönlichkeit bewusst unsterblich ist, besitzt sie eine unbewusste Unsterblichkeit durch ihr Werkzeug oder ihre Lehre, durch ihr Beispiel oder ihren Einfluss. Die Zeit ist nicht zum Zerstören da. Gott und die Seele vergessen nie.

Weisheit kommt zu allen jungen Herzen, die noch keine Vergangenheit haben, vor deren Füßen der Strom des Lebens liegt, der darauf wartet, sie in die Zukunft zu tragen, und sie fordert sie auf, darüber nachzudenken, dass Reife voller Erfolge nur der Ort ist, an dem die Fluten der Jugend fließen haben ihre reichen Schätze geleert. Wessen Gestern voller Fleiß und Ehrgeiz, voller Bücher, Gespräche und Kultur ist, wird sein Morgen voller Werte, Glück und Freundschaft finden. Aber wer seiner Erinnerung keinen zu sammelnden Schatz schenkt, wird feststellen, dass seine Hoffnungen nur eine Fata Morgana in der Wüste sind, wo brennender Sand das Aussehen von See und Fluss annimmt. Weisheit erlangt auch diejenigen, die in ihrer Reife erkennen, dass der Morgen in Ungewissheit gehüllt ist und ihr Grab nicht mehr weit entfernt ist. Es regt sie dazu an, darüber nachzudenken , dass ihre gestrigen Tage sicher sind und dass nichts vergessen ist; dass keine würdige Tat aus dem Leben gefallen ist; dass gestern ein Zufluchtsort vor Konflikten, Ängsten und Ängsten ist.

Für Patrioten und Eltern, für Reformer und Lehrer kommt der inspirierende Gedanke, dass Gott jede hilfreiche Tat in seinem Gedächtnis speichert. Im Leben geht kein guter Einfluss verloren. Sind David und Dante tot? Sind Tennyson und Milton heute nicht tausendmal lebendiger als damals, als sie auf dieser Erde lebten? Der Tod vervielfacht nur die einzelne Stimme und stärkt sie. Gott lässt jedes Leben die Legende des griechischen Reisenden erfüllen, der, als er einen Sack Mais nach Hause trug, traurig darüber war, dass etwas durch ein kleines Loch verloren gegangen war; Doch Jahre später, als er auf diesem Weg vor seinen Feinden floh, stellte er fest, dass die Saat aufgegangen war und sich zu Ernten für seinen Hunger vermehrt hatte. So nährt der gestrige Tag in jedem Pilgerherz den Glauben, dass das Gute triumphieren wird. Denn das Gedächtnis, das beim Menschen klein ist, ist bei Gott groß. Der Unendliche vergisst nichts außer menschlicher Schwäche und Sünde. Gott denkt an den großen Geist, die beredte Zunge, den großen Geldbeutel, denkt er auch an den Kelch mit kaltem Wasser und lässt die bescheidenste Tat ihrem Täter bis zu den himmlischen Ufern folgen.

Die Imagination als Architekt der Männlichkeit

„Phantasie regiert die Welt." – *Napoleon.*

„Die Vorstellungskraft ist das Geheimnis und das Mark der Zivilisation. Sie ist das Auge des Glaubens. Die Seele ohne Vorstellungskraft ist das, was ein Observatorium ohne Teleskop wäre." – *Beecher.*

„In solchen Naturen scheint sich die Vorstellungskraft wie eine gotische Kathedrale über einer erstaunlich soliden Krypta des gesunden Menschenverstandes zu erheben, so dass ihre Leichtigkeit sicher auf dem Bewusstsein einer unbeweglichen Basis steht." – *Lowell.*

„Die Vernunft des Menschen ist von der Vorstellungskraft überwältigt. Sie regnet reiche Schätze zur Befruchtung der unfruchtbaren Seele." – *Anon.*

„Durch den Glauben ging Abraham aus, ohne zu wissen, wohin er ging." – *Hebräer.*

VII

DIE IMAGINATION ALS ARCHITEKT DER MÄNNLICHKEIT

Gemessen an allen Maßstäben war Moses der einzige kolossale Mann der Antike. Es kann bezweifelt werden, ob die Natur jemals einen größeren Geist hervorgebracht hat. Wenn wir bedenken, dass Recht, Regierung und Bildung in seinem einzigen Gehirn entstanden sind; wenn wir uns daran erinnern, dass die Gemeinwesen von heute auf Fundamenten beruhen, die von diesem Juristen aus der Wüste errichtet wurden; Wenn wir uns seine dichterischen und literarischen Fähigkeiten ins Gedächtnis rufen, tritt Moses mit den Proportionen und der Erhabenheit eines allumfassenden Genies hervor. Sein Intellekt erscheint aufgrund der Hindernisse und romantischen Kontraste in seiner Karriere umso titanischer. Er wurde in der Hütte eines Sklaven geboren, aber sein Genie flammte so eindrucksvoll auf, dass er die Anerkennung der Großen gewann und schnell vom Sklavenmarkt in die Pracht des Palastes des Pharaos gelangte.

Glücklicherweise verlief seine Jugend nicht ohne die Verfeinerungen und Errungenschaften der Schulen. Denn damals war Ägypten der einzige strahlende Fleck auf der Erde. Zu einer Zeit, als Griechenland eine Räuberhöhle war und Rom unbekannt war, war Memphis herrlich attraktiv. An den Ufern des Nils befanden sich Kunst- und Wissenschaftsschulen. Von Theben aus brachte Pythagoras die Mathematik nach Griechenland. Von Memphis leitete Solon seine weisen politischen Grundsätze ab. In Luxor erlebten Architektur und Bildhauerei ihren Aufschwung. Aus Kleopatras Königreich stahlen Männer die Obelisken, die sich heute in New York und London befinden. Die Chancen von Moses wurden durch seine Energie und seinen Ehrgeiz, herausragende Leistungen zu erbringen, in vollem Umfang ausgeglichen. Schon in seiner Jugend muss er für sein Verwaltungsgenie bekannt gewesen sein.

Aber seine moralische Größe übertraf seine Mentalität. Als die Ereignisse ihn vor die Wahl zwischen dem Luxus des Hofes und der Liebe seines eigenen Volkes zwangen, zögerte er nicht, denn er war durch und durch ein Held. In dieser Krise verließ er den Palast, verbündete sich mit seinen versklavten Brüdern und verbannte sich in die Wüste. Kein Ereignis könnte dramatischer sein als die Art und Weise seiner Rückkehr zum Palast des Pharaos. Im Alleingang vollzog er die Emanzipation einer Nation. Unsere Anführer erreichten durch riesige Armeen die Freiheit unserer Sklaven; Dieser Soldat befreite im Alleingang drei Millionen Leibeigene. Andere Generäle haben mit Kanonen Burgen erobert; Dieser Mann schlug Burgen mit bloßen Fäusten nieder. Und als er die Freiheit für sein Volk erlangt hatte, führte er es in die Wüste und lehrte die rohen und unterwürfigen Sklaven die Grundsätze von Recht, Freiheit und Regierung. Unter seiner Führung wurde aus dem Mob eine Armee; die Sklaven wurden Patrioten und Bürger; Die Wilden waren mit Bräuchen und Institutionen bekleidet. Sein Geist wurde zur Universität für Millionen. Und von diesem Tag an bis heute folgen die Säulen der Gesellschaft dem Namen Moses, wie einst die Pilger bei Tag der Wolkensäule und bei Nacht der Feuersäule folgten. Der Verlauf eines größeren Namens wird nicht gespeichert. Speichern Sie nur den Namen, der über jedem Namen steht.

Weise Männer werden fragen: Wo war die Macht dieses Mannes verborgen? Woher kam seine Herkuleskraft? Moses war der Vater einer Riesenrasse. Er war der Vertreter tapferer Männer aller Zeiten, die den Grundstein legten, auf dem andere bauten; Er war der Prototyp edler Führer, die überall die Saat der Zivilisation verstreuten und es anderen überließen, die Ernte zu ernten. er war der Vorläufer unzähliger Reformatoren und Erfinder, denen es nie vergönnt war, an den Früchten ihrer Arbeit teilzuhaben; von Soldaten und Helden, die auf dem Schafott starben, damit andere emanzipiert würden; von Männern wie Huss und Cranmer, deren Sturz und Niederlage den Weg für die Siege anderer ebneten. Kein anderer Mensch hat im Sterben Einflüsse hinterlassen, die im Laufe der Jahrhunderte so kraftvoll und so kontinuierlich gewirkt haben. Aber wenn wir die Quellen seiner Macht erforschen, staunen wir über sein Geheimnis. Uns wird gesagt, dass er seine enormen Lasten ertrug und durch den Anblick des Unsichtbaren das Unmögliche erreichte. Das Gefühl eines zukünftigen Sieges stützte ihn in der gegenwärtigen Niederlage. Durch den richtigen Einsatz der Sehkraft siegte er.

Die Vorstellungskraft war das Teleskop, durch das er den Sieg in der Ferne sah. Die Vorstellungskraft war das Werkzeug, mit dem er seine Fundamente grub und grub. Die Fantasie war die Burg und der Turm, unter denen er Zuflucht vor den Stürmen, Angriffen und Nöten des Lebens fand. Kein Flügel hatte jemals eine solche Kraft zum Heben, keine Quelle hatte jemals solche Gezeiten, um den Durst zu stillen. Er duldete die Wilden, denn von weitem sah er die Sklaven, die mit den Eigenschaften von Patrioten bekleidet waren. Er ertrug die Wüste, weil seine Fantasie ein fruchtbares Land offenbarte, in dem Milch und Honig flossen. Er überlebte die Gesetzlosigkeit, weil er den Tag des Gesetzes und der Freiheit voraussah. Er ertrug die Last von Sorgen, Entmutigungen und Verantwortungen, die schwer genug waren, um zwanzig Männer zu vernichten, weil er den Tag des endgültigen Triumphs voraussah. Einst, als dieser legendäre Held mitten im Kampf gegen seine Feinde war, schwebte ein unsichtbarer Freund über dem Krieger und reichte ihm Speer und Schwert, wenn er sie brauchte. So reichte die Fantasie des großen Juristen sogar bis in die himmlische Waffenkammer und holte sich die Waffen, die der Held brauchte.

Unser intellektueller Schritt wird fester, wenn wir die Vorstellungskraft definieren und ihre Verwendungsmöglichkeiten berücksichtigen. Die Seele ist eine Stadt; und die äußeren Sinne sind Tore, durch die alle Karawanen der Wahrheit und Schönheit fegen. Durch das Augentor passieren alle Gesichter, Städte und Landschaften. Durch das Ohrtor gelangen alle süßen Geräusche. Aber wenn sich die Tatsachen von Land, Meer und Himmel der Seele gemeldet haben, fegt die Vernunft diese intellektuellen Ernten in die Kornkammer der Erinnerung, um sie in der Zukunft zu säen. Aber diese Ernten müssen arrangiert werden. Im Orient stellt der Kaufmann, der einen Gemischtwarenladen betreibt, die Schwerter und Speere auf ein Regal; die Wandteppiche und Teppiche übereinander; die Bücher und Manuskripte auf einem dritten; und jedes Ding hat sein eigenes Regal und seine eigene Schublade. Also Das Urteil kommt ins Spiel, um Wissen zu ordnen und nützliche Dinge in ein intellektuelles Regal zu ordnen, schöne Dinge in ein anderes Regal, und wahre Dinge für sich zu trennen.

Danach, wenn der Unterdiener, Vernunft genannt, die Materialien angesammelt hat, wenn das Gedächtnis sich um sie gekümmert hat und das Urteil alles klassifiziert hat, dann kommt die konstruktive Vorstellungskraft ins Spiel, um neue Objekte zu erschaffen. Watt arbeitet mit Eisen und Stahl und organisiert mit seiner Fantasie einen Motor. Die Fantasie arbeitet inmitten der schönen Farben und malt Bilder. Es bearbeitet Marmor und schnitzt Statuen. Durch die Arbeit mit Holz und Stein entstehen Kathedralen. Durch die Arbeit mit dem Klang entstehen Sinfonien. Durch die Arbeit mit Ideen entstehen intellektuelle Systeme. Indem es in der Moral arbeitet, konstruiert es ethische Prinzipien; Auf der Suche nach Unsterblichkeit fordert es alle kühlenden Ströme, fruchtbaren Bäume, süßen Klänge, alle edlen Freundschaften auf, sich über das Grab hinaus zu melden. Denn der Glaube selbst ist nichts anderes als die Vorstellungskraft, verbunden mit der Zuversicht, dass Gott in der Lage ist, die höchsten Ideale des Menschen zu verwirklichen. Die Vorstellungskraft ist daher ein Prophet. Es ist ein Seher für die Seele. Es arbeitet als Künstler, Architekt und Schöpfer. Es pflanzt schwierige Probleme als Samen, züchtet diese Keime in Bäumen und erntet daraus die reifen Früchte. Es erringt den Sieg, bevor Schlachten ausgetragen werden. Ohne sie wäre die Zivilisation unmöglich. Was wir Fortschritt nennen, ist nichts anderes als die Gesellschaft, die den Visionen, Plänen und Mustern der Fantasie folgt und sie verwirklicht.

Jetzt neigt unser geschäftiges, geschäftiges Zeitalter dazu, die Vorstellungskraft zu unterschätzen. Männer schimpfen beim Burgbau. Der Pragmatiker spottet über Träumereien. Männer glauben an Geschäfte und Waren darin; in Fabriken und Reichtum durch sie; Männer glauben an

Häuser und Pferde, aber nicht an Ideale. Dennoch sind Gedanken und Träume der Stoff, aus dem Städte gebaut werden . Wir mögen den stillen Träumer verachten, aber letzten Endes erscheint er als der wahre Architekt von Staaten! Unermesslich die praktische Kraft der Visionsfähigkeit! Die Helden von gestern wurden alle am Leben gehalten – nicht durch Schwerter und Waffen, sondern durch den Anblick des Unsichtbaren!

Hier ist der alte Held in seinem Kerker in Florenz. Während er in der Nacht vor seiner Verbrennung döste, sah der Gefängniswärter ein seltenes, süßes Lächeln auf seinem Gesicht. "Was ist es?" fragte der Wärter. „Ich höre die Geräusche fallender Ketten und ihr Klirren ist wie süße Musik in meinen Ohren.“ Dann ging er mit lächelndem Gesicht seinem Martyrium entgegen. Und hier ist Michael Angelo. Alt und blind geworden tappt er in die Galerie des Vatikans, wo seine Finger mit erhobenem Gesicht über den Oberkörper des Phidias tasten. Als Kardinal Farnese eines Tages bei ihm weilte, hörte er den alten Bildhauer sagen: „Groß ist dieser Marmor; noch größer ist die Hand, die ihn geschnitzt hat; am größten von allem ist der Gott, der den Bildhauer geformt hat. Ich lerne immer noch! Ich lerne immer noch!“ Und auch er ging voran, getragen von seiner Vision vollkommener Schönheit.

Und hier ist John Huss, der zwischen den Eisengittern seines Gefängnisses auf eine Armee von Piken und Speeren blickt, die sich vor seinem Gefängnis versammelt hat; Aber der Märtyrer ertrug seine Gefahr durch die Voraussicht des Tages, an dem die Schwerter, die damals zur Unterdrückung der Gedankenfreiheit eingesetzt wurden, zu ihrer Befreiung aufblitzen würden. Und hier ist Walter Scott, der durch das Versagen seiner Verleger ruiniert ist, genau zu dem Zeitpunkt, als die Natur ihm zuflüsterte, dass er seine Aufgabe erfüllt und sich eine Atempause verdient hatte. Aber er rüstete sich neu für die Schlacht und ertrug seinen schmerzlichen Verlust durch die Voraussicht der Stunde, in der die letzte Schuld beglichen und sein Name wieder makellos sein würde. Und hier ist dieser junge Mann, Emerson, der auf eine Welt voller Lärm und Streit blickt, voller Schreie von Sklaven und der Kriegsführung von Eiferern. Er wurde von der Voraussicht eines Tages getragen, an dem Gott der ganzen Szene Frieden einhauchen würde. Mit strahlender Hoffnung begann er, „die Götzen der Menschen mit solcher Ehrfurcht niederzureißen, dass es wie ein Akt der Anbetung wirkte“. Und was sollen wir noch sagen? Beim Anblick des Unsichtbaren ertrug Dante sein Gerüst; die Helden, die wie Rebhühner auf den Bergen gejagt wurden, ertrugen ihre Höhlen und die Winterkälte; Märtyrer ertrugen die Geißel und die Schwuchtel. In jedem Zeitalter wurden die Großen durch den Anblick des Unsichtbaren in die Bereiche der Ruhe erhoben . Äußerlich mag es das Dröhnen und Dröhnen von Kanonen gegeben haben, aber innerlich waren die Männer Lauten mit singenden Harfen. Wie der Hausbesitzer, der an seinem lodernden Herd sitzt, nicht an den Schneeregen und den Hagel denkt, die auf das Schieferdach fallen, so bleibt die Seele in Frieden, über der die Burg errichtet wurde und die Gegenwart Gottes verbirgt.

Welchen herausragenden Platz nimmt die Vorstellungskraft im Bereich der Wissenschaft und Erfindung ein! Die Vernunft selbst ist nur ein Unterdiener. Es hat keine kreative Fähigkeit. Die Erinnerung macht keine Entdeckungen. Aber die Fantasie ist ein Wundertäter. Als Oken , der deutsche Naturforscher , eines Tages im Schwarzwald auf einen großen Knochen eines Mammuts stieß , rief er aus: „Das ist ein Teil einer Wirbelsäule.“ Die Augen des Wissenschaftlers sahen nur einen der Wirbel , aber zu diesem einen Knochen fügte seine Fantasie Rahmen, Gliedmaßen und Kopf hinzu, dann bekleidete er das Skelett mit Haut und sah, wie sich der Tierriese durch den Wald bewegte. In dieser Stunde löste die Vorstellungskraft eine Revolution in der Anatomie aus. Ebenso gab diese schöpferische Fakultät in Göthe der Botanik eine neue wissenschaftliche Grundlage. Eines Tages saß der große Dichter auf seinem Lieblingsplatz in der Nähe des Heidelberger Schlosses und pflückte ein Eichenblatt in Stücke. Plötzlich verwandelte seine Fantasie das Blatt. Unter seiner Berührung erhob sich der zentrale Stamm und wurde zum Stamm des Baumes; die Adern des Blattes wurden verlängert und wurden zu Ästen und Zweigen; jeder Faden wurde zu einem Blatt und einer Gischt; Die Fantasie enthüllte jedes Blütenblatt, jedes Staubblatt und jeden Stempel wie nach dem Blatttyp und gab der Wissenschaft der Kräuter und Sträucher eine neue Philosophie. Als ein Pistazienbaum in Paris, der nur weibliche Blüten hatte, plötzlich Nüsse trug, vermutete der Verstand eines Wissenschaftlers, dass ein anderer reicher Mann einen Baum mit männlichen Blüten importiert hatte, und eine sorgfältige Suche ergab, dass dieser Baum viele Meilen entfernt war.

Und in jedem Bereich der Wissenschaft überbrückt diese Fakultät die Abgründe zwischen entdeckten Wahrheiten. Sogar Newtons Entdeckung war ein Geschenk der Vorstellungskraft. Als die Augen des Wissenschaftlers den fallenden Apfel sahen , sprang sein Sehvermögen durch den Raum und sah den fallenden Mond. Als die wochenlang wehenden westlichen Passatwinde das Treibholz an die Küsten Spaniens geworfen hatten, fiel Kolumbus' Blick nicht nur auf das seltsame Holz, sondern auch auf einen Kieselstein, der sich in der Felsspalte verfangen hatte. Aber seine Fantasie sprang vom Kieselstein zum westlichen Kontinent, zu dem der Stein gehörte, und vom Baum zum Wald, in dem er wuchs.

Diese Fakultät hat eine ähnliche Arbeit auf dem Gebiet der Mechanik durchgeführt. Watt erzählt uns, dass sein Motor in seinem Kopf funktionierte, Jahre bevor er in seiner Werkstatt funktionierte. In seiner Biografie erkennt Milton die Schönheit der Bäume und Blumen, die er aus den Landschaften und Gärten der Erde ausgewählt hat, aber in seinem „Verlorenen Paradies“ sah seine Fantasie ein Eden, das schöner war als jede

Szene, die jemals auf der Erde gefunden wurde. Napoleon glaubte, dass jede Schlacht durch seine Fantasie gewonnen wurde. Während seine Soldaten schliefen, stellte der große Korse seine Truppen auf, warf sie gegen den Feind und errang in Gedanken den Sieg in der Nacht vor der Schlacht. Sogar ein Redner wie Webster muss als jemand beschrieben werden, der sein Argument in der Luft sieht, bevor er es auf die Seite schreibt, so wie Händel glaubte, die Musik schneller vom Himmel fallen zu hören, als seine Hand die Noten auf den Notenstäben festhalten konnte . Somit war jedes neue Werkzeug und Bild, jeder neue Tempel, jedes neue Gesetz oder jede neue Reform ein Geschenk der Fantasie an den Menschen.

Auch bei Männern in einfacheren Gesellschaftsschichten war es nicht anders. Viele sind dazu verdammt, zu forschen und zu graben. Drei Viertel der Bevölkerung leben am Rande der Armut. Die Energie der meisten Männer wird für die Erfüllung der Bedürfnisse des Körpers aufgewendet. Es ist Menschenmengen gegeben, vor Tagesanbruch in die Kohlenmine hinabzusteigen und erst wieder herauszukommen, wenn die Nacht hereingebrochen ist. Andere arbeiten in der Schmiede oder bedienen den Webstuhl. Die Arbeitsteilung hat viele Wege zu Glück und Kultur versperrt. Damals war der Dorfschuster in erster Linie ein Bürger und nur nebenbei ein Schuhmacher. Im alten Neuengland besaß der Schuster seinen Garten und kannte den Obstgarten; besaß sein Pferd und kannte sich mit der Pflege von Tieren aus; hatte seine besonderen Pflichten in Bezug auf Schule und Kirche und war daher ein Schüler aller öffentlichen Fragen. Aber eine Maschine zu pflegen, die Reißzwecken festhält, Kabinen einschließt und die Seele einschränkt. Der Mann, der als Bürger beginnt, endet als Anhängsel eines Rades. Das Leben vieler wird zum Laufbanddasein. Jahr für Jahr kümmern sie sich um die Spindel. Jetzt bedroht diese Plackerei des modernen Lebens Glück und Männlichkeit. Daher wurde festgelegt, dass der Geist sich erheben möge, während die Hand gräbt.

Während Henry Clay mit seinen Händen auf diesem Feld in Kentucky Mais hackte, stand der junge Redner in seiner Fantasie in den Sälen des Kongresses. Was für Reden er geschrieben hat! Was für Argumente hat er erfunden! Jedes Mal, wenn seine Hacke ein Unkraut schnitt, schlug sein Geist mit einem Argument einen Gegner nieder. Noch nie gab es ein Werkzeug zum Hacken von Mais, wie man es sich nur vorstellen konnte! Christine Nilsson erzählt, dass sie einst als Blumenmädchen auf den Jahrmärkten in Schweden schuftete. Aber die ganze Zeit, in der sie sich vertiefte, träumte sie und machte sich durch ihre Träume stark für den Tag, an dem sie ein großes Publikum mit himmlischer Musik bezaubern würde. Welche Schlachten haben die Pflüger in Träumen geschlagen! Welche Reden haben sie gehalten! Welche Reformen haben sie erreicht! Welche Werkzeuge erfunden! Was für Bücher geschrieben! Was für ein Geschäft! So verkürzt die Fantasie die

Arbeitsstunden und versüßt die Mühe. Während der Körper ermüdet, erhebt sich die Seele und singt.

Dieser junge Ausländer, der neu in unserer Stadt angekommen ist, gräbt mit seinem Spaten nach unten, aber seine Fantasie arbeitet nach oben in das Reich des Unsichtbaren. Er erträgt den Graben und den Spaten in der Voraussicht des Tages, an dem sein Spielgefährte über das Meer kommen wird; wenn sie zusammen ein kleines Haus besitzen und einen Garten mit Weinreben und Blumen haben werden, mit einem kleinen Weg, der hinunter zur „Quelle führt, wo das Wasser Tag und Nacht wie ein kleines Gedicht aus dem Herzen der Erde sprudelt"; wenn sie ein wenig Kompetenz haben, damit es dem süßen Baby nicht an Wissen mangelt. Durch diesen Traum erhält der Jugendliche seine Einsamkeit und Armut aufrecht ; durch diesen Traum überwindet er seine Laster und Leidenschaften; schließlich wird er durch diesen Traum in den Rang eines Patrioten und würdigen Bürgers erhoben. Sie werden auch keinen hart arbeitenden Mann finden, der morgen im Trubel des Lebens gefangen ist und den Streit, die Rivalität und den Egoismus der Straße nicht mit dieser göttlichen Gabe erträgt. Es ist das edelste Instrument der Seele. Dadurch werden die Himmel geöffnet. Fantasie ist der Freund und Retter des armen Mannes . Imagination ist, dass Gott der Seele zuflüstert, was sein wird, wenn die Zeit und die göttlichen Ressourcen ihr Werk am Menschen vollendet haben.

Und wenn die Vorstellungskraft für den Menschen seinen Fortschritt, sein Glück und seine Kultur erreicht hat, hilft sie ihm weiterhin, persönlichen Wert und Charakter zu erlangen. Über jeder edlen Seele hängt eine Vision von höheren, besseren und süßeren Dingen. Es gibt den besten Männern selbst in bester Laune das Gefühl, dass noch bessere Dinge möglich sind. Durch süße Visionen lockt es die Menschen nach oben, so wie einst die Bienen durch den Honig angelockt wurden, der durch die Hände des Jägers fiel. Die Vision einer höheren Männlichkeit macht die Menschen mit der Leistung von heute unzufrieden und nimmt dem Sieg von gestern den Geschmack. In solchen Stunden genügt es nicht, dass die Menschen Brot und Kleidung haben oder besser sind als ihre Mitmenschen. Die Seele ist erfüllt von namenlosen Sehnsüchten und Sehnsüchten. Die tieferen, lange verborgenen Überzeugungen beginnen sich zu regen und zu belasten, gerade als im Juni die Saat mit ihrer verborgenen Ernte schmerzt.

Obwohl der Jugendliche immer noch danach strebt , übertrifft er sein Ideal nie. Im Prozess der Umwandlung in das Leben wird das Ideal verletzt und in den Schatten gestellt. So wie die Vision des Dichters um ein Vielfaches schöner ist als das Lied, das er auf die Seite schreibt; wie der Traum des Künstlers eine herrliche Schöpfung ist, sein Bild aber nur eine Fotografie davon ist; So wie das Lied oder die Symphonie des Musikers nur ein Echo der ätherischen Musik ist, die er in seiner Seele gehört hat, so wird jeder

Zweck und jedes Ideal durch das Bemühen, ihm Ausdruck und Verkörperung zu verleihen, beeinträchtigt.

Diese ehrgeizigen Kinder bergen das Geheimnis allen Fortschritts für die Gesellschaft. So wie die alten Künstler die Umrisse leuchtender und herrlicher Bilder zeichneten und dann das Mosaik mit farbigen Glasstücken und Edelsteinen füllten, so dass Engel und Seraphs in strahlender Schönheit hervortraten, so erhebt die Fantasie vor der Jugend ihre leuchtenden Pläne und Ziele, und bittet ihn, sich den Details des Lebens zu widmen, es auszufüllen und einen herrlichen Charakter zu vervollkommnen. Die Muster des Lebens werden nur auf diesem heiligen Berg gegeben, wo inmitten von Wolken und Dunkelheit Gott und die höhere Vorstellungskraft wohnen.

Aber wenn die Vorstellungskraft ihren Nutzen hat, hat sie auch ihren Missbrauch. Wenn Visionen von Wahrheit und Schönheit erhebend wirken können, können Visionen von Laster entwürdigend und entwürdigend sein. Auf dem Bild, auf dem Faust und Satan gemeinsam um die Seele des Gelehrten kämpfen, sind die Engel am Konflikt beteiligt. Sie pflücken die Rosen des Paradieses und werfen sie über die Zinnen auf die Köpfe der Kämpfer. Wenn die Rosen auf Faust fallen , heilen sie seine Wunden; Wenn sie auf Satan fallen, verwandeln sie sich in feurige Kohlen. So wirft die Einbildungskraft Inspirationen auf die Reinen herab, schlägt aber das Böse in den Abgrund. Das Elend genialer Männer wie Burns ist eine ständige Warnung an die Jugend vor den Aufruhr der Fantasie. Es gibt Gedichte, auch Romane und gruselige Szenen in der Stadt, die der Fantasie Bilder vor Augen führen und wie Feuerflammen die Seele verbrennen. Denn was ein Mensch in seinem Herzen vorstellt , was er ist, ist seit jeher so. Denn nicht das, was ein Mensch äußerlich tut, sondern was er innerlich träumt, bestimmt seinen Charakter.

Die meisten Männer sind besser als wir denken, aber manche Männer sind schlechter. Während sich der Dampf im Kessel durch Zischen bemerkbar macht, drängen und drängen sich die bösen Einbildungen auf der Suche nach einem Ausweg. Viele meiden Laster und Verbrechen aus Angst; ihr Gewissen ist Feigheit; Wenn sie es wagten, würden sie wie die Tiere des Feldes durchs Leben toben; Wenn all ihre inneren Vorstellungen in Taten zum Ausdruck kommen würden, wären sie Geißeln, Plagen und Schädlinge. Im Schweigen der Seele begehen sie jedes Laster. Wer aber Wind sät, wird Sturm ernten; Der Tag der Offenbarung wird kommen, an dem die Filme des Lebens zurückgezogen werden und die Figur treu wie ein Porträt erscheinen wird, und dann wird sichtbar werden, dass all die Gemeinheiten und Schleimigkeiten dem Bild der Seele etwas verliehen haben. Oh, seid alle jungen Herzen vor diesen Träumen gewarnt! Der Genuss der Fantasie ist wie die Schwüle eines Sommertages; Was so schön begann, endet mit scharfen

Blitzen und Donner. Wie schrecklich ist dieses Wort für die Übeltäter! „Wie ein Mann in seinem Herzen denkt, so ist er."

Dieser Vision ist auch die Fähigkeit gegeben, Menschen aus Unterdrückung und Unglück zu erlösen und durch ihre königlichen Andeutungen Sieg und Frieden zu verleihen. Oft sind die Tage voller Stürme und Turbulenzen; Oft werden die Ereignisse so schlimm, wie es das Herz nur wünschen kann. Voller nächster Schritt verspricht der Abgrund. In jeder Karriere gibt es Zeiten , in denen die Probleme so seltsam zunehmen, dass die Welt wie eine Kugel wirkt, die losgelassen wird, um weit durch den Weltraum zu wandern. Manche ertragen in diesen dunklen Stunden ihren Schmerz und ihre Nöte mit verbissener, stoischer Härte. Dann ahmen Männer die Schildkröte nach, die Kopf und Hals einzieht, und sagen zum Unglück: „Seht den Panzer, und schlägt darauf." Aber Gott sei Dank! Der Sieg über die Not ist verordnet. In der schwärzesten Stunde des Sturms ist es der Fähigkeit des Sehens gegeben, den Menschen in das Reich der Ruhe zu heben . So wie Reisende im Dschungel nachts auf die Bäume klettern und die Leiter hinter sich herziehen und sich außerhalb der Reichweite wilder Tiere und Schlangen aufhalten, so steigt die Seele in ihren höheren Stimmungen in die Bereiche des Friedens und der Ruhe auf. In dieser dunklen Stunde, kurz bevor Jesus Christus in die Wolke und Dunkelheit eintrat und sich seinem schweren Leiden stellte, rief er seine Jünger zu sich und hielt die Ansprache zu Beginn: „Eure Herzen sollen nicht beunruhigt sein." Seltsame Wunderwörter; Worte von unvergleichlicher Genialität und Schönheit.

Darüber hinaus vermittelt die Sehfähigkeit dem Menschen seine Vorstellung und sein Bild von Gott. Viele gehen davon aus, dass es zum Verständnis der göttlichen Natur lediglich notwendig ist, sie deutlich in der Sprache zum Ausdruck zu bringen. Größerer Fehler könnte es nicht geben. Es kann keine Sprache geben, die einem kleinen Kind die größeren Wahrheiten des Heldentums, der Kunst oder der Regierung verständlich machen kann. Das Unreife kann das Reife nicht verstehen. Jeder Geist muss sich sein eigenes Bild von Gott zeichnen. Die Natur selbst ist nur eine Palette, auf der Gott ihr Porträt zeichnet. Die Vernunft liefert die Materialien und Wahrheiten über Gott, und die Vorstellungskraft vereint sie in einer edlen Vorstellung von seiner allhilfsvollen Natur. Alles in der Natur, was Kraft, Schönheit oder Nutzen hat, hat es von Gott erhalten. Wenn der Reisende durch die Alpentäler wandert, sieht er riesige Bowler im Bach liegen, und als er zum Berghang blickt, bleibt sein Blick auf der Klippe hängen, von der der Bowler gefallen ist. Wenn wir also die edlen Eigenschaften einer Mutter oder eines Patrioten, eines Helden oder eines Freundes erkennen, führen wir ihre schönen Eigenschaften auf Gott zurück, von dem alle edlen Seelen ihre Vorzüglichkeit leihen. Im weitesten Sinne sind alle Elemente der Macht im Meer, im Himmel und in der Sonne, die ganze Schönheit der Felder und Wälder, der Sommer und Winter Buchstaben im Alphabet der Natur, mit denen sich der Name Gottes buchstabieren lässt. So wie ein Diamant viele Facetten hat und jede einzelne davon die Sonne widerspiegelt, so ist das Universum selbst ein Juwel, dessen jede Facette den Geist und die Genialität Gottes widerspiegelt.

Wenn die Vernunft alles aus dem Leben und der Natur herausgesucht hat, was Ehrfurcht oder Bewunderung hervorruft, alles, was Großzügigkeit und Schönheit darstellt, dann hebt die Vorstellungskraft all diese Ideale in die Höhe, fügt sie zusammen und verschmilzt sie zu einer leuchtenden und herrlichen Vorstellung vom Gott der Macht, der Weisheit und die Liebe. Aber selbst dann flüstert das Herz: „Er ist das und unendlich mehr als das, so wie die Sonne mehr ist als die kleine Kerze, die der Mensch gemacht hat." Aber wenn die Vernunft und das Gedächtnis durch Missbrauch nur wenige Wahrheiten über Gott liefern und wenn die Vorstellungskraft in ihrer Kraft geschwächt ist, wie schlecht ist dann das Bild, das die Seele zeichnet!

Was für ein spärliches, schwaches Bild von Gott haben manche Menschen! Was kann ein Eskimo, dessen höchste Vorstellung vom Sommer ein verkümmerter Busch ist, von tropischen Obstgärten, von üppigen Pfirsichen, Birnen und Pflaumen wissen? Wenn der Student nur die zerbrochenen Fragmente von Phidias gesehen hat, was kann er dann über den Parthenon wissen, wie er einst auf dem Höhepunkt seiner Vollkommenheit, in der Pracht seiner Schönheit stand? Aber wenn die Vernunft des Menschen alle strahlenden Tatsachen der Natur und der Geschichte hervorbringen kann und wenn seine Vorstellungskraft die Kraft und Fähigkeit besitzt, sie alle zusammenzubringen, wie schön werden dann das Gesicht und der Name Gottes sein! Dieser Name wird seine Seele mit Musik erfüllen. Dieser Gedanke wird sein Herz vor stürmischer Freude zum Schwingen bringen. Wenn die ganze Luft mit unsichtbaren Glocken gefüllt wäre und Engel die Klingeltöne wären und Musik in Wellen so süß wie geschmolzener Amethyst und Perle herabströmen würde, hätten wir etwas, das der Süße entsprechen würde, die Tag und Nacht auf die Herzen der Menschen herabregnet diejenigen, die sich Gott nähern – nicht durch die Augen oder Ohren, nicht durch Argumente oder Urteile, sondern durch das Herz, durch die Vorstellungskraft, während sie ausharren und Ihn schauen, der unsichtbar ist.

DIE BEGEISTERUNG DER FREUNDSCHAFT

„Wer mit weisen Männern wandelt, wird weise sein." – *Salomo.*

„Der einzige Weg, einen Freund zu haben, besteht darin, einer zu sein."
– *Emerson.*

„Ein Talent vervollkommnet sich in der Einsamkeit; ein Charakter im Strom der Welt." – *Göethe* .

„Es ist sicher, dass entweder kluges Verhalten oder unwissendes Auftreten davon betroffen sind, dass Menschen Krankheiten anstecken; deshalb sollen die Menschen auf ihre Gesellschaft achten." – *Shakespeare.*

„Jenseits allen Reichtums, aller Ehre oder sogar aller Gesundheit ist die Bindung, die wir zu edlen Seelen entwickeln, denn eins mit dem Guten, Großzügigen und Wahren zu werden bedeutet, in gewissem Maße auch wir selbst gut, großzügig und wahrhaftig zu werden." – *Thomas Arnold* .

„Cicero sagte: ‚Freundschaft kann Reichtum großartig machen.‘ Freundschaft kann viele Dinge planen, um ihren Reichtum zu verwirklichen. Sie kann einen schönen Winterabend für eine Gruppe planen und sie kann einen Nachmittag für hundert Kinder planen. Sie kann einen Weihnachtsscheit für einen großen Kamin einrollen. Sie kann Freude verbreiten rechts und links. Es kann am schönsten Geld ausgeben und Gold zum Leuchten bringen. Die Zivilisation selbst ist von Herzen." – *Swing.*

VIII

DIE BEGEISTERUNG DER FREUNDSCHAFT

Das Schicksal wird durch Freundschaft bestimmt. Glück wird geschaffen oder geschädigt, wenn der Jugendliche seine Gefährten auswählt . Freundschaft war schon immer der Meister – Leidenschaft, die das Forum, den Hof, das Lager beherrschte. Die Kraft der Liebe ist von Gott eingeatmet, und das Leben hat nichts Besseres als die Liebe zu Majestät und Schönheit. Die Zivilisation selbst ist mehr eine Sache des Herzens als des Geistes. So wie ein Adler sich nicht mit nur einem Flügel erheben kann, so erhebt sich die Seele gleichermaßen getragen von Vernunft und Zuneigung. Platon erkannte das Maß der Größe in der Fähigkeit eines Menschen zu erhabener Freundschaft. Alle Großen der Geschichte zeichnen sich sowohl durch ihre Meisterleidenschaft als auch durch ihre intellektuelle Überlegenheit aus. Erleben Sie David und Jonathan, deren Liebe die Liebe der Frauen übertrifft. Erleben Sie Sokrates und seine Gruppe unsterblicher Freunde. Erleben Sie Dante und seine unsterbliche Liebe zu Beatrice. Erleben Sie Tennyson und seinen Refrain für Arthur Hallam. Erleben Sie die Jünger und Christus mit „Liebe so stark wie der Tod“.

Süße ist genauso wenig die Essenz der Musik, wie Liebe die eigentliche Seele einer tiefen, starken und harmonischen Männlichkeit ist. Freundschaft jubelt wie ein Sonnenstrahl; bezaubert wie eine gute Geschichte; inspiriert wie ein mutiger Anführer; bindet wie eine goldene Kette; leitet wie eine himmlische Vision. Allein der Liebe ist es gegeben, siegreich mit dem Tod zu ringen.

Lord Bacon sagte: „Wer die Einsamkeit liebt, ist entweder ein wildes Tier oder ein Gott.“ Der normale Mann ist gesellig. Er möchte Kameradschaft. Das Vieh selbst lebt in Herden. Die Fische gehen in Schwärmen. Die Bienen ziehen in Schwärmen. Und Männer kommen in Familien und Städten zusammen. Je größer ein Mensch wird, desto größer wird sein Bedürfnis nach Freundschaft. Kein Geist der ersten Ordnung war jemals ein Einsiedler. Die moderne Literatur verewigt die Freundschaften der Großen und macht sie unvergesslich. Solange die Briefe bestehen, wird die Gesellschaft Charles Lamb und seine Gefährten nie vergessen; Dr. Johnson und seine unsterbliche Gruppe; Petrarca und seine hilflose Abhängigkeit von Laura; während die Briefe von Abélard und Héloise sie in ewiger Erinnerung festhalten.

In der gesamten Literatur gibt es keine berührendere Sterbebettszene als die des Patriarchen Jakob. Im Sterben vergaß der Prinz sein Gold und Silber, seine Herden und Ländereien. Auf seinen Kissen emporgehoben, nahm er in zitternder Erregung zwei Namen auf die Lippen: Gott und Rahel. Mehr als zwanzig Jahre waren seit ihrem Tod vergangen, aber in dieser denkwürdigen Stunde errichtete der große Mann ein Denkmal für sie, die seine Freude genährt und sein Leben vertieft hatte.

Freundschaft hat eine gewisse befruchtende Kraft. Alle Biographen erzählen uns, dass jede Epoche im Leben eines Helden durch einen neuen Freund eingeläutet wurde. Als Schiller Göethe traf, erwachte jedes latente Talent. Die Freundschaft des Dichters ließ die Jugend sprunghaft wachsen. Als man einmal nach einem kurzen Besuch in Göthes Haus nach Hause zurückkehrte, rief einer aus: „Ich bin erstaunt, welche Fortschritte Schiller innerhalb von nur zwei Wochen machen kann!" Vielleicht erklärt dies, warum die Großen scheinbar in Gruppen kommen. Stoßen Sie einen Emerson in ein beliebiges Concord, und seine durchdringende Präsenz wird die gesamte Region durchdringen. Bald reagieren alle, die in seinen Lebensbereich kommen, auf seine Anwesenheit, so wie Blumen und Bäume mit leuchtenden und duftenden Zweigen auf die Sonne reagieren, wenn der Frühling den eisigen Winter ablöst. Nach einer Weile steht jeder Emerson umringt von Hawthornes , Whittiers , Holmeses und Lowells . Die Größe eines jeden Milton bleibt in seinen Freunden Cromwell und Hampden erhalten, so wie die Sonne in den Wolken verweilt, nachdem der Tag vorüber ist. Daher sind die großen Epen und Dramen, von der Ilias bis zu den Idyllen des Königs, Geschichten von Freundschaften. Nimmt man die Liebe aus unserer großartigsten Literatur heraus, dann ist es, als würde man ein süßes Baby aus den Kleidern ziehen, die es bedecken. Der Mensch hört eifrig Geschichten über Beredsamkeit und Heldentum zu, aber am meisten liebt er die Geschichten des Herzens. Gott ist nicht wirklicher das Leben der toten Materie, als die Liebe das Leben des Menschen selbst ist.

Nun, das Geheimnis der herausragenden Stellung im Bereich der Industrie, der Kunst oder der Erfindung besteht darin, dass der Arbeiter in seinen leuchtenden Geistesstimmungen gearbeitet hat. In seinen passiven, trägen Zuständen ist der Geist empfänglich. Dann ist die Vernunft wie ein Schwert in der Scheide. Der Gedanke muss zum Vorschein kommen, wie Feuer aus Feuerstein geschlagen wird. Aber unter inspirierenden Stimmungen beginnt der Geist zu leuchten und zu entzünden. Dann hört die Vernunft des Redners, des Dichters oder Reformators auf, wie eine Kerze zu sein, die ein Streichholz braucht, um sie anzuzünden, und wird zu einer Sonne, die mit ihrem eigenen Glanz strahlt. Spencer schrieb: „Mit keiner politischen Alchemie können wir bleiernen Instinkten goldenes Verhalten entlocken." Daher gibt es keine Geisterbeschwörung, durch die der Geist aus seinen minderwertigen Stimmungen heraus bessere Arbeit leisten könnte.

Wenn also die Vernunft unter der Inspiration von Begeisterung und Liebe an ihre Aufgabe herangeht, gibt die Natur alle ihre Geheimnisse preis. Hier sitzt der Autor, um zu schreiben. Das Gedächtnis lehnt Fakten ab, und die Vernunft weigert sich, Fiktionen zu erschaffen. Der Geist ist stumpf und tot. Plötzlich hört man an der Tür den Schritt eines Freundes, der schon lange weg war. Wie erwachen dann die Fähigkeiten! Den ganzen langen Winterabend lang bringt der Geist seine Schätze an Witz, Anekdote, lehrreichen Fakten und bezaubernden Anspielungen zum Vorschein. Hier ist ein erfindungsbegeisterter Edison, der feststellte, dass seine elektrischen Lampen, die einen Monat lang gut brannten, plötzlich ausgegangen waren, und der in der Morgenzeitung das Urteil des Wissenschaftlers las, dass seine elektrische Glühbirne ein gutes Spielzeug, aber ein schlechtes Werkzeug sei .

In seiner Begeisterung für seine Arbeit rief der Mann aus: „Ich werde eine Statue dieses Professors machen und ihn mit elektrischen Lampen beleuchten und seine Unwissenheit unvergesslich machen." Dann machte sich Edison auf den Weg, um eine Reihe von Experimenten zu beginnen, die ihm fünf aufeinanderfolgende Tage und Nächte lang den Schlaf aus den Augen und den Schlaf aus den Augenlidern trieben , bis Liebe und Begeisterung der Vernunft halfen, der Niederlage den Sieg abzuringen.

Hier ist der junge Mozart mit seiner Liebe zur Musik, der sich lange Tage mit Aufgaben abmüht, die er hasst, und sich in der dunklen Dämmerung in die alte Kirche schleicht, wo er seine ganze Seele über die Orgeltasten ausschüttet und seine traurigen Melodien schluchzt . Hier ist Lincoln mit seiner Begeisterung für Bücher, der nachts hereinkommt, ganz schmerzend vor Kälte und Nässe, und aufsteht, wenn die Eltern schlafen, um einen weiteren Scheit auf dem lodernden Kamin zu rollen, während seine eifrigen Augen inmitten der dankbaren Hitze nach den Schätzen suchen, die dort liegen entlang der Linie der gedruckten Seite, bis sein Geist reich und stark wurde. Und hier sind die schottischen Clansmitglieder und Patrioten, die um Himmels willen dem edlen Häuptling mit brennenden Herzen folgen, die, wenn sie hundert Leben gehabt hätten, sie gerne alle für ihren heldenhaften Anführer gegeben hätten. Und hier erhebt sich der Redner, um die Sache des Wilden und des Sklaven vor Männern zu vertreten, die kein Mitgefühl empfinden und wie verschlossene und verriegelte Burgen sind. Aber die Liebe für die Armen leuchtet in Wendell Phillips' Augen, zittert in seiner Stimme, fleht in seinem Denken, bis die Menge ganz plastisch für seine Gedanken wird und sein Lächeln zu ihrem Lächeln wird, seine Träne zu ihrer Träne, zum Pochen seines Herzens das Pochen der ganzen Versammlung. Hier ist das schottische Mädchen, verliebt in die Wahrheit, mitten im Meer, in den Fängen der heranströmenden Flut. Sie ist mitten im steigenden Wasser festgebunden. Sie ist dem Untergang geweiht und muss bald sterben. Aber ihre Augen sind nach oben zum Himmel gerichtet, und ein großes, süßes

Licht ist auf ihrem Gesicht, das uns zeigt, dass Begeisterung und Liebe in ihr über den Tod gesiegt haben. Wahrlich, dieser Grieche hat gut daran getan, die Begeisterung „einen inneren Gott" zu nennen, denn die Liebe ist stärker als der Tod.

Der Historiker erzählt uns, dass alle Freiheiten, Reformen und politischen Errungenschaften der Gesellschaft von Nationen errungen wurden, die von einer einzigen großen Begeisterung erfüllt waren. Die Renaissance bedeutet nicht einen einzigen Dante oder Boccaccio, sondern eine nationale Begeisterung und einen „Gott in allen Köpfen". Die Reformation ist kein einzelner Savonarola oder Luther, sondern eine universelle Begeisterung und „ein Gott in uns", ganz im Herzen und im Gewissen. Wenn wir diese gesellschaftlichen Bewegungen anhand ihrer Führer studieren, stehen diese Helden mit brennenden Herzen und einem Geist, der wie Sonnen wächst, vor uns. In Zeiten großer Gefahr entwickeln Männer ungeahnte körperliche Stärke, und die Kraft des gesamten Körpers scheint nach oben zu strömen und sich mit dem Daumen oder der Faust zu verdichten. Und in der mentalen Welt erzählen uns Anwälte und Redner, dass das Gedächtnis in hitzigen Krisen, wenn große Probleme von ihren Worten abhängen, Leistungen vollbringt, die sonst unmöglich wären. In diesen Stunden wird der Geist leuchtend. Die gesamte Erfahrung der Vergangenheit zieht mit der Majestät einer mächtigen Welle oder eines tosenden Sturms vor dem Redner vorbei. Ebenso wird der von Liebe oder Freiheit entflammte Held unbesiegbar. Wenn ein Garibaldi oder Lincoln auftaucht und die Menschen seine Größe, Schönheit und Großmut erblicken, erfasst jedes Herz die heilige Leidenschaft. Dann lässt der engstirnige Jugendliche seine kleinen Idole fallen , stellt göttlichere Ideale auf und findet neue Maße für die Throne des Himmels und der Erde. Dann schüttet die Nation in einer großen Hingabe an die Liebe ihr Herz für die Sache aus, die sie liebt.

Froude erzählt uns, dass die Selbstverwaltung die Menschheit Hunderte von Kriegen und Tausende von Schlachtfeldern gekostet hat. Tennyson schreibt über den Jungen, der dem Pflug seines Vaters folgte, als die Schar einen menschlichen Schädel zutage förderte. Dort, wo der Pflug blieb, war der Patriot im Kampf gefallen. Der Vater saß mit dem Kind auf seinen Knien auf der Furche und ließ seinen Jungen eine Million bewaffnete Männer sehen, die für einen großen Grundsatz kämpften; die Schlachtfelder ganz rot vor Blut zu sehen; die Hügel waren voller Gräber; ließ ihn das Kreischen von Schüssen und Granaten hören; wies auf die Armee von Krüppeln hin, die nach Hause humpelten. Als das Kind vor Angst zitterte, flüsterte der Vater: „Eure Vorfahren wären gerne jeden Tag für die Freiheit, die sie liebten, gestorben." Und wenn heute gute Männer über das Unrecht Armeniens grübeln und ein stilles Gebet für diejenigen sprechen, die gegen verzweifelte Widrigkeiten und „den unaussprechlichen Türken" kämpfen, und wenn sich morgen und übermorgen Redakteure und Redner in Worten vereinen Mitgefühl und Ermutigung für die Patrioten, die in einigen Kubas kämpfen, weil wir glauben, dass die Liebe zur Freiheit das Recht auf Freiheit einschließt; dass Despotismus die Menschheit verdirbt; dass Selbstverwaltung das Beste für die Industrie, das Beste für die Integrität und das Beste für die Intelligenz ist. Wenn die rote Pflugschar des Krieges durch den Boden der Nationen ziehen muss, möge sie für immer die Saat der Unterdrückung und Ungerechtigkeit begraben und für zukünftige Generationen die Saat der Freiheit, der Intelligenz und der Religion säen!

Darüber hinaus ist eine überwältigende Leidenschaft das Geheimnis aller herausragenden Leistungen in der Wissenschaft. Jeden Herbst öffnen sich die goldenen Tore des Lernens, um die Tausenden von Neuzugängen an unseren Hochschulen und Universitäten willkommen zu heißen. Wenn es für jeden jungen Studenten möglich wäre, sich hinzusetzen und mit der Bibliothek und dem Labor wie mit einem vertrauten Freund zu sprechen, würden wir die Stimme der Weisheit hören, die einen Bericht ausspricht: „Ich liebe diejenigen, die mich lieben." Keine dieser Formen geistigen Reichtums, die man Kunst, Wissenschaft oder Literatur nennt, dringt ungefragt in den Geist ein oder bleibt ungefordert . Alle Regale sind voller geistiger Schätze, aber nur der eifrige Geist kann sie ernten. Schönheit schläft in allen Steinbrüchen, aber nur der eifrige Meißel weckt sie. Reichtum steckt in jeder Ritze und Spalte des Bodens, aber die Natur verbietet dem Faulen, ihn abzubauen. Diese Formen des Paradieses, die man Ruhm, Stellung und Einfluss nennt, stehen mit offenen Toren bei Tag und Nacht da, aber die Cherubim mit flammenden Schwertern stoßen alle müßige Jugend zurück. Als der griechische König zu seinem Feldzug aufbrach, ließ er seinen goldenen Streitwagen auf dem Marktplatz stehen. Er erhob seine Stimme und verbot dem Körper eines Menschen, seinen Wagen zu betreten, dessen Herz zurückgeblieben war. Somit ist der Geist ein Wagen, der keinen unwilligen Schüler hinauf zu jenen Höhen trägt, in denen Weisheit und Glück wohnen.

Heute stehen unsere jungen Männer und Frauen inmitten gewaltiger, schöner und nützlicher Künste; sie sind umgeben von allen Fakten der wunderbaren Geschichte der Menschheit ; Sie atmen eine Atmosphäre voller Raffinesse. Aber der Jugendliche, der seine Bücher hasst, könnte genauso gut der arme Wilde sein, der am Ufer des Niger liegt, dessen Seele schweigend sitzt und in einem stillen Kerker verhungert. Sollte ein gütiger Himmel uns die Macht geben, ein bezauberndes Geschenk auszuwählen, das wir unserer Jugend zukommen lassen, könnten Eltern und Lehrer nichts Besseres verlangen, als dass jedes junge Herz mit der Begeisterung, die Milton oder Epictetus besaß, die Tore der Gelehrsamkeit stürmt. Dem römischen Sklaven wurde von einem grausamen Herrn ein Bein gebrochen und verdreht, aber in seiner Begeisterung für Wissen nutzte er das schwache Licht seiner Zelle, um die Gedanken großer Autoren zu kopieren, und lag nachts wach und dachte über die Probleme von Leben und Tod nach Er erkannte die geheimnisvolle Natur des Menschen und machte ihn durch seine Hingabe an die Wahrheit unsterblich. Für den Schüler ist Begeisterung tatsächlich „ein innerer Gott". Unwissenheit ist ein Mangel an geistiger Belebung. Der Wissenschaftler erzählt uns, dass die Patagonier jeden Tag achtzehn Stunden schlafen und die anderen sechs Stunden eher einschlafen. Ihre Gedanken sind nicht in der Lage, sich zu bewegen, und der Häuptling sagte einmal zu Sir John Lubbock, dass er gerne reden würde, wenn ihn große Ideen nicht sehr schläfrig machen würden.

Aber es ist völlig umsonst, dass der Mensch Vernunft, Gelehrsamkeit oder Vorstellungskraft hat, wenn diese Talente im Schlaf liegen. Vor nicht allzu langer Zeit wurden in Rom die Ruinen eines alten Tempels entdeckt. Als der Spaten den Boden umgegraben hatte, erwachten lange verborgene Samen und bedeckten den Boden mit üppigem Grün. 2000 Jahre lang hatten diese Keime geschlafen und auf den Tag der Wärme und Beschleunigung gewartet. Somit ist jede Fähigkeit des Menschen latent, bis eine mächtige Begeisterung über sie hinweggeht. Tatsächlich liegt die mentale Stärke nicht in der Vielzahl des erworbenen Wissens, sondern in der starken Begeisterung, die die informierte Seele auf einen edlen Weg treibt. Die Kraft liegt nicht im Motor, sondern im Dampf, der den Kolben hämmert. und die Seele ist ein Mechanismus, der von den Motiven vorangetrieben wird, die man Begeisterung für Lernen, Einfluss oder Reichtum nennt. Erfolg könnte man als den Einsatz seines ganzen Herzens für eine gute Sache definieren.

Es ist höchste Zeit, dass unsere jungen Männer erkennen, dass Wohlstand und Reichtum nur dann erreicht werden, wenn der Geist mit Begeisterung den Weg des Fleißes beschreitet. Unsere jungen Männer sind zutiefst verletzt darüber, dass hin und wieder jemand auf plötzlichen Reichtum stößt oder durch Zufall große Schätze erwirbt. Aber auf jeden dieser glücklichen Menschen kommen zehntausende, die aus Mangel an zielgerichteter Begeisterung keinen Erfolg hatten.

Die Perser haben eine seltsame Geschichte über die Diamantenminen von Golconda. Einmal saß Ali Hafed mit seiner Frau und blickte auf den Fluss, der durch ihre Farm floss. Bald kamen ihre Kinder durch die Bäume und brachten einen Reisenden mit. Im Vertrauen zeigte der Fremde Ali Hafed einen Diamanten, der wie ein Tropfen kondensierten Sonnenscheins glänzte. Er sagte seinem Gastgeber, dass ein großer Diamant ganze Kupfer- und Silberminen wert sei; dass eine Handvoll ihn zum Prinzen machen würde; dass eine Diamantenmine ein Königreich kaufen würde. In dieser Nacht ging der reiche Ali Hafed als armer Mann zu Bett, denn Armut ist Unzufriedenheit. Als der Morgen kam , verkaufte er seine Farm für Gold und machte sich auf die Suche nach Diamanten. Jahre vergingen. Alt und grau kehrte er in Lumpen und Armut zurück. Er stellte fest, dass seine Lieben alle in Armut gestorben waren. Er fand auch heraus, dass der Bauer, der seine Farm kaufte, jetzt ein Prinz war. Als der Bauer eines Tages im weißen Sand des Baches am Fuße des Gartens grub, sah er etwas Leuchtendes, das ihm das Herz bis zum Mund schlug. Er fuhr mit den Händen durch den Sand und entdeckte, dass er mit Edelsteinen übersät war. So wurden die Golconda-Minen entdeckt. Hätte Ali Hafed in seinem eigenen Garten gegraben, hätte er statt Hunger, Armut und gebrochenem Herzen Edelsteine besessen, die Nationen reich gemacht hätten.

Diese Legende erinnert uns daran, wie die Jugend ständig ihre Chancen vertan . Jeden Tag tauscht ein Mann eine Farm in Pennsylvania gegen die Prärie von Dakota, nur um dann festzustellen, dass die Hügel, die er verachtete, Öl fördern, das seinen Nachfolger reich macht. Jedes Jahr werden zielstrebige Männer durch Kleinigkeiten reich, die die Sorglosen wegwerfen. Die Kanalisation von Paris hat einen Mann mit Schätzen reich gemacht, die über die Goldminen hinausgehen. Die Abfälle einer Baumwollspinnerei begründeten das Vermögen einer der größten Familien Englands. Peter Cooper pflegte zu sagen, dass er das Cooper Institute aufgebaut habe, indem er den Müll aufsammelte, den die Metzgereien wegwarfen. Einem Jungen, der in Haverhill, Massachusetts, an einem Schuhleisten zupfte, wurde von seiner Mutter gesagt, er solle sich der Herstellung besserer und stärkerer Leisten widmen. Zwanzig Jahre begeisterter Studien gingen zu Ende und er wurde Präsident einer der größten unserer Eisenbahnen. Im Jahr 1870 saß ein Jugendlicher auf der Schlackenhalde einer Mine in Kalifornien. Aber er widmete sich voll und ganz jedem Erdklumpen, und als er für ein paar Wochen wegging, kehrte er mit einer Maschine zurück, die aus der Schlacke größere Schätze herausholte, als die Menschen jemals in den Minen gewonnen hatten. Alle weisen Männer sind sich darin einig, dass unsere Welt eine Welt ist, in der Wohlstand durch die Treue zum Detail erreicht wird und dass Wohlstand durch kleine Verbesserungen entsteht. Aber das Beste von allem ist, dass zielgerichteter Enthusiasmus geistigen Reichtum verleiht und einen Schatz erlangt, der über Gold und Rubine hinausgeht – einen würdigen Charakter.

Es gibt auch keinen Abfall, den die Liebe nicht beseitigen kann, und auch kein Laster, das die Liebe nicht aus dem Herzen vertreiben kann . Wordsworth war vom Übel des Geizes so beeindruckt, dass er es nur mit einer vergifteten Rebe vergleichen konnte, die sich so fest um seinen Lieblingsbaum wickelte, dass Rebe und Baum ein Leben wurden und die Entfernung des einen den Tod des anderen bedeutete. Aber in ihrer berühmtesten Geschichte erzählt uns George Eliot, dass der Geiz vor der Berührung mit der Liebe völlig vergeht. Silas Marner wurde das Opfer schwärzester Undankbarkeit. Sein Freund war ein Dieb, der ihm die Schuld eines schwarzen Verbrechens zuschob. Plötzlich waren für diesen unschuldigen Mann alle Häuser seiner Hand verschlossen, alle Geschäfte seinen Werkzeugen verschlossen, während selbst der Markt seine Waren ablehnte. Über zwei Jahre hinweg hielt er tapfer seinen Kopf hoch und blickte allen Menschen ins Gesicht. Schließlich trieben Hunger und Not ihn als Wanderer hinaus. Dann schüttelte er den Staub seiner Füße gegen seine falschen Freunde ab und verfluchte ihre Kamine. Die Güte in ihm verwandelte sich in Zynismus, seine Sanftheit wurde zur Bitterkeit, sein Glaube an Gott und die Menschen schwankte eine Zeit lang schwach und blieb dann ohne einen einzigen Pulsschlag liegen. Im Zorn verfluchte er Gott, konnte aber nicht sterben.

Auf seiner Reise in die Ferne blieb der Reisende schließlich in einem fernen Dorf stehen. Dann versuchte er in der Anstrengung zu vergessen. Lange vor Tagesanbruch stand er auf und arbeitete mit der Aktivität eines spinnenden Insekts. und während die Menschen schliefen, summte sein Webstuhl bis tief in die Nacht. Als fünfzehn Jahre vergangen waren, hatte er viel Gold und war ein Geizhals. Unter dem Ziegelboden versteckte er seinen Schatz. Jede Nacht schloss er die Tür ab, schloss die Fensterläden und schüttete sein Gold und Silber auf den Tisch. Er badete seine Hände im gelben Fluss. Er häufte seine Guineen auf. Manchmal schlief er mit den Armen um seine kostbaren Geldbeutel. Eines Abends hob er die Ziegel vom Boden und stellte fest, dass das Loch leer war. Voller Angst ging er überall hin, um seinen Schatz zu suchen. Er knetete sein Bett, fegte seinen Ofen und spähte in jede Ritze und jeden Spalt. Als die volle Wahrheit über den Geizhals hereinbrach, stieß er einen wilden, schallenden Schrei aus – den Schrei der Verzweiflung der Seele. Dann stürzte er in seiner Trauer in den Regen und die wilde Nacht und wanderte immer weiter, betäubt vor Schmerz. Erst als der Morgen kam, stolperte er aus dem Sturm. Als er eintrat, sah er das gelbe Glitzern neben seinem Kamin. Mit einem wilden Schrei sprang er vor und umklammerte es. Aber es war kein Gold; es war etwas Besseres – es waren die gelben Locken eines schlafenden Kindes. Mit gebrochenem Herzen und ohne einen anderen Grund zum Leben nahm Silas Marner das verlassene Kind in seine Arme. Im Laufe der Wochen schmiegte sich das kleine Geschöpf in sein Herz. Um des Kindes willen wandte er sich wieder seinem Webstuhl zu; Die Liebe lehrte ihn Sparsamkeit und Fleiß. Um des Kindes willen kaufte er Bücher und sammelte Wissen; Die Liebe machte ihn zum Gelehrten. Um des Kindes willen pflanzte er Weinreben, Rosen und alle süßen Blumen; Die Liebe machte ihn zum Künstler. Dem Kind zuliebe kaufte er Teppiche für die nackten Böden und Bilder für die Wände; Die Liebe hatte ihn großzügig gemacht. Um des Kindes willen kniete er eines Nachts nieder und rezitierte ihr Gebet; Liebe würde ihn gern zum Christen machen. Aber er hasste die Menschen und konnte ihre Undankbarkeit nicht vergessen. Eines Tages hielt die Kutsche eines reichen Mannes vor seiner Hütte. Der Herr des Herrenhauses erzählte eine seltsame Geschichte – dass dieses schöne achtzehnjährige Mädchen seine Tochter war. In dieser Stunde wandte sich das große und schöne Mädchen vom Palast, dem Land und der Stellung ab und legte aus Liebe zu ihm die Arme um Silas Marner und weigerte sich, ihn zu verlassen. Dann gab etwas in ihm nach und Silas Marner weinte. Dann war sein Vertrauen in die Menschen und auf Gott wieder da. Die Liebe hatte den Geiz vernichtet und seine Sünden getilgt. Denn Liebe ist ein Zivilisator; es macht aus Wilden Heilige. So wie eine Eispanzerung vor der Sonne schmilzt, so verschwinden alle Laster und Ungerechtigkeiten angesichts einer übermächtigen Zuneigung.

Es bleibt uns überlassen, zu bedenken, dass das Fehlen einer enthusiastischen Hingabe an die Integrität und das Gesetz Gottes die moralischen Katastrophen und Schiffbrüche erklärt, die die Tränen und das Leid der Menschheit vergrößert haben. Kürzlich schlugen die Menschen in diesem Land ihre Morgenzeitungen auf und waren zutiefst schockiert über die Wiederholung schwerer Katastrophen, von denen nicht alle physischer Natur waren. Es scheint, dass ein schrecklicher Wirbelsturm über eine westliche Gemeinde hinweggefegt ist, die Obstgärten verwüstet, Häuser und Scheunen zerstört und eine breite, schwarze Schneise der Zerstörung hinterlassen hat. Darüber hinaus berichteten die ausländischen Nachrichten von einem Vulkan, dessen Krater plötzlich einen Strom greller Lava ergoss, der den Berghang hinabfloss und die Häuser der fliegenden Menge verzehrte. Aber die traurigste Katastrophe blieb bis zuletzt vorbehalten. Es erzählte von der Scham und dem Kummer, von dem es kein Heil gibt und das die Eltern und Freunde von drei jungen Männern befallen hatte, die bis dahin hohe Ehren genossen. Es scheint, dass diese Männer viele Jahre lang von ihren Freunden geehrt und von den Banken, bei denen sie angestellt waren, vertraut wurden. Aber in einer dunklen Stunde beschlossen sie, keine Gentlemen mehr zu sein, sondern sich lieber in die Reihen der Diebe einzureihen. Unter Missachtung jedes Ehrengrundsatzes wurde das Gold, das die Arbeitgeber ihnen anvertraut hatten, nicht in den Tresor verbracht, sondern unter Spielern und bösen Menschen verteilt. Und unsere große Trauer wird noch größer, wenn wir in unseren Geschäftsberichten lesen, dass im vergangenen Jahr 625 Männer als Unterschlager in die Irre gingen und den Menschen in 45 Bundesstaaten 25.234.112 US-Dollar raubten. Für diese Nation scheint die Zeit gekommen zu sein, sich in Sack und Asche hinzusetzen.

Allen guten Menschen kommt der Gedanke, dass diese Unmoral entweder ihre verheerenden Auswirkungen einstellen muss, sonst wird diese Nation unwiederbringlich in Ungnade fallen. Wäre es möglich, diese unglücklichen Männer aufzuspüren, von denen einige die Tracht eines Sträflings tragen und andere als Flüchtlinge in fremden Ländern umherwandern, um fortan „Männer ohne Land“ zu sein, und jeden von allen nach der Ursache seiner tiefen Schande zu befragen? würde dieses beschämende Geständnis kommen: „Ich liebte das Böse und hasste das Gesetz Gottes.“ Niemand konnte eine leidenschaftliche, enthusiastische Hingabe an die göttlichen Gesetze bekennen. Aber jeder Baum, der keine Wurzeln hat, geht vor dem Sturm unter, und jedes Schiff, das zwischen den Felsen nicht verankert ist, wird zerfallen, wenn der Wind aufkommt. Könnten wir doch heute dafür sorgen, dass die Gesetze Gottes vor den Augen aller jungen Männer so scharf umrissen wie Berggipfel hervortreten? Ich wünschte, wir könnten auch in jedem eine leidenschaftliche Liebe und treue Zuneigung zu diesen heiligen Gesetzen entfachen. Wenn die Jugend von heute die Führer von morgen sein und jemals die Macht haben soll, ihre Mitmenschen aufzurütteln, Missbräuche zu korrigieren, die Gesellschaft zu revolutionieren oder die Geschichte zu organisieren, müssen sie sich mit der Begeisterung der Liebe verbünden mit Gott und Seinem Gesetz bekleiden, dieses Gesetz mit Fleisch bekleiden, bis es sichtbar wird, es mit Stimme bekleiden, bis es beredt wird, es mit Macht begeistern, bis es triumphiert. Nur die Liebe erfüllt das Gesetz!

Der Mensch braucht vor allem die Begeisterung der Liebe zu seinem Gott und Erlöser . In der Antike äußerte Platon den Wunsch, das Sittengesetz zu einer lebendigen Persönlichkeit werden zu lassen, damit die Menschheit beim Anblick ihrer Schönheit erstaunt und fasziniert stünde. Abstraktionen waren für den Philosophen zu kalt, um die Begeisterung der Seele zu entfachen. Wenn sich Planeten von der Sonne entfernen, nehmen Licht und Wärme ab. ihre Blumen verblühen; ihren Früchten fehlt der Glanz; Ihre Sommer werden kürzer. So steht Neptun inmitten von ewigem Eis und Winter, ohne Baum, Vogel oder menschliche Stimme. Aber je näher unsere Erde den direkten Sonnenstrahlen kommt, desto schöner wird sie, und ihre Ernten werden üppiger.

Wie um Platons Wunsch zu erfüllen, näherte sich Jesus Christus unserer Welt, nicht um das Herz des Menschen zu beruhigen, sondern um seine Zuneigung zu stärken, seinen Verstand zu verfeinern und seinen Horizont zu erweitern. Wie bewundernswert sind die Worte Christi, wie ruhmreich sein Werk, wie göttlich sein Charakter! Der Philosoph beschreibt den Menschen, aber Jesus Christus liebt den Menschen, weint um den Menschen, stirbt für den Menschen. Dante inspiriert, aber Jesus Christus gibt Leben. Shakespeare glänzt, aber Jesus Christus erhebt. Die Geschichte lässt die Helden von gestern vor unserem Geist vorüberziehen, umgeben von applaudierenden Massen. Als Napoleon in Paris einzog , liefen die Menschen einmütig zusammen, und die Wogen der Begeisterung stiegen wie ein Gebirgssturm. Als Garibaldi nach Florenz kam, als Kossuth am Broadway in New York vorbeikam, als Grant auf dem Heimweg unsere eigene Stadt betrat, waren die Straßen dicht gefüllt mit Menschenmengen, die Hunger und Erschöpfung vergaßen und von Heldenverehrung begeistert waren.

Aber der göttliche Mensch trat nie in vollem Umfang hervor, bis Jesus Christus diesen Planeten betrat. Was für eine Stärke! Was für eine Sanftheit! Schauen Sie sich sein exquisites Mitgefühl an! Schauen Sie sich den Instinkt des Vertrauens an, der kleine Kinder in seine Arme zog! Wie drängten sich die Menschen, innerlich und äußerlich befleckt, um Ihn, während Seine Gegenwart das Wunder aller Wunder bewirkte, indem sie sie reinigte! Dann empfanden die Zerzausten zum ersten Mal in der Geschichte die Schönheit des Guten so sehr, dass eine unwiderstehliche Begeisterung sie zu Ihm lockte, um den Saum Seines Gewandes zu küssen. Alle Vorzüge des Lebens und noch mehr vereinen sich in Ihm; die überzeugende Rede des Redners; die Liebe des Künstlers zur Schönheit; die Leidenschaft des Gelehrten für die Wahrheit; die Liebe des Patrioten zum Land. Er hat auch mehr als die Liebe einer Mutter, eines Liebhabers oder eines Freundes, denn er ist die Liebe des Erlösers . Heute erhebt Er sich über jede Seele in einer solchen Majestät der Vortrefflichkeit, dass er die Vorzüge von allem im Himmel und auf der Erde umfasst. Wie die Wolken manchmal, nachdem sie tage- und nächtelang in der Atmosphäre gehangen haben, schließlich zusammenkommen und ihre erfrischenden Schauer ergießen, so möge sich alles, was im Denken und in der Zuneigung des Menschen am tiefsten, reichsten und süßesten ist, vor Ihm ergießen, der es wert ist die Hymne der Welt. Denn sein Geist wird leiten, seine Barmherzigkeit verzeihen , seine Liebe erlösen, seine Hand führen – nicht in den Abgrund des Todes, sondern in die himmlischen Höhen. Wer heute mit Dante nach oben blickt, kann den göttlichen Wagen des Erlösers sehen , der „an den Grenzen des Himmels entlangfährt, ein süßes Licht darüber, dessen Räder fast mit Blumen bedeckt sind".

Gewissen und Charakter

„Es gibt ein höheres Gesetz als die Verfassung." – *Seward.*

„Welches Glaubensbekenntnis auch immer gelehrt oder welches Land betreten wird,
das Gewissen des Menschen ist das Orakel Gottes." – *Byron.*

„Bemühen Sie sich, in Ihrer Brust diesen kleinen Funken himmlischen Feuers, genannt Gewissen, am Leben zu erhalten." – *Washington.*

„Vertraue in nichts dem Menschen, der nicht in allem ein Gewissen hat."
– *Sterne.*

„Wenn Sie einen Platz zwischen dem Thron Gottes und dem Staub finden können, zu dem der Körper des Menschen zerfällt, wo die fatalen Verantwortlichkeiten des Gesetzes nicht auf ihm lasten, werde ich ein Vakuum in der Natur finden. Sie drücken ihm von Ewigkeit her von Gott her auf." und von der Erde aus der Natur und aus jedem Bereich des Lebens, so konstant und allumgebend wie der Druck der Luft." – *Beecher.*

IX

GEWISSEN UND CHARAKTER

Von Humboldt sagte, dass jeder Mensch, so gut er auch sein mag, einen noch besseren Mann in sich trägt. Wenn der äußere Mann seinen tieferen Überzeugungen untreu wird, flüstert der verborgene Mann einen Protest. Der Name dieses Flüsterns in der Seele ist Gewissen. Und noch nie war der Aspekt eines Monarchen so gebieterisch wie damals, als das Gewissen König Herodes in Angst und Schrecken versetzte und ihn zur Beichte drängte. Der grausame, listige Despot hatte Johannes den Täufer getötet, um die Rache der schönen Isebel, seiner Frau, zu befriedigen, die Johannes wegen ihrer unerhörten Sünden zurechtgewiesen hatte. Aber diese hasserfüllte Nacht, in der sich das Blut eines guten Mannes mit dem Rotwein des Festes vermischte, verschwand bald aus der Erinnerung. Luxus am Tag und Ausgelassenheit am Abend ließen den hasserfüllten Vorfall vergessen. Bald war ein ganzes Jahr über den Palast mit seiner seidenen Abgeschiedenheit vergangen. Eines Tages, als der tote Prophet längst vergessen war, erzählte ein Höfling am Tisch des Königs die Geschichte eines seltsamen Zimmermanns, dessen Name und Ruhm im ganzen Land widerhallten.

Wer ist er? fragten die Feiernden und hielten bei ihrem Gewürzwein inne. Wer ist er? fragten die Frauen und schwatzten über die neue Sensation. Plötzlich berührte das Gewissen eine alte Erinnerung im Herzen des Herodes. Voller Angst erhob sich der Despot vom Bankett. Wie in der Legende begann das Blut erneut zu fließen, als der Finger des Mörders die klaffende Wunde berührte – ein stiller Zeuge gegen den unverdächtigen, aber schuldigen Freund, und so öffnete Herodes' Gewissen erneut sein schuldiges Geheimnis. Die Erinnerung stieß eine Hakenstange in „den Ozean des Vergessens und brachte die blasse und ertrunkene Tat zum Vorschein." Die längst vergessene Sünde wurde in all ihrer schrecklichen Gräueltat offenbart. Es nützte nichts, dass Herodes ein Sadduzäer war – der Agnostiker der Antike. Denn als das Gewissen sprach , verschwanden alle seine Zweifel. Unsterblichkeit und Verantwortung waren klar wie am Mittag. Mit tausend Schwertern in der Hand griff das Gewissen den schuldigen König an. Dann erfüllten sich Platons Worte: „Wenn wir das Herz eines Königs untersuchen könnten, würden wir es voller Narben und schwarzer Wunden finden." Denn kein Sklave wurde jemals von der Geißel seines Herrn gezeichnet, so wie Herodes' Herz von seinem Gewissen gepeitscht wurde.

Sokrates sagte seinen Schülern, dass mit den Tatsachen des Gewissens genauso sicher gerechnet werden müsse wie mit den Tatsachen von Feuer, Holz oder Wasser. Niemand kann die Verurteilung leugnen, die auf der Seele von Herodes oder Judas lastete, oder die Zustimmung des Gewissens, die das Gesicht des Märtyrers Stephanus oder Savonarola verklärte. Denn alles Glück kommt nur durch den Frieden mit sich selbst, der Vergangenheit und dem eigenen Gott. Alle Großen, von Aeschylos und Sophokles bis hin zu Channing und Webster, haben das Gewissen des Menschen als das göttliche Orakel hervorgehoben. Lassen Sie die Zeugen sprechen. Hier ist der in der englischen Geschichte berühmte Richter: Es wurde zu seiner Pflicht, einen Diener wegen Mordes an seinem Herrn zu verurteilen. Plötzlich erhob sich der Richter vor den Augen der verblüfften Zuschauer und nahm seinen Platz auf der Anklagebank neben dem Gefangenen ein. Er gab an, dass er dreißig Jahre zuvor in einer fernen Provinz das Leben und Eigentum seines Herrn genommen und dadurch seine heutige Position und seinen Einfluss erlangt hatte. Obwohl er nie eines Verbrechens verdächtigt worden war, flehte er nun seine Richterkollegen an, ihn zum Tode zu verurteilen, zu dem sein Gewissen ihn schon lange gedrängt hatte. Hier ist der Mensch und die Dinge, Dr. Samuel Johnson: In seinem hohen und ehrenvollen Alter kehrt er nach Litchfield zurück, um von morgens bis abends mit unbedecktem Kopf auf dem Marktplatz zu stehen, an der Stelle, an der er sich vor fünfzehn Jahren geweigert hatte den Bücherstand seines Vaters behalten. Trotz der grotesken Gestalt, die er inmitten des Spottes und des Regens machte, befahl ihm sein Gewissen, seinen Verstoß gegen die kindliche Frömmigkeit zu sühnen. Und hier ist Channing, der Gelehrte und Seher: Als sechsjähriges Kind hob er seinen Stock, um die Schildkröte zu schlagen, wie er es bei älteren Jungen gesehen hatte. Doch in diesem Moment flüsterte eine innere Stimme laut und deutlich: „Es ist falsch." In seiner Angst eilte der Junge nach Hause und warf sich in die Arme seiner Mutter. „Was war die Stimme?" er hat gefragt. Darauf antwortete seine Mutter: „Männer nennen die Stimme das Gewissen; aber ich nenne sie lieber die Stimme Gottes. Und Ihr Glück wird immer vom Gehorsam gegenüber dieser kleinen Stimme abhängen."

Hier ist auch der große persische Sadi . Eines Tages fand er im Dschungel einen guten Mann, der von einem Tiger angegriffen und schrecklich verstümmelt worden war. Trotz seiner schrecklichen Qual waren die Gesichtszüge des Sterbenden ruhig und gelassen. „Großer Gott", sagte er, „ich danke dir, dass ich nur unter den Reißzähnen des Tigers leide und nicht aus Reue." Und hier ist Professor Webster, der wegen Mordes an Dr. Parkman im Gefängnis sitzt. Eines Morgens ließ er seinen Gefängniswärter rufen und bat darum, in eine andere Zelle gebracht zu werden. „Um Mitternacht", sagte er, „klopfen die Gefangenen in der Nebenzelle an die Wand und flüstern: ‚Du bist ein Mörder.'" Nun waren in der Nebenzelle keine Gefangenen mehr. Das Flüstern war das Echo eines schlechten Gewissens.

Auch Daniel Webster sagt aus: Einmal wurde er gefragt, was der größte Gedanke sei, der ihn jemals beschäftigt habe. „Wer ist hier?" „Nur deine Freunde." Dann antwortete dieser kolossale Mann: „Es gibt kein Übel, dem wir uns nicht stellen oder vor dem wir nicht fliehen können, wenn wir nicht die Konsequenzen der Pflicht missachten. Ein Gefühl der Verpflichtung verfolgt uns immer. Es ist allgegenwärtig wie die Gottheit. Wenn wir Flügel des Morgens zu uns nehmen und." Wenn wir in den äußersten Teilen des Meeres wohnen, ist die erfüllte oder verletzte Pflicht immer noch bei uns, für unser Glück oder unser Elend. Wenn wir sagen, dass die Dunkelheit uns bedecken wird, in der Dunkelheit wie im Licht, sind unsere Verpflichtungen noch immer bei uns. Wir können ihrer Macht nicht entkommen und ihrer Gegenwart nicht entfliehen. Sie sind in diesem Leben bei uns und werden auch an seinem Ende bei uns sein, und in der Szene unvorstellbarer Feierlichkeit, die noch weiter vor uns liegt, werden wir feststellen, dass uns das Bewusstsein der Pflicht verfolgt – um uns für immer zu schmerzen, wenn es verletzt wurde, und um uns zu trösten, sofern Gott uns die Gnade gegeben hat, es zu tun." Gemessen am Gewissen ist die Welt selbst nur eine Blase. Denn Gott selbst verleiht ihm im Gewissen Autorität.

Auch den großen Dramatikern und Romanciers haben wir etwas zu verdanken, denn sie haben die wesentlichen Tatsachen des moralischen Lebens des Menschen dargestellt und analysiert. Was Shakespeare in „Macbeth" für uns tut, tut Victor Hugo in „Les Misérables". Das letztgenannte Werk, das immer zu den sieben großen Romanen gezählt wird, zeigt Glück und Charakter als Früchte des Gehorsams gegenüber dem inneren Kreis der Seele. Jean Valjean war ein entflohener Sträfling. Als er in eine ferne Provinz ging, nahm er einen neuen Namen an und begann ein neues Leben. Er erfand eine Maschine, häufte Reichtum an, wurde Bürgermeister der Stadt, wurde von allen geehrt und geliebt. Eines Abends hörte der gute Bürgermeister von einem alten Mann in einer anderen Stadt, der wegen Obstdiebstahls verhaftet worden war. Der Beamte, der ihn festnahm, bemerkte in dem alten Mann eine auffallende Ähnlichkeit mit Jean Valjean. Trotz seiner Proteste wurde er als Jean Valjean vor Gericht gestellt und sollte zu einer lebenslangen Haftstrafe verurteilt werden. Sofern ihn nicht jemand entlastet, muss er auf die Galeeren gehen. Nur Jean Valjean selbst kann den Fremden klären. Wie klar ist er? Indem er seine Identität gesteht und selbst geht.

In dieser Stunde schwankte das Gehirn des Bürgermeisters. Er zog sich in sein inneres Zimmer zurück. Dann tobte der Sturm in seinem Gehirn wie ein Zyklon durch die Bäume tobte, die Äste abdrehte und die Wurzeln ausriss. Muss er noch einmal zu den Galeeren mit ihrer Obszönität und Obszönität zurückkehren? Muss er sein Bürgermeisteramt und sein Vermögen aufgeben? Muss er sein so nützliches und hilfreiches Leben aufgeben, um diesem alten Mann möglicherweise ein oder zwei Lebensjahre zu retten? Waren diese beiden jungen Mündel, die er unterstützte, nicht mehr als dieses eine alte Wrack? Das Schicksal hatte entschieden. Lass den alten Mann in die Galeeren gehen.

Dann nahm Jean Valjean mit angespannten Muskeln wie Stahl und mit geschwollener und violetter Halsschlagader die beiden Leuchter, die ihm der Bischof gegeben hatte , seinen Dornenstock und die Münze, die er dem Jungen abgenommen hatte, und warf alles auf die glühenden Kohlen. Bald waren die Flammen überall aufgeflammt. Dann sagt Victor Hugo: „Jean Valjean hörte ein inneres Gelächter." Warum spottete und spottete er? Um Mitternacht schlief der Bürgermeister vor lauter Erschöpfung ein. Im Traum schien er sich in einem Gerichtssaal zu befinden, in dem einem alten Mann der Prozess gemacht wurde. In der Vase standen Rosen, nur die Sünde hatte die purpurnen Blütenblätter grau gebleicht. Das Sonnenlicht kam durch das Fenster, nur die Sünde hatte die Farbe aus dem Sonnenstrahl gewaschen und die goldenen Strahlen aschfahl zurückgelassen. Alle Leute schwiegen. Schließlich berührte ein Beamter den Bürgermeister und sagte: „Wissen Sie, dass Sie schon lange tot sind? Ihr Körper lebt, aber Sie sind gestorben, als Sie Ihr Gewissen getötet haben." Plötzlich sagte eine Stimme: „Jean Valjean, du magst den Kerzenhalter schmelzen, deine Kleidung verbrennen, dein Gesicht verändern, aber Gott sieht dich." Danach ertönte ein zweiter Ausbruch inneren Gelächters. Dann stand der Bürgermeister schnell auf, nahm sein Pferd, ritt die ganze Nacht lang und erreichte das ferne Dorf, um den Gerichtssaal zu betreten, gerade als der alte Mann auf die Galeeren geschickt werden sollte. Als er die Anklagebank hinaufstieg, gestand er seine Identität. Victor Hugo erzählt uns, dass der Richter und der Anwalt in dieser Stunde ein seltsames Licht im Gesicht des Bürgermeisters sahen und spürten, wie ein inneres Licht ihre Herzen blendete. Es war das gleiche Licht, das auf das Gesicht des deutschen Mönchs fiel, als er vor dem Kaiser in Worms sagte: „Ich kann und werde nicht widerrufen!" und dann stellte er sich kühn dem Tod entgegen. Das durchscheinende Gewissen ließ Luthers Gesicht strahlen, so wie es das Gesicht von Moses vor ihm gemacht hatte!

So wie Gehorsam gegenüber den Geboten des Gewissens immer zu Glück geführt und den Charakter geformt hat, so hat Ungehorsam immer die Menschheit zerstört. Die großen Romanciers haben gezeigt, dass der Charakterverfall ihres Helden mit einer Sünde gegen das Pflichtgefühl begann. In Romola stellt George Eliot Tito als einen begabten und idealen Jugendlichen dar. Das Waisenkind wurde von dem griechischen Gelehrten adoptiert, der es mit allen Gaben der Zuneigung, der ganzen Kultur und den Verzierungen der Schulen und allen Annehmlichkeiten eines schönen Zuhauses überschüttete; Und als in dem Jüngling die Sehnsucht nach einer Reise ins Ausland überkam, konnte der Pflegevater ihn nicht abweisen, sondern übernahm für Tito und sich selbst die Überfahrt und segelte nach Alexandria. Aber das Motto von Titos Leben war: Nimm dir so viel Freude wie möglich, vermeide jeden Schmerz. Bald wurde der alte Gelehrte zu einer Belastung und einer Belastung. Eines Nachts kämpfte das Gewissen mit Tito um sein Leben. Um Mitternacht stand der Jüngling auf, schnallte den mit Juwelen gefüllten Ledergürtel von der Taille seines Vaters ab und floh in die Nacht, wobei er den grauhaarigen Mann unter Fremden zurückließ, deren Sprache er nicht sprechen konnte.

Dann segelte dieser Junge nach Florenz. Dort gewann er mit seiner gutaussehenden Persönlichkeit, seiner südländischen Schönheit, seiner Anmut und seinem Geschick für Geschäfte die Bewunderung der weisesten Staatsmänner und das Herz einer der edelsten Frauen. Aber wir empfinden gegenüber diesem schönen Jugendlichen ständig denselben Abscheu und dieselbe Verachtung, die wir gegenüber einem wunderschönen jungen Tiger empfinden. Tito hatte kein Gewissen gegenüber Romola , kein Gewissen gegenüber der unschätzbaren Bibliothek ihres Vaters, kein Gewissen gegenüber den Patrioten, die für die Freiheit der Stadt kämpften; er spielte allen gegenüber den Verräter. Seine Seele war tatsächlich von einem leuchtenden und schönen Körper umgeben; aber es war die mit Blumen und Ranken umhüllte Leiche; und so wird das Gewissen zum Rächer für Tito. Wenn der Schlussstein vom Bogen fällt, müssen alle in Trümmern zusammenbrechen. Unbewusst aber sicher bewegte sich der Junge auf seine Vernichtung zu. Der Tag des Untergangs verzögerte sich, aber es kam eine Stunde, in der das Gewissen Tito zunächst in die schnelle Strömung des Arno trieb und dann zu einem Mühlstein wurde, der ihn in den tiefen Abgrund stürzte. Denn wir leben in einer Welt, in der die Natur und Gott es sich nicht leisten können, die Sünde gedeihen zu lassen. Das Gewissen ist Gottes Rächer.

Schlagen Sie alle Hauptbücher auf, und sie zeigen die gleiche Wahrheit. Drei der sieben größten Romane beschäftigen sich mit dem Gewissen. Sieben der größten Dramen der Welt sind Studien über Gewissen und Pflicht. Die Meisterwerke von Sophokles und Aeschylos , von Dante und Milton, von Göethe und Byron sind allesamt Studien über das Orakel der Seele, das den Menschen, wenn er nicht gehorcht, in den Abgrund schleudert oder ihm Flügel verleiht und ihn in den offenen Himmel hebt.

Demosthenes sagte, dass Wissen mit der Definition beginnt. Was ist dann das Gewissen? Viele Missverständnisse haben sich durchgesetzt. Viele gehen davon aus, dass es sich um eine eigenständige Fähigkeit handelt. Das Auge prüft Farben auf Schönheit, das Ohr prüft Töne auf Harmonie, der Verstand prüft Argumente auf Wahrheit, und es gibt eine weit verbreitete Vorstellung, dass das Gewissen eine besondere Fähigkeit sei, die Taten auf Moral prüft. Viele nehmen an, dass Gott, als er den Menschen erschuf, das Gewissen als einen automatischen moralischen Mechanismus, eine Art inneren Geist, einpflanzte, um in seiner Abwesenheit zu handeln; aber das Gewissen ist keine einzelne Fähigkeit. Es umfasst viele Fakultäten und ist komplexer Natur. Es hat ein intellektuelles Element, und dieses ist eindeutig fehlbar und bildungsfähig. Man denke nur an die Indianer, die glauben, es sei richtig, ältere Menschen zu töten. Werden Sie Zeuge der Wilden von einst, die ihre Kinder opferten, um die Götter zu besänftigen. So wie es eine Entwicklung bei den Werkzeugen, bei den Gesetzen und bei den Institutionen gegeben hat, so hat auch eine Entwicklung beim intellektuellen Element im Gewissen stattgefunden. Thukydides erzählt uns, dass es in Sparta eine Zeit gab, in der Stehlen richtig war. In dieser fernen Zeit wurde ein Junge für seine Geschicklichkeit und Geschicklichkeit beim Diebstahl gelobt. Stehlen war erst dann schändlich und falsch, wenn es entdeckt wurde, und wenn der Diebstahl groß war und geschickt begangen wurde, erlangte er Ehre – ein Zustand, der in manchen Gegenden immer noch vorherrscht.

Noch nie, seit der Mensch seinen Fuß auf diesen Planeten gesetzt hat, hat es eine Zeit gegeben, in der das Gewissen, der Richter, einen David gelobt hat, der gegen das gesündigt hat, was er für das Gesetz des Rechts hielt; Niemals hat es einen Daniel dafür verurteilt, dass er getan hat, was er für richtig hielt. In diesem Sinne ist das Gewissen tatsächlich unfehlbar und die Stimme und der Regent Gottes.

Da also das Gewissen an dieser göttlichen Natur teilhat und als Orakel spricht, welchen Nutzen und welche Funktionen hat es? In erster Linie liefert der moralische Sinn einen Maßstab und prüft Handlungen auf Rechtschaffenheit oder Ungerechtigkeit. Zu ihrem Richterstuhl kommt die Vernunft mit ihren Zielen und Ambitionen. Wenn sein Farbsinn erschöpft ist, verwendet der Künstler Saphir oder Rubin, um seine Farbtöne zu perfektionieren. Und wenn der Kontakt mit Selbstsucht oder Schmutzigkeit die Gewänder der Seele beschmutzt, ihre Instrumente abgestumpft und ihre Maßstäbe gesenkt hat, dann kommt das Gewissen, um die Ideale aufzufrischen und Laster und Vulgarität zu vernichten. Wie schön erscheinen in diesen strahlenden Stunden, in denen das Gewissen die tieferen Überzeugungen durchsetzen lässt, Wahrheit, Reinheit und Gerechtigkeit! Wie rebelliert die Seele vor der Ungerechtigkeit, so wie das Auge vor dem Schmutz oder die Nase vor dem Schmutz rebelliert!

Das Gewissen hat auch Beziehungen zum Urteil. Es greift das innere Motiv auf, das die Taten prägt, denn es ist das innere Motiv, das die Handlungen ohne Richtig oder Falsch ausführt. Als Coleridge, der Schüler, die Straße entlangging und über die Geschichte von Hero und Leander nachdachte und sich vorstellte, er würde den Hellespont schwimmen, breitete er die Arme aus, als würde er den Wellen entgegenblicken. Leider traf seine Hand die Tasche eines Passanten und schlug eine Handtasche heraus. Die äußere Tat war die eines Taschendiebes und hätte den Jugendlichen ins Gefängnis bringen können. Das innere Motiv war das eines fantasievollen Jugendlichen, der von der Geschichte, die er aus dem Griechischen übersetzte, tief beeindruckt war, und dieses innere Motiv machte den Besitzer der Handtasche zu seinem Freund und schickte den jungen Coleridge aufs College. So, so sagt uns der Philosoph, machte das Motiv das, was äußerlich falsch war, innerlich richtig.

Auch das Gedächtnis wird von der moralischen Fähigkeit beeinflusst. Die Erinnerung sammelt all unsere gestrigen Tage. Oft ist ihre Schrift unsichtbar, wie die eines Schreibers, der mit Zitronensaft schreibt, jede Übertretung notiert und die Wörter aufzeichnet, die erscheinen, wenn man sie der Hitze des Feuers aussetzt. Seltsamerweise bringt das Gewissen die Prozesse der Erinnerung zum Vorschein. Sir William Hamilton erzählt von einem kleinen Kind, das im Alter von vier Jahren nach England gebracht wurde. Nachdem ein paar kurze Sommer und Winter über ihn hinweggegangen waren, war die Sprache des fernen Russlands völlig aus dem Gedächtnis des Kindes verschwunden. Siebzig Jahre später, von seiner letzten Krankheit heimgesucht, sprach der Mann im Delirium mit vollkommener Leichtigkeit in der Sprache seiner Kindheit. In Momenten extremer Aufregung, wenn Schiffe untergehen oder der Tod unmittelbar bevorsteht, regt das Gewissen den Geist so an, dass alle Taten und Gedanken einer gesamten Karriere innerhalb weniger Minuten Revue passieren lassen. Wissenschaftler waren von dieser einzigartigen Tatsache tief beeindruckt. Auf der Suche nach einer Interpretation führt uns Walter Scott in das Schloss, in dem ein übler Mord begangen wurde. Der rote Strom hinterließ so tiefe Flecken auf dem Boden, dass, obwohl die Diener schrubbten und schrubbten und hobelten und hobelten, die matten roten Flecken immer noch durch die Eichenbretter sickerten. Das ist die Art des großen Schotten zu sagen, dass unsere Taten bis in die Fasern und Substanz der Seele hinein färben.

Wenn wir zurückblicken, sehen wir nur hier und da einen Gipfel der Erinnerung, der mitten im Meer des Vergessens hervorsteht, so wie die Inseln in Westindien mitten im Ozean hervorstechen. Aber jeder dieser Inselgipfel repräsentiert einen versunkenen Kontinent. Lassen Sie das Meer ab, und die Berge weichen zu den Ausläufern und die Hügel zu den großen Ebenen hin, die das verborgene Land bilden. So sind die isolierten Erinnerungen der Vergangenheit alle vereint und werden am Ende in vollkommener Offenbarung zum Vorschein kommen. Wahrlich, das Gewissen ist ein Zeuge, der sich heimlich Notizen macht, so wie der gute Latimer in seiner Zelle das Kratzen der Feder im Schornstein hinter dem Vorhang hörte. Das Gewissen ist ein Richter, und obwohl Geschworene nicken und Zeugen bestochen werden können, schläft und schläft das Gewissen nie. Das Gewissen ist ein Monarch, und obwohl der König der

Seele heute von seinem Thron abgesetzt wird, wird er morgen zum Richterstuhl aufsteigen und das Zepter erheben. Denn das Gewissen repräsentiert Gott und handelt an seiner Stelle.

Betrachten Sie die Funktionsweise des Gewissens im täglichen Leben. Der ideale Mann ist derjenige, der gleichermaßen gewissenhaft gegenüber Intellekt und Zuneigung, gegenüber Plan und Absicht ist. Aber im praktischen Leben sind die Menschen nur in bestimmten Bereichen und Abteilungen Christen. Die Seele kann mit einem Haus verglichen werden, und das Gewissen ist der Ofen davon. Manchmal schaltet der Hausbesitzer die Heizung im Wohnzimmer und im Wohnzimmer ein, aber in den anderen Räumen schaltet er die warmen Luftströme ab. Manchmal wird Wärme in die oberen Räume geleitet, während es in den unteren Räumen kalt ist. Somit ist das Gewissen, das alle Fakultäten gleichermaßen leiten sollte, in seiner Funktionsweise weitgehend abteilungsübergreifend. Manche Männer sind dem Sonntag gegenüber gewissenhaft, aber nicht den Wochentagen gegenüber. Am Sonntag singen sie wie Heilige, am Montag benehmen sie sich wie Dämonen. Am Morgen des Massakers von St. Bartholomäus war Karl IX. gewissenhaft gegenüber der Kathedrale und wohnte drei Stunden lang der Messe bei. Am Abend füllte er die Straßen von Paris mit Strömen aus Blut. Johannes Calvin ging gewissenhaft mit seinem logischen System um. Er blieb seiner Theologie sehr treu, hatte aber gegenüber seinen Mitmenschen kein Gewissen und verbrannte Servetus ohne Mitgefühl.

Im Mittelalter wirkte das Gewissen auf äußere Formen hin. Damals schlossen Baron und Priester einen Vertrag. Der General führte seine Bauern zum Brennen, Plündern und Töten, und der Priester entließ die Mörder für fünf Prozent des Gewinns. Die Menschen waren sehr gewissenhaft gegenüber der Absolution, aber überhaupt nicht gegenüber den Herden und Scheunen des Nachbarn. In anderen ist das Gewissen größtenteils Aberglaube. Kürzlich saß ein Offizier unserer Armee neben seinem Gastgeber an einem Tisch mit dreizehn Gästen. Der Soldat, der vielleicht dem Tod auf dem Schlachtfeld getrotzt hätte, litt unter Gewissensbissen, weil er an einem Tisch saß, an dem dreizehn Gäste anwesend waren. Aber er hatte Angst, am Esstisch zu sterben. Er glaubte, dass der große Gott, der Sonnen und Sterne und leuchtende Planeten wie Funken unter dem Hammer eines Schmieds aus seiner Hand fliegen lässt, der Gott von Sirius und Orion, seine Arbeit immer um sechs Uhr unterbrach, um die Gäste um jeden herum zu zählen Tisch, und wenn er vielleicht dreizehn fand, dann hob er seinen Pfeil zum Bogen, um den tödlichen Pfeil gegen das Gesetz von zwölf oder vierzehn Stühlen auf diese schrecklichen Sünder abzufeuern.

Seltsamerweise geht man hin und wieder gewissenhaft mit einem Charme um, wie im Fall eines Kaufmanns, der kurz darauf feststellte, dass er seine Rosskastanie zu Hause gelassen hatte. Er hatte dies zwanzig Jahre lang getragen. Hätte er vergessen zu beten, wäre er nicht nach Hause gegangen und auf die Knie gefallen. Natur und Gott waren im Zählraum des Kaufmanns, aber nicht die Rosskastanie. Also verließ er eilig sein Büro, um den Agenten zurückzubringen, der ihm all seinen Erfolg und Wohlstand sicherte.

Dann gibt es noch ein kommerzielles Gewissen. Manche Männer glauben, dass das Gesetz des Rechts in erster Linie für einen Mann in seinen Geschäftsbeziehungen bindend ist. Sie verbannen ihr Zuhause, brechen die Gesetze der Liebe und der Kameradschaft mit der Frau, die sie zu pflegen und zu lieben verlobt haben, bis sie ihr fremd werden. Aber das Gewissen sticht ihnen nicht. Zuhause, Freunde, Musik, Kultur, all das darf vernachlässigt werden – das Geschäft jedoch niemals. Es gibt andere, deren Gewissen hauptsächlich für das Zuhause arbeitet. Wenn sie ihre eigenen Grenzen überschreiten , sind sie freundlich, freundlich und entzückend. Als Gastgeber sind sie für ihre Kameradschaft bekannt. Im Sterben wird ihr Ruhm durch die Ausdrücke „guter Ehemann, guter Vater, guter Versorger" gebündelt. Aber sie haben kein Gewissen gegenüber der Straße. Sie betrachten andere Menschen als ihre Beute, da sie habgierig, gierig und geizig sind. Sie empfinden für ihre Mitmenschen genauso wie Menschen für das Holz im Wald. Wenn ein Mann Holz für sein Haus möchte, sagt er: „Das ist der Baum, den ich will", und der Holzfäller fällt ihn und richtet ihn für das Fensterbrett zurecht. Möchte er Stein für seine Fundamente oder Marmor für seine Endbearbeitung? Da sind die Felsen; abbaue sie. Männer gehen in die unbelebte Natur und besorgen sich die Materialien, die sie brauchen. Auch in der großen Welt der Wirtschaft und des Ehrgeizes ist es nicht viel anders. Der Riese nimmt einen Mann als Fundament, fällt ihn nieder und baut ihn in die Mauern ein; er wählt einen anderen Mann aus und verbraucht ihn, indem er seine Substanz in die Struktur einbaut; er betrachtet seine Mitmenschen wie den Hirten seiner Herden – so viel Wolle muss geschoren werden.

Auch die Arbeit des Gewissens unterscheidet sich im moralischen und spirituellen Bereich nicht wesentlich. Hier ist ein Mann, der dem Gestern gegenüber gewissenhaft ist. Vor zehn Jahren, sagt er, „brach, als er auf dem Feld kniete, ein Licht durch die Wolken" und er erlangte „eine Hoffnung". Und seit diesem Tag hat er es nicht versäumt, sich jeden Sonntag an diese Szene zu erinnern. Er ist nicht gewissenhaft, wenn es darum geht, für den heutigen Tag ein neues, frisches, klares und lebenswichtiges Erlebnis zu haben, aber er ist gewissenhaft und treu, wenn es darum geht, sich an dieses alte Erlebnis zu erinnern. Es ist alles so dumm, als ob er sagen würde, er habe vor zehn Jahren ein Bad genommen, oder vor zehn Jahren habe er an der sprudelnden Quelle getrunken, oder vor zehn Jahren habe er einen Freund getroffen. Was ist mit der Reinheit von heute, dem Brot von heute und den

Freundschaften von heute? Das Herz sollte kein Manna für gut halten, das nicht jeden Morgen frisch gepflückt wird. Es gibt andere, deren Gewissen weitgehend auf Lehren und intellektuelle Aussagen ausgerichtet ist. Für sie ist das Christentum eine Funktion des Denkens im Gehirn. Sie wollen, dass jede Predigt aus miteinander verbundenen Argumenten besteht. Der gute Diakon sitzt in seiner Bank und hört zu, wie die Beweise für die Erwählung oder Vorweihe vorgelegt werden. Wenn die Argumente auf sechzehn oder achtzehn gestapelt sind, beginnt der gute Mann vor Freude zu lachen und sagt: „Wahrlich, dies ist ein großer Tag in Israel; meine Seele weidet an fetten Dingen." Andere Männer wollen etwas Fleisch an ihren Skeletten, aber er ernährt sich von den trockenen Knochen der Logik.

Manchmal beeinflusst das Gewissen nur die Gefühle. Vor fünfzig Jahren gab es einen Typus von Hunderttausenden Menschen, deren Religion weitgehend emotional geprägt war. Bei tollen Camp-Meetings voller herzlicher Atmosphäre zeigten die Männer ihr Bestes. Der sonnigste Tag des Jahres war der Monat der Erweckungstreffen. Dann erlebten sie den Luxus spirituellen Genusses. Sie lebten auf dem Gipfel eines Berges der Verklärung, während die Welt darunter vor Bosheit donnerte und vor Leidenschaft gequält wurde. Männer wurden von Emotionen betrunken. Religion war eine exquisite Form spirituellen Egoismus. Danach kam eine Ära, in der Männer lernten, Gefühle in Gedanken und Treue gegenüber Freundschaften, Geschäften und Pflichten umzuwandeln . Zu anderen Zeiten zeigte sich das Gewissen auf einzigartige Weise in der Treue gegenüber Glaubensbekenntnissen. Mal eine Konfession, mal eine andere, die vergisst, gewissenhaft zu sein und sich tagelang und wochenlang zu treffen, um im Interesse der Armen, der Waisen, des Mietshauses oder des fremden Viertels in der großen Stadt zu planen, wird in Monaten der Aufregung ihr Gewissen zeigen irgendein Lehrsymbol. Erleben Sie den jüngsten Umbruch in Sachen Inspiration. So wie das Wasser, das durch die Quelle sprudelte, einst Regen war, der vom Himmel fiel, so wurde die Wahrheit, die durch die Lippen des Dichters oder Propheten kam, zuerst von Gott ins Herz eingehaucht. Kürzlich meinte ein guter Professor, dass mehr Wert auf die menschliche Feder gelegt werden sollte. Aber seine Gegner waren der Meinung, dass der Schwerpunkt auf dem Himmel liegen sollte, von dem der Regen fiel. Im Streit über die Natur des Wassers wurde die Quelle selbst verschmutzt, viel Schlamm aufgewirbelt, bis die Menge die Quelle völlig vergaß und viele nicht mehr wussten, ob es dort lebendes Wasser gab.

Aber für manche bedeutet Gewissen Treue zu dem, was der Mensch und Gott getan haben – nicht zu dem, was Gott tut oder tun wird. Wenn der unter dem Einfluss der Sonne fließende Saft den Baum zum Wachsen bringt und die Rinde spaltet, freuen sich die Menschen darüber, dass die Rinde gerissen ist und dass neue und größere Auswüchse eingesetzt werden müssen. Manchmal erlebt ein Kind, das lange Zeit schwach und kränklich war, eine Phase sehr schnellen Wachstums. Bald sind die alten Kleider des Jungen zu klein, ebenso sein Hut. Aber was wäre, wenn sich die Eltern nur daran erinnern würden, dass die Kleidung und der Hut einem berühmten Muster entstammen? Was wäre, wenn sie in ihrem Eifer, den Hut zu bewahren, ein eisernes Band um die Stirn des Jungen legen und es niemals zulassen würden, dass es so weit wird, dass der Hut nicht passt? Was wäre, wenn sie eine Zwangsjacke um die Brust legen müssten, um die Statur einzuschränken? Das würde großen Eifer gegenüber dem Hut und dem Mantel zeigen, aber was soll in der Zwischenzeit aus dem Jungen werden? Seltsam, dass Menschen einem intellektuellen Symbol so gewissenhaft gegenüberstehen, aber vergessen, das Gewissen anderer Menschen zu befreien, die Tag und Nacht danach streben, Gott zu gefallen und ihrem Glauben treu zu bleiben. Somit ist das Gewissen in tausenderlei Hinsicht parteiisch und fragmentarisch in seiner Funktionsweise. Nur ein einziger Mann mit voller Kugel hat jemals unsere Erde betreten!

Gottes krönendes Geschenk an den Menschen ist das Geschenk des Gewissens. Die Vernunft ist eine edle und königliche Fähigkeit, die Träumereien in Reden und Gespräche in Bücher verwandelt. Fantasie ist eine erhabene und göttliche Gabe, die Gedanken in Gedichte und Steinblöcke in Statuen verwandelt. Groß ist die Macht einer beredten Zunge, die Menschen belehrt, große Menschenmengen zurückhält, inspiriert und anregt. Groß ist die Freude an der Erinnerung, an die Galerie mit Bildern aus der Vergangenheit. Aber es gibt kein Geistes- oder Herzensgenie, das mit einem starken Gewissen, einem gebieterischen, klaren Blick und einem weiten Blick vergleichbar wäre. Er, der die allumfassende Vernunft und die allurteilende Vernunft gab, bewahrte seine beste Gabe bis zuletzt auf – und gab dann die Gabe des Gewissens.

Der Mensch ist ein Pilger und das Gewissen ist der Führer, der ihn sicher durch Wälder und Dickichte führt, sich von den Pfaden des Falschen fernhält und ihm die Wege des Richtigen zeigt . Der Mensch ist ein Reisender und das Gewissen ist sein Kompass. Die Segel können weggefegt und die Motoren gestoppt werden, aber der Reisende kann dennoch gerettet werden, wenn nur der Kompass aufbewahrt wird. In Zeiten der Gefahr mag der Mensch achtlos auf seine Kleidung achten, nicht aber auf seine Hand, seinen Fuß oder sein Auge. Es ist möglich, den Verlust von Reichtum, Freunden und äußeren Ehren zu ertragen, aber kein Mensch kann den Verlust des Gewissens ertragen. Es ist das Auge der Seele. In der Ferne sieht es das Antlitz Gottes. Von Jesus Christus unterwiesen, geführt, geliebt und erlöst, wird derjenige, der zu Lebzeiten im Frieden mit seinem Meister und mit seinem Gewissen ist, im Sterben im Frieden mit seinem Gott sein.

Visionen, die die Zufriedenheit stören

„Wie andere sanft erzogene Bostoner Jungen begann Wendell Phillips mit dem Studium der Rechtswissenschaften. Zweifellos sangen die Sirenen für ihn, wie für die edle Jugend jedes Landes und jeder Zeit. Während er über Coca-Cola und Blackstone nachdachte, sah er sich vielleicht als Nachfolger von Ames, Otis und Webster , das Idol der Gesellschaft, der gefeierte Redner, der brillante Verfechter der eleganten Leichtigkeit und des kultivierten Konservatismus von Massachusetts. * * * Aber eines Tages im Oktober sah er, wie ein amerikanischer Bürger von einem wütenden Mob in der Stadt James Otis angegriffen wurde, weil er etwas gesagt hatte mit James Otis, dass das Recht eines Mannes auf Freiheit inhärent und unveräußerlich ist. Als sich die Gefängnistüren vor Garrison schlossen, um sein Leben zu retten, hatten Garrison und seine Sache ihren mächtigsten und bekanntesten Verbündeten gewonnen. Mit dem Untergang dieser Oktobersonne verschwand das für immer Eine Karriere voller wohlhabender Leichtigkeit, die Befriedigung gewöhnlicher Ambitionen, die das Genie und die Errungenschaften von Wendell Phillips vorhergesagt zu haben schienen. Ja, der lang erwartete Klient war endlich gekommen. Vernarbt, verachtet und verlassen, wurde diesem kauernden und freundlosen Klienten Unrecht getan und degradierte Menschheit. Die große Seele sah und verstand." – *Rede über Wendell Phillips von George Wm. Curtis.*

X

VISIONEN, DIE DIE ZUFRIEDENHEIT STÖREN

In jeder Gemeinschaft gibt es ein paar glückliche und lebensfrohe Seelen, die von innerer Hoffnung und äußerem Wohlstand so getragen werden, dass sie wie auserwählte Kinder des Glücks wirken. Das sind diejenigen, die nur zu den besten Dingen geboren werden und für die im Laufe des Lebens die Jahre nur zu mehr Glück und Erfolg führen. Für andere Menschen ist das Glück gelegentlich, und das Leben bietet hin und wieder eine helle Pause, so wie man hier und da eine offene Lichtung im dunklen Wald findet. Unter diesen sonnigen Seelen, die inmitten ständigen Wohlstands leben, wollen wir uns beeilen, jenen Jugendlichen einzuschließen, dem Christus Freundschaftsangebote gemacht hat. Er hatte ein offenes und offenes Wesen, ein frisches und unbeflecktes Herz. Er besaß auch eine gewisse Anmut und einen unbeschreiblichen Charme, der ihm eine seltene Anziehungskraft verlieh. Auch Reichtum und alle damit verbundenen Vorteile gehörten ihm. Doch Bequemlichkeit hatte ihn nicht entmutigt, noch machte ihn seine Stellung stolz. Er war zwar durch die grimmigen Feuer der Versuchung hindurchgegangen, kam aber mit makellosen Gewändern heraus.

Als Christus ihn sah, liebte er ihn; es hätte auch nicht anders sein können. Bei manchen Männern zwingen wir uns dazu, sie zu mögen. Aus finanziellen oder sozialen Gründen ignorieren Männer ihre Fehler und hegen gleichzeitig eine heimliche Abneigung. Aber andere sind so attraktiv, dass sie unsere Freundschaft aus einer gewissen süßen Notwendigkeit heraus erzwingen. Das Auge muss wie die satte rote Rose sein , und das Ohr kann nicht anders, als sich an dem süßen Lied zu erfreuen. Und dieser junge Mann trat mit solch einer seltenen Anziehungskraft hervor, dass es heißt, dass Christus ihm einen langen, zärtlichen Blick zuwarf; Dann erweiterte er den Freundeskreis und bot dem jungen Herrscher einen Platz darin an. Es war eine Ouvertüre, wie sie Sokrates dem Knaben Platon machte; Es war ein Angebot, wie es Michael Angelo dem armen jungen Künstler machte, der an seine Tür klopfte. Als er sich an den Tag erinnerte, an dem er Göethe kennenlernte , pflegte Schiller zu sagen, dass seine kreative literarische Karriere mit Göthes Freundschaftsangebot begonnen habe.

Carlyle erzählt uns, dass jede neue Epoche in seinem Leben mit der Bekanntschaft eines großen Mannes begann. Denn es ist weder den Büchern noch dem Geschäft, den Landschaften, den Wolken oder den Wäldern gegeben, die volle Macht über den lebenden Menschen zu haben. Nur der Verstand kann den Geist beleben, nur das Herz kann das Herz beflügeln.

Was würde die geniale Jugend nicht für die Freundschaft eines Bacon oder Shakespeare geben? Aber als dieser junge Mann die Aufmerksamkeit Christi gewann, war es, als ob alle genialen Kinder in der einzigen Person Christi zusammengekommen wären, um ihm Vertrautheit und Kameradschaft zu bieten. Seine große Seele überragte seine Freunde, während die Ernte die Felder überflutete, „die Blumen tagsüber mit Hitze erfüllte und sie nachts mit Tau kühlte". Seine Freundschaft ist wie die einer Mutter, eines Liebhabers, eines Freundes , aber größer als beide und tiefer als alle anderen. Das Aufgehen eines Sterns, der mit zehntausend Wirkungen leuchtet und funkelt, kann allein mit diesem Menschensohn verglichen werden, der auf seine Freunde solch majestätische Schönheit, solch königliche, entfachende Einflüsse ausstrahlen ließ.

Seit Jahrhunderten bezeichnen Gelehrte dieses Gespräch zwischen Christus und dem jungen Herrscher als „die große Verweigerung". Dante, der mit Virgil durch das Inferno wanderte, glaubte, diesen jungen Herrscher auf der Suche nach seiner verpassten Chance zu sehen. Denn dieser Herrscher war der Hamlet des Neuen Testaments. Wie der Prinz von Dänemark stand er auf halbem Weg zwischen seinem Gewissen und seiner Aufgabe, und die Unentschlossenheit tötete ihn. Es wurde gesagt, dass Hamlet glücklich gewesen wäre, wenn er sich seiner Pflicht nicht bewusst gewesen wäre oder wenn er mutig der Vision gefolgt wäre, die ihn zum Handeln aufrief. Weil er mehr wusste, als er den Mut dazu hatte, entstand eine Zwietracht, die die Symmetrie und Vernunft seines Geistes zerstörte. Sein Wahnsinn entstand aus der Kluft zwischen seinem erweiterten und eindringlichen Rechtsgefühl und seiner schwankenden Fähigkeit, sich diesem zu stellen und es zu erfüllen. So erwuchs auch die Tragödie im Leben dieses jungen Herrschers aus der Tatsache, dass das neue Streben seine alte Zufriedenheit unmöglich machte und ihn zwang, entweder mutig zu besseren Dingen zu schreiten oder in Leere und Elend zurückzukehren. Als Christus ihn sah, liebte er ihn als das, was er war, und zeigte ihm, was aus ihm werden könnte. Er wusste, dass das Bessere ein großer Feind des Besten war. Denn Christus hatte die doppelte Vision des Bildhauers.

Vor ihm lag die Marmormasse, grob und formlos. Aber die äußere Formlosigkeit verbarg die innere Symmetrie. Nur die fliegenden Splitter konnten die darin verborgene Form der leuchtenden Schönheit freisetzen. Und vor diesem jungen Mann erhob er eine Vision von noch besseren Dingen. Er stellte den Jugendlichen in die Mitte zwischen dem Mann, der er war, und dem Mann, der er werden könnte. Er hatte so viel erreicht, dass Christus ihn gern zur Vollkommenheit führen würde. Wenn der Weingärtner sieht, wie seine Weinreben Blätter und Blüten entwickeln, pflegt er sie weiter, bis sie Früchte tragen. Als Arnold einen jungen Stanley findet, der bereit ist, seinen Abschluss zu machen, flüstert er: „Eines fehlt dir ; lass dein ganzes

Leben ein einziges eifriges Streben nach Wissen werden." Und dieser junge Mann, der so hoch geklettert war, hatte die Vision von etwas noch Gerechterem und Besserem.

Christus ging voran und lockte ihn vorwärts, so wie einst die Göttin den griechischen Jungen vorwärts lockte, indem sie rosige Äpfel über den Weg rollte. Doch das Interview endete mit der „großen Absage". Und der Jüngling ging weg, weder wütend noch rebellisch, sondern traurig und zutiefst betrübt über sich selbst. Im Moment wusste er, wie weit sein Anspruch über die Leistung hinausging. Wie Hamlet lähmte Unentschlossenheit das Handeln. Die Zufriedenheit verschwand, denn die Vision der Perfektion verfolgte ihn immer. Zuerst erfüllten Christi Worte und sein Blick aufrichtiger Zuneigung sein Herz mit Aufruhr der Freude, doch nachdem er in sein altes, schmutziges Selbst zurückgefallen war, wurde die bloße Erinnerung an das Gesicht seines Herrn zu einem Fluch und einer Folter. Und so wurde die Vision verdorben, die ein Segen hätte sein sollen.

Nun sagen uns die Leben großer Männer, dass Gott Visionen schon immer benutzt hat, um die Zufriedenheit zu stören, die Bequemlichkeit zu zerstören und den Fortschritt zu sichern. Erleben Sie das Leben des jungen Patriziers Wendell Phillips. Seine Studienkollegen beschreiben ihn gerne so, wie sie ihn zum ersten Mal in den Hallen von Cambridge sahen. Seine elegante Persönlichkeit, seine gebildeten Manieren und seine raffinierte Gelehrsamkeit machten ihn zum Idol der Harvard-Jungs. Schon in seiner Jugend brillierte er als Redner und beherrschte mühelos das Podium. Aber zu ihm kamen die Sirenen, die von Muße, Reichtum und Ehrgeiz sangen. Er freute sich sehr auf den Tag, an dem er der Verfechter der „eleganten Ruhe und des kultivierten Konservatismus" des Patrizierelements in seinem Patrizierstaat sein würde. Doch plötzlich kreuzte der Christus in der Person eines seiner Kleinen den Weg des jungen Gelehrten. An einem goldenen Oktobernachmittag, als Wendell Phillips in seinem Büro saß, hörte er den Lärm einer seltsamen Störung auf der Straße. Als er hinausschaute, sah er, wie der Mob Garrison misshandelte und ihn mit Schlägen und Tritten zum Gefängnis schleifte. Die ganze Nacht über lag der junge Phillips unruhig auf seiner Couch und dachte ständig an diesen Mann, der in der Stadt gemobbt worden war, wo Otis gesagt hatte: „Die Meinungsfreiheit ist unveräußerlich."

Die ganze Nacht über stand die Vision des Sklaven, voller Narben, Verachtung und Verlassenheit, vor seinem inneren Auge, während er stets eine Stimme flüstern hörte: „Was ihr einem meiner geringsten Brüder getan habt, das habt ihr getan." Mich." In dieser Visionsstunde gingen alle seine Träume von Opulenz und Bequemlichkeit für immer zugrunde. Er beschloss, allen Vorlieben und Ambitionen, allem Komfort und jeder Muße den Rücken zu kehren und seiner Vision zu folgen, wohin auch immer sie führte. Bald führte ihn die Vision zum Podium von Faneuil Hall, wo ein

Beamter die Mörder von Lovejoy rechtfertigte. „Herr Vorsitzender", sagte er, „als ich hörte, wie der Herr Grundsätze aufstellte, die die Mörder von Alton auf eine Seite mit Otis und Hancock, mit Quincy und Adams stellten, dachte ich, diese abgebildeten Lippen hätten sich zu einer Stimme gebrochen, um sie zu tadeln." rekreierter Amerikaner, der Verleumder der Toten. Und diese Vision verlieh seinen Worten eine so brennende Beredsamkeit, dass Wendell Phillips' Rede in Faneuil Hall auf einer Stufe mit der von Patrick Henry in Williamsburg und Abraham Lincolns in Gettysburg steht – und es gibt keine vierte. Seine Vision verleitete ihn auch zur Verleumdung. Welche Beschimpfungen hatte er! Was für ein bitterer Hass! Was für Beleidigungen und Spott! Schließlich führte ihn die Vision zu Ruhm. Die Stadt, die ihn getötet hätte, errichtete sein Denkmal, und Männer, die einst ihre Lippen nicht mit seinem Namen befleckten, zeigten ihren Kindern den Weg zu seinem Grab. Es war diese großartige Vision, die Phillips vor völliger Zufriedenheit bewahrte. Hätte Christus seinen Weg nie gekreuzt, hätte seine Vorstellungskraft sein strahlendstes Bild, sein Leben seine edelsten Impulse, seine energischsten Kräfte verloren.

Und nicht nur Visionen haben die Kraft, das Leben junger Männer zu prägen. Zu den Reifern und Großen kommen auch Träume von idealer Exzellenz, die den Egoismus besiegen, die Sünde zurechtweisen, dem schmutzigen Erfolg die Süße nehmen und die Menschen zu höheren Errungenschaften drängen. Die Biographen waren nie in der Lage, die erbärmliche Traurigkeit und Düsterkeit der letzten Tage von Daniel Webster vollständig zu erklären. Horace Greeley sagte einmal: „Websters Intellekt ist die größte Ausstrahlung des allmächtigen Geistes, der jetzt verkörpert ist." Aufgrund seiner malerischen Majestät und seiner überwältigenden Mentalität ist er zweifellos unsere auffälligste Figur. Dieser riesige und schöne Kopf, diese wundervollen Augen, diese stattliche Haltung, diese Jupiter-ähnliche Front führten dazu, dass die Menschen ihn „den gottähnlichen Daniel" nannten. Als er am Strand in London erschien, folgte ihm eine große Menschenmenge, und ein britischer Staatsmann beschrieb Webster als jemand, der eine majestätische Landschaft oder die Erhabenheit eines Berges beschreibt. Doch in den letzten Jahren seines Lebens nahm sein Gesicht eine seltsam jämmerliche Trauer an. Mit der Sprache eines Dante hat sein Biograph für uns ein Inferno dargestellt, in dem wir einen Menschen mit erhabener Vernunft sehen, der in der Blüte, Kraft und Erhabenheit der vollen Männlichkeit wandelt, aber dennoch im Kreis der Nacht wandelt, in einem Reich der Bitterkeit, immer von Enttäuschung zerfressen und von wildem Ehrgeiz verzehrt. Er sank ins Grab, sagt der Historiker, „unter einer herzzerreißenden Last politischer Verzweiflung".

Aber enttäuschter Ehrgeiz kann Daniel Websters Traurigkeit und Leid nicht erklären. Er hatte die Kraft, den Verlust einer Nominierung zu unterstützen. Er wusste, dass sein Titel „Verteidiger der Verfassung" dem Titel eines Präsidenten völlig gleichkam. Er war ein zu großer Mann, als dass ihm der Verlust seiner politischen Ehre das Herz gebrochen hätte. Was war sein Leid? Erinnern wir uns an den jungen Herrscher, der nach seiner Begegnung mit Christus traurig und betrübt war und sich weigerte, der himmlischen Vision zu gehorchen. Erinnern wir uns an den Traum, den Pilatus hatte, und daran, wie der große Römer danach unruhig und unruhig war. Und bei Daniel Webster kam die Erinnerung an seine Rede zugunsten eines Gesetzes, das die Männer im Norden dazu zwingt, flüchtige Sklaven zu ihren Herren zurückzuschicken; und es kamen auch die Worte Christi, der sagte: „Ich bin gekommen, den Gefangenen zu befreien." Und mit Blick auf die Zukunft erwartete Webster das Urteil der Generationen über den Bruch zwischen seiner Pflicht und seiner Leistung. Diese Vision von höheren Dingen verfolgte ihn. Oft stieß er bittere Seufzer aus. Daniel Webster war traurig und zutiefst betrübt über das, was er selbst getan hatte. Für die Hoffnung auf die Präsidentschaft opferte er seine Überzeugungen gegenüber dem Sklaven. Die himmlische Vision befahl ihm, die Gefangenen zu befreien und nicht in die Sklaverei zurückzuschicken. Keine politische Enttäuschung hat Daniel Webster niedergeschlagen. Das Bewusstsein der erfüllten Pflicht hätte ihn in jedem Kummer getragen. Es war das Bewusstsein, gegen die himmlische Vision gesündigt zu haben, das ihm das Herz brach und Websters graue Haare vor Kummer ins Grab senkte!

Plutarch sagt uns, dass die beste Kultur aus dem Studium der Männer in ihrer besten Stimmung entsteht. Aber immer kommen durch diese himmlischen Visionen die besten Stimmungen des Lebens zustande. George Eliot macht das Schicksal jedes Helden und jeder Heldin von der Nutzung jener kritischen Stunden abhängig, in denen ein Ideal vor der Seele steht und akzeptiert oder abgelehnt werden muss. Für Maggie Tulliver war es ein köstlicher Moment, als ihr Geliebter ihr eine ehrenvolle Ehe anbot und sie in einen duftenden Garten vollkommenen Glücks geführt hätte. Doch gerade in der Stunde, in der die Freude wie eine kleine Quelle in ihrem Herzen brodelte, kam die Erinnerung an den verkrüppelten Jungen, dem sie vor Jahren in ihrer Kindheit den Bund fürs Leben geschlossen hatte. Und die Vision ihrer Pflicht und der Gedanke an seine Enttäuschung veranlassten sie, den gewürzten Kelch des Vergnügens abzulehnen und sich für Selbstverleugnung und ein Leben für andere zu entscheiden. Diese himmlische Vision bewahrte sie davor, in den Abgrund der Selbstsucht zu stürzen, während der Blitz in der dunklen Nacht dem erschrockenen Reisenden den Abgrund offenbart.

Und wenn die göttlichen Visionen den Egoismus zurechtgewiesen haben, besiegen sie die Sünde. Hawthorne nutzt die Vision, um seinen Helden zu erlösen. Für Arthur Dimmesdale, der von seinem Feind verfolgt wurde, träumte er von Freiheit, wenn er mit Hester und Pearl in ein fremdes Land reiste, wo er Gesundheit und Glück wiedererlangen und wieder Frieden finden könnte, indem er auf den alten Pfaden der Weisheit und des Studiums wandelte. Doch am Tag bevor sein Schiff auslief, hatte er eine herrliche Vision, in der er aufgefordert wurde, das Schafott zu besteigen, sein Unrecht zu bekennen und sein Gewissen von seiner Schuld zu befreien. Und es war der Gehorsam, der sein Leben von der Heuchelei befreite.

Und nachdem die Menschen vor dem Unrecht gerettet wurden, geht die Vision weiter, um ihren Dienst für das Richtige zu sichern. Hier ist diese farbige Frau, Harriet Tubman, die John Brown Wendell Phillips als die beste und mutigste Person unseres Kontinents vorstellte. Während Frederick Douglass tagsüber arbeitete, schuftete Harriet Tubman nachts; Denn während der Mann Lob und Ehre genoss, gab es für die schwarze Frau nur Dunkelheit und Vernachlässigung. Als diese Mutigste ihrer Rasse 1850 der Sklaverei entkam und Kanada erreichte, jubelte sie: „Ich habe nur noch eine Reise vor mir – die Reise in den Himmel." Doch in dieser Stunde, als die Wogen der Freude ihren Höhepunkt erreichten, kam die Vision, die sie zurück in die Gefahr und in den Dienst rief. Sie war dem nicht ungehorsam, sondern wandte ihr Gesicht wieder den Baumwollfeldern zu. Zwischen 1850 und 1860 unternahm sie neunzehn Reisen in den Süden und rettete über dreihundert Sklaven. Eines Tages, als sie mit ihrer Flüchtlingsbande in einem Sumpf lag, überbrachte ihr ein Schwarzer die Nachricht, dass die Sklavenhändler Virginias eine Belohnung von 40.000 Dollar für ihre Festnahme ausgesetzt hätten. Von ihren Verfolgern bedrängt, schickte sie ihre Flüchtlinge auf einem geheimen Weg weiter und begab sich selbst zum Zug. Doch als sie im Wagen Werbung für ihre Verhaftung sah , stieg sie aus dem Nordzug aus und nahm den nächsten Zug Richtung Süden, in der Hoffnung, durch ihre Furchtlosigkeit der Entdeckung zu entgehen und auch eine neue Gruppe von Flüchtlingen zu sammeln. Und so nannten ihre Leute Harriet Tubman den Moses der schwarzen Rasse. Und im Anschluss daran erhob sie die Vision an einen Platz unter denen, die die Welt nicht bereitwillig sterben lässt.

Wenn die Vision schlechte Menschen zu guten Taten erlöst hat, erlöst sie auch die Guten bis zur Vollkommenheit. Hier ist Channing mit seiner kultivierten Gelehrsamkeit, seinen raffinierten Manieren, seiner sanften Güte. Die angefertigten Entwürfe belasteten seine Kräfte so sehr, dass ihn schließlich der Tag erreichte, an dem er allein durch das Halten seiner Predigten und Reden körperlich erschöpft war. Aber er verließ lächelnd und für immer die Kanzel und verzichtete auch auf den Gebrauch seiner Feder. In dieser Stunde, als Trauer und Finsternis schwer auf denen lasteten, die ihn liebten, leuchtete die Vision für Channing deutlich auf. Er beschloss, sein ganzes Leben in eine Predigt und ein Gedicht zu verwandeln. Mit erbärmlicher Beredsamkeit sagte er: „Es ist mir zwar verboten zu schreiben oder zu sprechen, aber nicht zu streben und zu sein. Mit kleinen Mitteln zufrieden zu leben; Eleganz statt Luxus und Vornehmheit statt Mode zu suchen; würdig zu sein, nicht respektabel und wohlhabend, nicht reich; alles mit Freude tun, alles tapfer ertragen; mit offenem Herzen auf Sterne und Vögel, auf Kinder und Weise hören; fleißig lernen, ruhig denken, offen handeln, sanft reden, auf Gelegenheiten warten, Beeilen Sie sich niemals – mit einem Wort, das Geistige, ungebeten und unbewusst durch das Gemeinsame erwachsen zu lassen – das soll meine Symphonie sein.“

Auch in unser Land ist die beunruhigende Vision gekommen. Unser Zeitalter wird als Zeitalter der Unruhe bezeichnet. Wir hören viel über soziale Unzufriedenheit. Unter all der äußeren Aktivität und Hektik verbirgt sich ein Unterton tiefer Traurigkeit. Weder Reichtum, Vergnügen noch Politik konnten die Müdigkeit der Welt verbergen. Seltsamerweise gerade in einer Zeit, in der der Wohlstand stark zunimmt, in der unsere Häuser voller Komfort und Annehmlichkeiten sind, in der sich alle Kräfte des Landes, des Meeres und des Himmels dem Menschen als willige Diener zur Verfügung gestellt haben, um seine Botschaften zu überbringen und seine Besorgungen zu erledigen Er erntet seine Ernte, zieht seine Züge und treibt seine Schiffe; In einer Zeit, in der tausend Instrumente erfunden wurden, die für Verfeinerung und Kultur sorgen, sind gerade zu dieser Zeit seltsamerweise Unruhen und Unruhen über unser Volk gekommen. Warum ist unser Alter so traurig? Hat Schopenhauer das Urteil der Menschheit durch sein Lieblingsmotto „Es ist sicherer, der Angst zu vertrauen als dem Glauben“ getragen? Liegt es daran, dass unsere Zeit den Glauben an Gott verloren hat? Haben Zweifel und Skepsis den göttlichen Tau vom Gras verbrannt und es trocken und braun hinterlassen? Nein, tausendmal nein!

Die Welt ist traurig, weil sie Gott gefunden und nicht verloren hat. Der Mensch ist inmitten seines Reichtums und seiner Vergnügungen aus dem gleichen Grund müde, wie der junge Herrscher inmitten seiner großen Besitztümer betrübt und traurig war. Unsere Zeit hat die Vision großartig gesehen, bleibt aber unentschlossen stehen und ist noch nicht bereit, weiterzumachen und ihre neuen Ideale zu erfüllen. Für diejenigen, die Augen zum Sehen haben, steht Jesus Christus wieder auf dem Markt und auf der Straße. Er hat der Gesellschaft eine neue Vision der Erde als ein mögliches Paradies gegeben, gefüllt mit den Früchten des Friedens und des Überflusses, wo niemand Überfluss kennt und niemand Mangel kennt. Er hat eine Vision von der Bruderschaft der Menschen und der Vaterschaft Gottes gegeben, und diese Vision hat die alte Zufriedenheit zerstört. Unsere Väter waren glücklich, weil das, was sie taten, mit dem Schritt hielt, was sie sahen. Und wir sind unglücklich, weil wir nicht bereit sind, das zu tun, was wir sehen.

Diese Vision möglicher Exzellenz wird unsere Generation weiterhin verfolgen, bis die Leistung das ideale Versprechen überholt hat. Alle Kauf- und Verkaufsprozesse im Äußeren müssen durchgeführt werden, um den Anforderungen der inneren Vision gerecht zu werden. So wie zu Luthers Zeiten die göttliche Vision Deutschland beunruhigte und das Land mit Unruhe erfüllte, bis das Volk geistige Freiheit erlangte; So wie zu Cromwells Zeiten die Vision der Freiheit in den politischen Beziehungen nach England kam und für Unruhe sorgte, bis die Lehre vom göttlichen Recht der Könige gestürzt wurde; So wie in unserer Zeit die Vision der Freiheit für alle, ohne Rücksicht auf Rasse oder Hautfarbe, unser Land erschütterte, unsere Ratsräume mit Konflikten und Streit erfüllte und den Süden in ein einziges riesiges Schlachtfeld verwandelte, bis die Gesetze der Nation in Kraft traten entsprach den Idealen Gottes — so ist heute die Vision der Bruderschaft der Menschen in Jesus Christus auf die Häuser, den Markt und das Forum eingedrungen und hat unserem Volk Unruhe und Unzufriedenheit gebracht.

Unsere Hochschulen sind unruhig, und mit den Erweiterungsplänen der Universitäten versuchen sie, ihre Vision von Weisheit für alle zu verwirklichen. Die Kirche hat die himmlische Vision gesehen und ist ruhelos und betrübt über ihr eigenes Versagen. Sie schreibt ihre Glaubensbekenntnisse neu, erfindet neue Methoden des sozialen Mitgefühls und der sozialen Hilfe und versucht eifrig, ihre Vision zu verwirklichen. Auch der Reichtum ist unzufrieden und wird durch vielfältige Gaben zum Almosengeber universeller Wohltaten für Schule und Hochschule, Galerie und Kirche. Mit Blick auf den Ratssaal wird die Gesellschaft unruhig und hat das Gefühl, dass der Ratssaal so heilig sein sollte wie ein Tempel, und dass böse Menschen den Tempel wie in alter Zeit in einen Ort zum Geldwechseln verwandelt und das Haus gebaut haben Gottes eine Räuberhöhle. Gute Männer beseitigen erneut die Geißel der kleinen Schnüre. Die Unzufriedenheit wird allgegenwärtig. Diese Vision einer neuen Ordnung wird die Menschen weiterhin verfolgen und beunruhigen, bis schließlich die Gesellschaft alle ihre Aktivitäten außerhalb mit der himmlischen Vision im Inneren in Einklang bringt.

Die Überlieferung besagt, dass der junge Herrscher, der die „große Weigerung" gemacht hatte, nach seiner Rückkehr nach Hause feststellte, dass die alte Lebensfreude verschwunden war. Seine Zufriedenheit mit Feldern und Herden, mit Häusern, Pferden und Gütern ist für immer verschwunden; in Büchern und Bildern! Er selbst schien nur ein Schatten zu sein, der sich durch eine Phantomwelt bewegte. So sehr er auch kämpfte, er konnte die neue Vision nicht vergessen und die alte Freude nicht wiederfinden. Schließlich hörte er auf zu kämpfen, und als er seine Vision erfüllte, erkannte er, dass das Kreuz der magische Schlüssel war, der die Tür zum Glück öffnete.

Und der Jugend dieses fernen Tages wird die herrliche Vision wiederkehren. Auf seltsame Weise entstehen diese leuchtenden Stunden und gehobenen Stimmungen. Manchmal kommen sie aus der Erinnerung, und dann klingen die Töne einer Stimme noch lange sanft an unser Ohr wie himmlische Glocken, die uns zum Himmel rufen. Manchmal kommen diese leuchtenden Stunden durch die Zuneigung, in denen die Vorfreude auf die Freude so hell ist, dass es scheint, als hätte der nach vorne strebende Jüngling zuvor die Frucht vom Baum des Lebens gepflückt. Für einige kommen sie durch Kummer, wenn die Seele in Tränen aufgelöst dasteht, so wie ein duftender Strauch am Junimorgen steht und den Boden mit fallenden Regentropfen nass macht. Dann wandert die Seele hin und her, ganz stumm vor Kummer, auf der Suche nach Trost, findet aber keinen. Dann sitzt die Seele in der Nähe des geliebten Grabes und hört die Nachtwinde flüstern: „Nicht hier, nicht hier!" worauf das murmelnde Meer antwortet: „Nicht hier", während die weinenden Weinreben und die traurigen Kiefern immer antworten: „Nicht hier, nicht hier!" Doch durch die weglose Luft ertönt leise eine Stimme, die murmelt: „Hier! Hier! Komm herauf!"

Oh, diese leuchtenden Stunden! Diese Stunden tieferer Überzeugung sind die wahren Stunden des Lebens! Der Sommer ist Sonnenschein und Schönheit, nicht Sturm und Schnee. Es gibt dunkle und winterliche Tage im März, an denen der Frühling wie eine Wahnvorstellung erscheint. Es gibt Tage im April, die so kalt sind, dass der Sommer wie eine Falle wirkt. Aber zwischen den Stürmen gibt es kurze warme Phasen, in denen die Sonne sanft auf die Südhänge fällt, die Wurzeln sich zu bewegen beginnen und die Samen von der Ernte zu schmerzen beginnen und die ganze Luft laut zu hören ist. Der unregelmäßige Schneefall im April ist nur eine Erinnerung daran, was der sterbende Winter war; Aber diese gelegentlichen sonnigen Tage sind Prophezeiungen darüber, was der Sommer in seiner vollen Wirkung auf die Felder und Wälder bewirkt hat.

Und nach langen Perioden durchnässter Selbstsucht und verschleierter Sünde durchbricht plötzlich die Vision von besseren Dingen die Wolke und den Sturm. Dann bringt die Vision Klarheit in die Vernunft, das Gedächtnis und die Vorstellungskraft. In diesen Stunden spottet die Seele über schmutzige Dinge. Wie die Blume emporsteigt, um dem Schlamm zu entkommen, wie der Fuß sich vom Schlamm abwendet, wie das Nasenloch den Schmutz meidet, wie das Ohr Zwietracht hasst, so spottet die Seele in diesen Stunden über Selbstsucht und Sünde. Oh, wie schön scheinen Reinheit und Sanftmut, Mitgefühl und Wahrheit! Und diese Stunden sind voller Prophezeiungen. Sie sagen uns, wie die Seele sein wird, wenn die Zeit und Gottes Mittel ihren Willen auf den Menschen ausgeübt haben. Sie müssen geschätzt werden, wie der Seemann den Leitstern schätzt, der am Horizont steht; Sie müssen geschätzt werden, so wie ein Reisender, der sich in einem nahen, dunklen Wald verirrt hat, den Moment schätzt, in dem die Sonne durch einen Spalt in den Wolken bricht und er sich aus dem Sumpf heraus und in Richtung seiner Heimat orientiert. Visionen sind Gott in der Seele. Sie kommen, um den Menschen von Sünde und Leid wegzuführen. Sie kommen, um ihn zu seiner himmlischen Heimat zu führen.

DIE VERWENDUNG VON BÜCHERN UND DAS LESEN

„Bringen Sie die Bücher mit." – *Paul.*

„Ein gutes Buch ist das kostbare Lebenselixier eines Meistergeistes, das absichtlich für ein Leben jenseits des Lebens einbalsamiert und aufbewahrt wird." – *Milton.*

„Gott sei Dank für Bücher. Sie sind die Stimmen der Fernen und der Toten und machen uns zu Erben des spirituellen Lebens vergangener Zeiten. In den besten Büchern sprechen große Männer zu uns, geben uns ihre wertvollsten Gedanken und gießen ihre Seelen aus." in unsere." – *Channing.*

„Alles, was die Menschheit getan, gedacht oder getan hat, liegt wie durch magische Bewahrung in den Seiten von Büchern. Sie sind der auserwählte Besitz der Menschen." – *Carlyle.*

„Wir müssen jeden Tag daran erinnert werden, wie viele Bücher von unnachahmlicher Herrlichkeit es gibt, die wir trotz all unseres Eifers nach der Lektüre nie in die Hand genommen haben. Es wird die meisten von uns in Erstaunen versetzen, wenn wir feststellen, wie viel von unserem Fleiß geschenkt wird." zu den Büchern, die keinen Wert haben, wie oft harken wir den Abfall der Druckerpresse aus, während uns eine Krone aus Gold und Rubinen vergeblich angeboten wird." – *F. Harrison.*

XI

Die Verwendung von Büchern und das Lesen

Paulus war Denker, Theologe und Staatsmann zugleich, denn er war immer ein Gelehrter. Eine Pflicht vernachlässigte er nie: die Pflicht zur Selbstbildung durch Lesen. Bestimmte Weggefährten waren immer bei ihm – seine Lieblingsautoren. Als er in Rom inhaftiert war, bestand die Last seiner Briefe an seinen jungen Freund in Ephesus aus Büchern und der Pflicht zum Lesen. Selbst ein Hebräer, wurde er durch viele Studien zum Kosmopoliten und Bürger des weiten Universums. Wie Emerson glaubte er, dass „der Gelehrte ein Liebling des Himmels und der Erde, die Exzellenz seines Landes und der glücklichste aller Menschen" war. Ein gesünderer Intellekt als er hat diese Erde nie betreten, und könnte er zu unserer Zeit mit ihrer Aufregung und ihrem Fieber sprechen, würde seine Botschaft sicherlich einige Worte über die Begleitung guter Bücher enthalten.

Das höchste Privileg unserer Generation ist weder der schnelle Transport noch die Steigerung von Komfort und Luxus. Die moderne Zivilisation hat ihre Blüte und Frucht in Büchern und Kultur für alle durch das Lesen. Sollte der Traum des Astronomen jemals wahr werden und die Wissenschaft mit den Menschen auf dem Mars einen Code elektrischer Signale etablieren, würde sich unsere erste Botschaft nicht um Motoren, Webstühle oder Dampfschiffe drehen. Nicht das Telefon, mit dem Menschen über Kontinente hinweg sprechen, sondern das Buch, mit dem sich lebende und tote Menschen über Jahrhunderte hinweg unterhalten, wäre die Last der ersten Botschaft. Präsident Porter sagte einmal, dass der Wilde, der mit Livingstone London besuchte, alles außer den Bibliotheken zu schätzen wusste. Der arme schwarze Mann verstand die Galerie, denn das Gesicht seines Kindes entsprach dem von Raphaels Cherub und Seraph. Er verstand die Kathedrale mit ihren Gängen und Bögen, denn sie erinnerte ihn an seine eigenen Altäre und Trauergesänge. Er verstand die Stadt, denn es kam ihm vor, als wären viele kleine Städte in einer vereint. Aber die große Bibliothek, vom Boden bis zur Decke vollgestopft mit Büchern, deren seltsame, weiße Seiten den Leser verneigten, während ein Lächeln über sein Gesicht huschte, während ein Sonnenfleck den anderen über die warmen Aprilhügel jagte, und die schwarzen Flecken, die dem Leser Tränen in die Augen trieben auf die aufgeschlagene Seite zu fließen, stellte ein Geheimnis dar, das der arme Wilde nicht verstehen konnte. Für die Nekromantie der Bibliothek gab es keine Erklärung.

Für weise Männer sind die Freuden des Lesens die krönenden Freuden des Lebens. Bücher sind unsere Universitäten, wo Seelen die Professoren sind. Bücher sind die Webstühle, die schnell die inneren Gewänder des Menschen weben. Bücher sind die Ausgleicher – nicht indem sie das Große senken, sondern indem sie das Kleine anheben. Ein Buch erfüllt buchstäblich die Geschichte des wandernden Juden, der sich an unsere Seite setzt und uns wie ein vertrauter Freund erzählt, was er in zwanzig Jahrhunderten seiner Reise durch Europa gesehen und gehört hat. Newtons „Principia" bedeutet, dass Sterne und Sonnen endlich ihre Stimme erheben. Die Zoologie von Agassiz macht jeden Jugendlichen zu einem wahren Noah, dem es geschenkt ist, alle Insekten, Tiere und Vögel zu sehen, die paarweise in die große Arche der Welt gehen. Gott hat uns vier minderwertige Lehrer gegeben, darunter Reisen, Beruf, Fleiß, Konversation, und vier höhere Lehrer, darunter Liebe, Trauer, Tod – vor allem aber Bücher.

Weisheit und Wissen stammen aus vielen und unterschiedlichen Quellen. Wie das antike Theben ist die Seele eine Stadt mit Toren auf allen Seiten. Da ist das Augentor, und durch es gehen Freunde, eine Vielzahl von Fremden, die Wälder, die Felder, die marschierenden Wolken. Da ist das Ohrtor, und darin tummeln sich alle süßen Lieder, alle Gespräche und Beredsamkeiten, alles Gelächter mit Niobes Kummer und Kummer. Es kommt zu Gesprächen, und dabei überschreiten wir die Schwelle des Geistes eines anderen und wandern durch die Hallen der Erinnerung und die Kammern der Vorstellungskraft. Aber diese Fähigkeiten sind begrenzt. Das Ohr ist für ein süßes Lied gemacht, nicht für tausend. Das Gespräch findet mit einem lebenden Freund statt, nicht mit Plinius und Perikles. Die Vision bleibt am Horizont; Aber jenseits der Grenze, an der sich Erde und Himmel treffen, liegen ferne Länder und historische Schauplätze. Dahinter liegen Schlachtfelder, die alle mit Blut befleckt sind. Dahinter liegen der Parthenon und die Pyramiden. Deshalb kommen Bücher ins Spiel, um die Sehkraft zu steigern. Bücher lassen die Arktis und die Tropen, die Berge und Hügel, alle Generationen mit ihren Nöten und Kriegen, ihren Errungenschaften für Freiheit und Religion als Belehrung und Freude an unserem Geist vorbeiziehen. Und wenn Bücher die Menschen zu Zeitgenossen von Sokrates und Cicero, von Emerson und Lowell gemacht haben, wenn sie den Menschen zu Bürgern jeder Gegend und jedes Landes gemacht haben, dann fügen sie noch bedeutendere Vorteile hinzu. Als der königliche Bote Newton die Bekanntgabe der ihm von der Königin verliehenen Ehre überbrachte, war der Astronom so beschäftigt mit seinen Studien über die „Principia", dass er seinem Besucher auch nur eine Stunde seiner Zeit gönnte.

Der große Mann war zu sehr mit dem Schreiben beschäftigt, als dass Tausende mit einer einzelnen Person lange über seine Entdeckungen von Licht und Farbe und seine Beweise dafür sprechen konnten, dass der Mond jemals auf die Erde fallen würde. Nicht einmal seinen besten Freunden konnte der Astronom im Gespräch erläutern, was er uns in seinen

„Principia" schenkt. Als ein amerikanischer Autor Carlyle aufsuchte, fand er ihn in einer sehr verdrießlichen Stimmung vor. Zwei Stunden lang hörte er zu, wie dieser Student der Helden und des Heldentums eine wilde Tirade gegen alle Menschen und Dinge ausstieß. Nie wieder konnte der amerikanische Dichter mit Carlyle jene feine Haltung, Vernunft und Kraftreserven in Verbindung bringen, die den Größten eigen sind. In seinen Büchern schenkt Carlyle seinen Freunden nicht die Verdrießlichkeit eines Abends, sondern die beste Stimmung seines Lebens und schüttet seine intellektuellen Ernten aus.

Kürzlich hat ein Autor der Welt Erinnerungen mit dem Titel „Abende" mit Browning und Tennyson, mit Bright und Gladstone beschert. Doch ein Abend reicht nur für ein paar Höflichkeiten, ein paar Anekdoten, ein paar Erinnerungen. Sprechen Sie auch darüber, einen Nachmittag in Ägypten zu verbringen oder einen Abendbesuch in Rom zu machen. Doch ein Band von „In Memoriam" oder „The Idylls of the King" ermöglicht es einem, die reichhaltigsten und meisterhaftesten Gedanken zu belauschen, die Tennyson in den besten kreativen Jahren seiner Karriere beschäftigten. Die Vorteile, die Bücher gegenüber Gesprächen haben, sind so auffallend, dass uns die kurze Biographie des Sohnes des Zimmermanns Jesus Christus besser bekannt macht, als es die Bürger von Samaria oder Bethlehem jemals hätten tun können. Einem Nikodemus war es zuteil geworden, ihn über das neue Herz reden zu hören; ein Anwalt hörte seine Geschichte vom barmherzigen Samariter; Andere, inmitten des Gedränges und der Menschenmenge, bekamen einen Teil der Geschichte vom verlorenen Sohn mit. Aber der flüchtige Blick, das fragmentarische Wort, die seltsamen und widersprüchlichen Gerüchte führten nur zu Verwirrung und geistiger Unruhe. Aber diese kurze Biografie zeigt uns seine gesamte Karriere und stellt jeden eifrigen Zuhörer an die Seite Christi, während er jedes leuchtende Gleichnis, jede herrliche Vorschrift, jeden Aufruf zur Inspiration und zum höheren Leben entfaltet. So machen uns Bücher mit den besten Männern in ihrer besten Stimmung bekannt.

Bücher haben zwei Vorteile. In erster Linie sind sie Werkzeuge für den Geist. Der Schritt des Fußes ist kurz, aber der Motor verlängert den Schritt und beschleunigt ihn. Der Schlag des Schmieds ist schwach, aber der Stolperhammer vervielfacht die Kraft der Menschenhand. Somit sind Bücher mentale Maschinen, die es dem Geist des Menschen ermöglichen, auf vielen Erntefeldern zu ernten und die mentalen Schätze zu vervielfachen. Es dauert Jahre, bis Humboldt die Wunder der Anden erkundet, und andere Jahre, bis Livingstone sich seinen Weg durch die Dschungel Afrikas bahnt. Aber ein Buch an zwei oder drei Abenden am Kamin ermöglicht es dem Menschen, ohne die Gefahren des Fiebers durch den dunklen Kontinent zu reisen, ohne den Schmerz zu erleben, den der Löwe verursacht, der aus dem Dickicht springt, um Livingstones Arm zu verstümmeln. Mit einem Buch stapfen wir über die Berge zweier Kontinente, ohne ein einziges Mal den schweren Sturz über den Abgrund zu erleiden, der Humboldt schwächte. Bücher ermöglichen es uns, Gegenden, Städte, alte und moderne Zivilisationen zu besuchen, die ohne sie in den Jahren des Menschen nie gesehen werden könnten, so wenige und mit der Kraft des Menschen so unzureichend. Große und reiche Männer vergrößern ihren Einfluss, indem sie sich mit Dienern umgeben, die ihre Befehle erfüllen.

Jeder Präsident und Premierminister verstärkt sich durch ein Kabinett. Aber was wäre, wenn der Bauer oder Arbeiter sich mit einer Gruppe von Ratgebern und Beratern umgeben könnte, zu denen hundert der größten Intellektuellen seiner Generation gehörten? Was wäre, wenn irgendein Herschel sich dem Jugendlichen nähern und sagen würde: „Du brauchst deine Nachtruhe zum Schlafen; aber für dich werde ich die Jahre geben, um die Sterne und ihre Bewegungen zu studieren?" Was wäre, wenn ein Dana sagen würde: „Für dich werde ich die Handschrift auf den Felsen entziffern, die Bewegung der Eispflüge verfolgen und den Einfluss der Flammen erforschen, wenn sie Steine in Erde für Weinberge verwandeln?" Was wäre, wenn ein Audubon sagen würde: „Für dich werde ich durch alle Wälder gehen, um das Leben und die Geschichte der geflügelten Kreaturen herauszufinden, vom Kolibri bis zum Falken und Adler?" Was wäre, wenn Niebuhr sagen würde: „Für dich werde ich die Denkmäler, alle Ruinen und Obelisken, alle Pergamente und Manuskripte der Menschen entziffern, um den Aufstieg des Menschen im Laufe der Jahrhunderte darzustellen?" Aber genau das tun Bücher für uns.

Bücher sparen dem Menschen Zeit und Kraft, steigern aber auch seine Männlichkeit und vervielfachen seine Gehirnkräfte. Mit ihnen beendet ein sechzig Jahre alter Mann seine Karriere klüger, als er es ohne sie hätte sein können, obwohl er zehntausend Sommer und Winter durchlebt und durchgearbeitet hat. Das meint Emerson, wenn er sagt: „Gib mir ein Buch, Gesundheit und einen Junitag, und ich werde den Prunk der Könige lächerlich machen." Als der von den Göttern geliebte athenische Jüngling seine Reise antrat, brachte ihm ein Freund eine wunderbare Rüstung, die gegen Pfeile sicher war; ein anderer brachte ein Pferd von wunderbarer Schnelligkeit; ein anderer brachte einen Bogen von großer Größe und Stärke mit. So bewaffnet besiegte der Jüngling seine Feinde. Aber wenn Bücher den Menschen gegen seine Feinde gewappnet haben, verwandeln sie seine Feinde in Freunde; sie schützen ihn vor Unwissenheit; sie befreien ihn vom Aberglauben; sie kleiden ihn in Dankbarkeit. Gott sei Dank für Bücher, die unsere Einsamkeit aufheitern, unsere Krankheiten lindern, unsere Leidenschaften verfeinern und uns aus der Niederlage zum Sieg führen! Dieser Jugend kann es kaum an Charakter, Glück und Erfolg mangeln, die

Tag für Tag die Schule der Weisen und Seher besucht; der nachts Dante und Milton über das Paradies reden hört; der einige Franklin oder Solomon als seine Mentoren im Amt und in der Zählstube hat. Durch Bücher ergänzte Erfahrung lehrt den Jugendlichen in einem Jahr mehr, als die Erfahrung allein ihn in zwanzig Jahren lehren kann.

Bücher bewahren für uns auch den Geist der Großen der Erde, so wie der Keller des Königs Weine birgt, die im Laufe der Jahre immer kostbarer werden. Von Zeit zu Zeit schickt Gott einen Mann mit einer überragenden Gabe namens Genie auf die Erde. Während er durch unser Leben und unsere Welt geht, erblickt er wundersame Anblicke, die unseren Augen nicht zugänglich sind, und hört Melodien, die für unser abgestumpftes Gehör zu schön sind. Was andere Männer als Kohlenstückchen betrachten , verwandelt sein Genie in Diamanten. In der Dunkelheit schläft er, um einen „Sommernachtstraum" zu sehen; an dem Tag, an dem er aufwacht, um die Tragödie oder Komödie in der Karriere seines Freundes zu sehen. Während er nachdenkt, brennt das Feuer der Inspiration in ihm. Wenn die Zeit gekommen ist, brechen die inneren Kräfte in Büchern, Liedern oder Gedichten hervor, so wie die Tulpenzwiebel im April ihr Herz aus Feuer und Gold offenbart. Das Buch, das er schreibt, ist der erlesenste Wein im Leben, „das Gold, das im Feuer seines Genies geläutert wurde". Diese Auserwählten kommen selten, so wie der Busch während Moses' vielen Jahren in der Wüste nur einmal brannte. Viele Fußhügel müssen vereint werden, um einen riesigen Berg zu ergeben. Um viele Staaten zu unterstützen, ist nur eine Reihe von Rocky Mountains erforderlich. Ein Mississippi kann auch einen Kontinent entwässern.

Als Milton an diese Großen dachte, sagte er: „Das Buch ist das Lebenselixier des Meistergeistes." So wie die in den Phonographen gesprochene Weisheit dort Spuren hinterlässt, die nach Belieben reproduziert werden können, so bewahren und wiederholen Bücher die Beredsamkeit der Größten. Wenn Wordsworth in seinem „Ausflug" sagt: „Ich gehe heute auf die Felder", flüstern die Jugendlichen vielleicht: „Und ich gehe mit dir." Möglicherweise begleitet er Layard auch, um die alten Tafeln und Denkmäler zu studieren. mit Scott darf er mit Ivanhoe zur Burg und zum Turnier reiten; Bei Vergil und Dante zittert er vielleicht am Rande des tintenschwarzen Flusses oder jubelt über den ersten Blick auf das Paradies.

Charles Lamb hat wohl vorgeschlagen, dass Männer das Tischgebet beten sollten – nicht nur während des Weihnachtsfestes, sondern auch auf dem Tisch, der mit guten Büchern gedeckt ist. Denn der Mensch hat keine wahren Freunde, die Erde bietet kein reicheres Bankett. Als Southey alt und sehbehindert wurde, sah man ihn in seine Bibliothek torkeln. Während er von Regal zu Regal ging, legte der alte Gelehrte seine Hand auf ein Lieblingsbuch und dann auf ein anderes, während ein seltenes süßes Lächeln über sein Gesicht huschte, so wie wir zärtlich die Hand auf die Schulter eines lieben Freundes legten. In ihren Büchern hatten seine alten Freunde, die Helden der Vergangenheit, Southey von ihren innersten Träumen, ihren Leidenschaften, ihren Sehnsüchten erzählt, was sie in stundenlangen Kämpfen gestärkt hatte und wie sie es überstanden hatten, als der Tod sie ihrer besten Kräfte beraubte. Der arme und einsame Dichter hatte mit diesen Bänden wie mit vertrauten Freunden gesprochen. Bevor er starb, sagte Southey zu seinen Büchern „Gute Nacht", bevor er im hellen Jenseits den Autoren „Guten Morgen" sagte.

Diese göttliche Anweisung bezüglich der Begleitung von Büchern fordert uns auf, den Nutzen und Zweck des Lesens herauszufinden. In erster Linie dient das Lesen von Büchern der Information und der mentalen Stärke. Der Hunger des Körpers nach Brot und Obst ist nicht realer als der Hunger des Intellekts nach Fakten und Prinzipien. Wissen steht für das Wachstum der Vernunft in einem ebenso wichtigen Zusammenhang wie Eisen und Phosphat für die Anreicherung des Blutes. Unwissenheit ist Schwäche. Erfolg bedeutet zu wissen, wie. Unsere Welt ist eine Welt, in der die letzte Tatsache siegt. Zusätzlich zu seinen eigenen Erfahrungen und Reflexionen muss der junge Künstler in einer Galerie stehen, die die besten Meister vereint. Wenn der Bildhauer neben den Elgin-Murmeln im British Museum steht, muss er baden und in das griechische Ideal und den griechischen Geist eintauchen, bis der griechische Gedanke in seinem Gehirn pocht und er die griechische Begeisterung für Stärke in runden, geschmeidigen Armen und Gliedmaßen spürt bereit für das Rennen.

Aber im weitesten Sinne sind Bücher die Galerien, in denen Geister gefangen und auf den Seiten festgehalten werden. Bücher sind Lagerhäuser, in denen Fakten und Prinzipien gesammelt wurden. So wie uns ein Stück Kohle sagt, welche Farne und Blumen in einer fernen Zeit wuchsen, so vermittelt uns das Buch die Quintessenz menschlicher Gedanken über Leben, Pflicht und Tod. Es gibt auch keine andere Möglichkeit, diese lebenswichtigen Kenntnisse zu erlangen. Das Leben ist zu kurz, um sie durch Gespräche oder Reisen zu erlangen. Kein Jugendlicher ist für seine Aufgabe bereit, bis er den Aufstieg und das Wachstum von Häusern, Werkzeugen, Regierungen, Schulen, Industrien und Religionen verfolgt hat. Er muss auch Rasse mit Rasse, Land mit Land und Stern mit Stern vergleichen. Auf die Frage nach seinen Vorstellungen vom Wert der Bildung antwortete ein in Eisenbahnkreisen angesehener Mann: „Ich habe gelernt, dass jede neue Tatsache ihren Geldwert hat. Unter sonst gleichen Bedingungen muss sich immer das Urteil des Mannes durchsetzen, der am meisten weiß ." Aber Bücher allein können die Erfahrung ergänzen und die Informationen liefern, die den Menschen für den Tag des Kampfes bereit machen.

Es heißt: „Für tausend Männer, die sprechen können, gibt es nur einen, der denken kann; für tausend Männer, die denken können, gibt es nur einen, der sehen kann." Da es also das Größte im Leben ist, eine offene Vision zu haben, müssen wir die Autoren bitten, uns das Sehen beizubringen. Jeder Kingsley nähert sich einem Stein, während ein Juwelier sich einer Schatulle nähert, um die verborgenen Edelsteine freizuschalten. Geikie lässt das Stück Steinkohle die saftigen Knospen, die dicken duftenden Blätter, die scharfen Zweige entfalten, bis sich das Stück Kohlenstoff zur Schönheit eines Tropenwaldes vergrößert. Das kleine Buch von Grant Allen mit dem Titel „How Plants Grow" zeigt Bäume und Sträucher beim Essen, Trinken und Heiraten. Wir sehen bestimmte Dattelhaine in Palästina und andere Dattelhaine in der Wüste hundert Meilen entfernt, und der Pollen des einen wird durch die Passatwinde zu den Zweigen des anderen getragen. Wir sehen den Baum mit seinem seltsamen System von Wasserwerken, das den Saft durch Rohre und Leitungen hochpumpt; wir sehen das chemische Labor in den Zweigen, das in einem Ast den Geschmack der Orange mischt, in einem anderen den Saft der Ananas; Wir betrachten den Baum als eine Mutter, die jede junge Eichel auf den langen Winter vorbereitet, sie in weichen und warmen Schwaden wie Wolldecken rollt, sie mit regenundurchlässigen Kleidungsstücken umhüllt und schließlich die junge Eichel in einen Schlafsack steckt. wie die, die die Esquimos Dr. Kane gegeben haben.

Schließlich kommen wir zu dem Schluss, dass die Griechen nicht ganz unrecht hatten, als sie dachten, dass in jedem Baum eine Dryade steckte, die ihn belebte, ihn vor der Zerstörung schützte und starb, wenn der Baum verdorrte. Einige Faraday zeigen uns, dass jeder Wassertropfen eine Hülle für elektrische Kräfte ist, die ausreichen, um 800.000 Leidener Krüge aufzuladen oder einen Motor von Liverpool nach London anzutreiben. Sir William Thomson erzählt uns, wie Wasserstoffgas einen großen Eisendorn zerkaut, so wie die Backenzähne eines Kindes das Ende einer Bonbonstange abkauen. So eröffnet jedes neue Buch einen neuen und bisher unerforschten Bereich der Natur. So erfüllen Bücher für uns die Legende des wundersamen Glases, das seinem Besitzer alles Ferne und Verborgene zeigte. Durch Bücher wird unsere Welt zu „einer Knospe aus der Laube der Schönheit Gottes; zur Sonne zu einem Funken aus dem Licht seiner Weisheit; zum Himmel zu einer Blase auf dem Meer seiner Macht". Daher die Worte von Frau Browning: „Kein Kind kann als vaterlos bezeichnet werden, das Gott und seine Mutter hat; kein Jugendlicher kann als freundlos bezeichnet werden, der Gott und gute Bücher als Begleiter hat."

Bücher haben für uns auch den Vorteil, dass sie die Einheit des Fortschritts, die Solidarität der Rasse und die Kontinuität der Geschichte veranschaulichen. Autoren führen uns zurück auf den Weg des Gesetzes, der Freiheit oder der Religion und stellen uns vor den großen Mann, in dessen

Gehirn das Prinzip seinen Ursprung hatte. So wie der Entdecker uns von der Mündung des Nils zurück zum Quellgebiet des Nyanza führt, so stellen Bücher großartige Ideen und Institutionen dar, während sie sich vorwärts bewegen und sich immer weiter ausdehnen und vertiefen, wie ein Nil, der viele Zivilisationen ernährt. Denn alle Reformen von heute gehen auf irgendeine Reform von gestern zurück. Die Kunst des Menschen reicht bis nach Athen und Theben zurück. Die Gesetze des Menschen gehen auf Blackstone und Justinian zurück. Die Schnitter und Pflüge des Menschen gehen auf den Wilden zurück, der mit seinem gegabelten Stock, gezogen vom wilden Ochsen, den Boden scharrt. Die Helden der Freiheit marschieren in geschlossener Kolonne vorwärts. Lincoln ergreift die Hand Washingtons. Washington erhielt seine Waffen durch Hampden und Cromwell. Die großen Puritaner schließen sich mit Luther und Savonarola zusammen.

Die ununterbrochene Prozession führt uns schließlich zu Ihm, dessen Bergpredigt die eigentliche Charta der Freiheit war. Es versetzt uns in einen göttlichen Bann, wenn wir erkennen, dass wir alle Mitarbeiter der großen Männer und doch einzelne Fäden im Gewebe der Zivilisation sind. Und wenn Bücher uns mit unserer eigenen Zeit in Verbindung bringen und alle Epochen mit Gott in Verbindung bringen, dessen Vorsehung der Abgrund der Geschichte ist, dann regen uns diese Lehrer zu neuen und größeren Errungenschaften an. Allein ist der Mensch eine unbeleuchtete Kerze. Der Geist braucht ein Buch, um seine Fähigkeiten zu entfachen. Bevor Byron mit dem Schreiben begann, widmete er sich eine halbe Stunde der Lektüre einer seiner Lieblingspassagen. Der Gedanke an einen großen Schriftsteller entzündete Byron immer wieder in einem kreativen Glanz, so wie ein Streichholz die Anzündhölzer auf dem Kaminfeuer entzündet. In diesen brennenden, leuchtenden Stimmungen leistete Byrons Geist sein Bestes. Das wahre Buch regt den Geist an, denn kein Wein kann jemals das Blut beleben. Es ist das Lesen, das uns zu Höchstleistungen bringt und jede Fähigkeit zu ihrem kraftvollsten Leben erweckt.

Denken wir also daran, dass es genauso gefährlich ist, das erste Buch zu lesen, auf das man zufällig stößt, wie für einen Fremden in der Stadt, sich mit der ersten Person, die vorbeikommt, anzufreunden. Betrachten wir also die Auswahl und Freundschaft von Büchern. Frederic Harrison erzählt uns, dass es mittlerweile 2.000.000 Bände in den Bibliotheken gibt und dass die Presse alle paar Jahre so viele neue Bände herausbringt, dass eine Pyramide der St. Paul's Cathedral gleichkommt. Der Autor beklagt die große Zahl der derzeit veröffentlichten Bücher von schlechter Qualität und stellt die Frage, ob die Druckerpresse nicht eine der Geißeln der Menschheit sei. Er erzählt , dass er nur wenige Bücher liest, und diese sind die großen, und beschreibt seinen Schiffbruch auf dem unendlichen Meer der Druckertinte und seine Rettung als jemand, der aus Gnade aus einer Region flieht, in der es Wasser gibt, überall Wasser, aber keinen Tropfen trinken. Bekennen wir, dass Bücher schon in ihrer Menge verwirrend sind und dass unachtsames und zielloses Lesen den Geist zerstört. Geben wir auch zu, dass Bücher ebenso wenig Kultur bedeuten wie Gesetze Tugenden.

Zweifellos wird die Individualität durch den gewaltigen Katarakt der Literatur bedroht. Als Kinder haben wir unnötig gezittert, als die Krankenschwester uns sagte, dass es vom Himmel herab regnete, aber als Männer haben wir das Recht zu fürchten, wenn der Himmel nicht herabregnete, sondern Broschüren. Vielen geht es wie dem Schuljungen, der auf die Frage, woran er denke, antwortete, er habe keine Gedanken, weil er so sehr mit dem Lesen beschäftigt sei , dass er keine Zeit zum Nachdenken habe. Wie dieser Junge können heute viele Menschen den Wald vor lauter Bäumen nicht sehen. Viele stehen vor dem riesigen Abgrund der Literatur, so wie Bunyans Pilger vor dem Sumpf der Verzweiflung stand und rief: „Was soll ich tun?“ Die Notwendigkeit einer strengen Auswahl liegt vor uns, aber bestimmte Dinge müssen alle gelesen werden.

Zunächst einmal sollte jeder junge Mann und jede junge Frau jedes Jahr einen neuen Blick auf das Welthaus werfen, in dem alle leben. Als Ivanhoe aufwachte und sich als Gefangener in einem fremden Schloss vorfand, erkundete er sofort das Herrenhaus, ging von der Kammer zum Bankettsaal, vom Turm zum Burggraben und zu den hohen Mauern, die ihn einschlossen. Wenn Gott dies tatsächlich so sehr liebte Wenn wir den Staub des Sterns nutzen, um den Menschen nach seinem eigenen Bild zu erschaffen, sollten wir dieses Welthaus, in dem sich das Drama um Leben und Tod des Menschen abspielt, lieben und gut studieren. Longfellow stellte sich unsere Erde als ein mit Granit ummanteltes Schiff vor, das durch die Luft segelt, mit einer Panzerplatte, die durch den allmächtigen Mechanismus verschraubt und festgeklemmt ist, und das Pochen des Vesuvs, das auf die tiefen Öfen hindeutet, die ihr helfen, auf der Reise durch den Weltraum voranzutreiben. Aber Gottes Name für dieses Erdenhaus war Paradies. Und ein wahres Paradies ist es mit seinem pflanzlichen Teppich, weich und bestickt, unter den Füßen des Menschen; mit seinen Tälern, die mit Mais bedeckt sind, bis sie lachen und singen; mit seiner edlen Architektur der Berge, bedeckt mit mächtigen Schnitzereien und gemalten Legenden. Wahrlich, es wäre eine Ungnade für uns, hier weiterzuleben, ohne uns die Mühe zu machen, auf den Boden dieser Erde zu schauen, der so fest und fest ist, oder die wunderschöne Decke zu studieren, die nachts von Sternenlampen beleuchtet wird. Und die Abende einer Woche mit Geikie oder Dana werden uns erzählen, in welchen Feueröfen der Granit geschmolzen wurde, durch welche Zähne von Gletschern und durch die Last der Meereswellen die Erdoberfläche für den Pflug und die Kelle geglättet wurde. Wie lange ist es her, dass der Gletscher genau an der Stelle, an der wir stehen, eine Meile dick war, wie lange ist es her, dass das Wasser des Michigansees, der jetzt über Niagara fließt, nicht mehr in den Mississippi fließt?

Die Abende einer weiteren Woche mit Professor Gray oder Grant Allen werden uns erzählen, wie alle Bäume und Pflanzen leben, atmen und großartig wachsen; wie die Lilie das Weiße aus dem Schlamm saugt und wie die rote Rose den Sonnenstrahl aufdreht und die scharlachroten Fäden herauszieht. An den Abenden einer weiteren Woche mit Ball, Proctor oder Langley wird die Sonne dabei zu sehen sein, wie sie unserem Planeten die Ernte einbringt, so wie der brennende Baumstamm den Äpfeln den Saft entzieht, die vor den heißen Kohlen rösten; wie groß ein Haus auf dem Mond sein muss, damit es vom neuen Teleskop am Genfersee gesehen werden kann; Unabhängig davon, ob es sich bei den Flecken auf der Sonne um große Klumpen unverbrannten Materials handelt, von denen einige ganze tausend Kilometer groß sind und die durch Gasexplosionen hochgeschleudert wurden. Während Maury uns eine weitere Woche lang in einem wasserdichten Glasboot auf eine lange Kreuzfahrt mehr als dreitausend Meilen unter dem Meer mitnimmt und uns jene Friedhöfe zeigt, die man Muscheln nennt, diese Städte, die man Korallenriffe nennt, diese seltsamen Tiere, die … haben Wurzeln anstelle von Füßen, sogenannte Schwämme.

Nachdem jeder das Erdhaus umrundet hat, sollte er sich selbst studieren; sein Körper als Motor des geistigen Denkens, als Instrument des Verhaltens und Charakters; die Anzahl, Art und Verwendung der vierzig und mehr Geistes- und Herzensfähigkeiten, mit denen er ausgestattet ist. Vom Studium der Seele bewegt sich der Geist leicht zur Aufwärtsbewegung der Rasse, während der Mensch von Hütte zu Haus, von Zelt zu Tempel, von der Macht zur Selbstverwaltung, zur Bildung und zur Literatur, von seinem brennenden Altar zur aufsteigenden Hymne wandert und aufstrebendes Gebet. Dies zeigt uns, welchen Beitrag jede Rasse, Hebräer und Griechen, Römer und Germanen, zur Zivilisation geleistet hat. Dann kommen die Bücher des Lebens, in denen die nachzuahmenden Eigenschaften im Leben der Großen großgeschrieben werden, denn die Biographie ist einer der besten Lehrer des Menschen. Darin sehen wir, wie der Held sein Unrecht, seine Sorgen und Niederlagen ertrug und wie er sich in Zeiten des Triumphs behauptete. Phillips Brooks war der Meinung, dass die Grundlage jeder Bibliothek Biografien, Memoiren, Porträts und Briefe sein sollten. Wir sollten auch nicht die Kunstbücher vergessen, in denen die Tatsachen des Lebens idealisiert und zur Schönheit erhoben werden. Erleben Sie Dramen, Gedichte oder die verschiedenen großen Romane.

Aber neben und über allen anderen steht das Buch, die Bibel. Allein hat es ganze Nationen zivilisiert. Wie auch immer unsere Inspirationstheorien aussehen mögen, dieses Buch befasst sich mit den tiefsten Dingen im Herzen und Leben des Menschen. Ruskin und Carlyle sagen uns, dass sie ihm in puncto Raffinesse und Kultur mehr zu verdanken haben als allen anderen Büchern *sowie* dem Einfluss von Colleges und Universitäten. Darin erzählen uns die größten Genies der Zeit von den Dingen, die sie frisch aus dem Himmel fingen, „von den Dingen, die auf sie stürmten und in mächtigen Fluten durch ihre Seelen strömten und sie mit unvergleichlicher Musik bezauberten"; Dinge, die für das Herz und das Gewissen des Menschen so wertvoll sind, dass man sie ertragen und dafür sterben muss. Es ist das einzige Buch, das die reichsten, tiefsten und süßesten Dinge in der Natur des Menschen vollständig zum Vorschein bringen kann. Lesen Sie alle anderen Bücher, Philosophie, Poesie, Geschichte, Belletristik; Aber wenn Sie Ihr Urteilsvermögen verfeinern, die Vernunft befruchten, Ihrer Fantasie freien Lauf lassen und die schönste Frau oder den kräftigsten Mann erreichen möchten, lesen Sie dieses Buch ehrfürchtig und gebeterfüllt, bis sich seine Wahrheiten wie Eisen im Blut aufgelöst haben. Lesen Sie tatsächlich die hundert großartigen Bücher. Wenn Sie keine Zeit haben, nehmen Sie sich Zeit und lesen Sie. Lesen Sie, wie die Sklaven in Golconda schuften, indem sie den Müll wegwerfen und die Edelsteine aufbewahren. Lesen Sie, um Fakten in Leben umzusetzen, aber lesen Sie täglich das Buch des Verhaltens und Charakters – die Bibel. Denn das Buch, das Daniel Webster beim Sterben unter sein Kissen legte, ist das Buch, das jeder zu Lebzeiten in der Hand tragen sollte.

DIE WISSENSCHAFT VOM LEBEN MIT MÄNNERN

„Es gibt eine Kunst, richtig zu leben." – *Arthur Helps.*

„Das höchste Kunstleben über allen anderen Künsten ist die Kunst, gerecht und barmherzig zusammenzuleben. Es gibt keine andere Sache, die so anstrengend ist, so viel Bildung, so viel Weisheit, so viel Übung erfordert, wie das Zusammenleben mit unseren Mitmenschen." -Männer. An Bedeutung übertrifft diese Kunst alle produktiven Industrien, die wir unseren Kindern beibringen. Alle Fähigkeiten und Kenntnisse darüber hinaus sind nichts. Die Aufgabe des Lebens besteht darin, zu wissen, wie man mit unseren Mitmenschen auskommt." – *HW Beecher.*

„Wie alle Sterne von einem Gesetz durchdrungen sind, in einem Gesetz leben und sich bewegen und ihr Sein haben, so handeln alle Geister, die denken, und alle Herzen, die schlagen, in einem Reich eines Königs; und von diesem riesigen Königreich, dem Gesetz Am weitreichendsten und ewigsten ist das Gesetz der liebenden Güte." – *Swing.*

„Die Nationen haben ihre Orte voller Kunstschätze in Schlachtfelder verwandelt. Stellen Sie sich vor, was Europa jetzt wäre, wenn die zarten Statuen und Tempel der Griechen – wenn die breiten und massiven Mauern der Römer, wenn die edle und erbärmliche Architektur des Mittelalters." Jahrhunderte lang nicht durch bloße menschliche Wut zu Staub zermahlen worden. Du sprichst von der Sense der Zeit und dem Zahn der Zeit; ich sage dir, die Zeit ist zahnlos und zahnlos; wir sind es, die nagen wie der Wurm, wir, die schlagen wie die Sense . Alle diese verlorenen Schätze des menschlichen Geistes sind durch die menschliche Zerstörungsindustrie völlig zerstört worden; der Marmor hätte seine 2.000 Jahre in der polierten Statue genauso gut überdauert wie in der Parian-Klippe; aber wir Menschen haben ihn zu Pulver gemahlen und damit vermischt unsere eigene Asche." – *Ruskin.*

XII

DIE WISSENSCHAFT VOM LEBEN MIT MÄNNERN

Die großen Schriftsteller aller Zeiten haben sich von jeder formellen Diskussion über die Kunst des richtigen Lebens und die Wissenschaft einer geschickten Ausübung der eigenen Fähigkeiten ferngehalten. Regierung, Krieg und Beredsamkeit haben in der Tat eine umfassende wissenschaftliche Darstellung erfahren, und die Künste, die man Musik und Bildhauerei nennt, haben eine ausführliche literarische Behandlung erfahren. Aber aus irgendeinem Grund hat noch nie ein Philosoph versucht, eine förmliche Abhandlung zu verfassen, in der er dem Jugendlichen beibringt, wie er seine Fähigkeiten einsetzen soll, um seine Mitmenschen nicht zu verletzen und ihnen Frieden, Glück und Erfolg zu sichern. Dennoch ist die Kunst, mit Marmor umzugehen, nichts im Vergleich zur Kunst, mit Menschen umzugehen. Die Fähigkeit, Melodien aus der Harfe hervorzurufen, ist weniger als nichts im Vergleich zu der Fähigkeit, Zwietracht in der Seele zu besänftigen und ihre edelsten Impulse, ihre energischsten Kräfte hervorzurufen.

Es gibt auch keine Wissenschaft oder irgendeine produktive Industrie, die überhaupt mit der Wissenschaft eines gerechten, reibungslosen und freundlichen Lebens vergleichbar wäre. Denn das Geschäft des Lebens besteht nicht darin, Winde und Flüsse zu nutzen und zu kontrollieren; Es geht nicht darum, die Fähigkeit zu erwerben, die geheimen Energien hervorzurufen, die im Boden enthalten oder im Himmel verborgen sind. Die Aufgabe des Lebens besteht darin, die Kunst zu beherrschen, reibungslos und gerecht mit seinen Mitmenschen zu leben, und die Fähigkeit zu erwerben, die besten Eigenschaften unserer Mitmenschen hervorzuheben. Tatsächlich bieten das Zuhause und der Markt lediglich einen Übungsplatz für die Entwicklung von Fachkenntnissen in der Ausübung der eigenen Fähigkeiten. Sir Arthur Helps prägte als Erster den Ausdruck „die Kunst des richtigen Lebens", und die Gesellschaft kann diesem angesehenen Gelehrten nie dankbar genug sein, dass er uns daran erinnert, dass, wenn jede andere Kunst gesichert, jede andere Wissenschaft erreicht wurde, immer noch die Beherrschung übrig bleibt Die schönste aller schönen Künste ist die Wissenschaft vom richtigen Umgang mit den eigenen Fähigkeiten inmitten aller Pflichten und Beziehungen zu Hause und in der Schule, im Laden und auf der Straße.

Wenn wir nach einem Grund suchen, warum Wissenschaftler über Freundschaft, Reform oder Patriotismus diskutiert haben, aber an der Wissenschaft vom richtigen Leben vorbeigegangen sind, werden wir die angemessene Erklärung in der Tatsache finden, dass dies das umfangreichste Thema ist, das überhaupt behandelt werden kann. Es geht um die richtige Haltung des ganzen Menschen, den Umgang mit dem Körper und die Erhaltung vollkommener Gesundheit; die Beherrschung des Temperaments mit seiner besonderen Begabung oder Schwäche; der Gebrauch der Vernunft, ihre Entwicklung und Kultur; die Kontrolle des Urteilsvermögens mit der Korrektur seiner Abweichungen; es erfordert eine solche Beherrschung der Emotionen, die Menschen über Winde und Flüsse haben; Es betrifft Gewissen und Konversation, Freundschaft und Handel sowie alle Elemente des Zuneigungs- und Soziallebens, des Bürgertums und der Moral.

Denn der Mensch steht gewissermaßen im Mittelpunkt vieler konzentrischer Kreise. Um sich selbst als Mittelpunkt fegt er den Heimatkreis; seine unmittelbaren Nachbarschaftsbeziehungen beschreiben einen größeren Kreis; seine berufliche Laufbahn beschreibt einen noch größeren; Dann kommen seine Beziehungen zur Gemeinschaft im Allgemeinen, während sich hinter dem Horizont ein Einflusskreis befindet, der die ganze Welt umfasst. Wenn die winzige Spinne, die in der Mitte ihres ausgedehnten und komplizierten Netzes steht, das zur Zerstörung gesponnen wurde, zufällig einen Faden des Netzes berührt, vibriert dieser Faden sofort bis zum Äußersten. Und der Mensch steht im Zentrum eines riesigen Netzes weitreichenden Einflusses, das nicht zum Verderben, sondern zum Segen gewebt ist, und jede dieser weitreichenden Linien, ob sie nun mit Freunden in der Nähe oder mit Bürgern in der Ferne in Verbindung stehen, erregt und vibriert mit geheimen Einflüssen; und es gibt kein Geschöpf in Gottes Universum, das so gefordert ist wie der Mensch, der tausend Gefahren zu meiden hat und zehntausend Pflichten erfüllt. Wer die Wissenschaft des richtigen Lebens angemessen diskutieren möchte, muss eine Methode vorschlagen, die es dem Menschen ermöglicht, seine Fähigkeiten inmitten aller Bedingungen von Armut oder Reichtum, von Krankheit oder Gesundheit, von Freundschaft oder Feindschaft zwischen Menschen zu entfalten.

Angesichts der Tragweite dieses Themas fragen sich viele, ob eine richtige Lebensführung auf eine Wissenschaft reduziert werden kann und, wenn ja, ob sie jemals als Kunst erworben werden kann. Wir wissen, dass es eine Wissenschaft der Regierung, eine Wissenschaft des Reichtums, eine Wissenschaft des Krieges gibt und dass die Beherrschung in jedem Bereich möglich erscheint. Darüber hinaus hat die lange Praxis den Männern Fähigkeiten in den Künsten verliehen. Sogar Paganini wurde mit der Notwendigkeit geboren, durch Übung Exzellenz in seiner Kunst zu erlangen. Auch Tizian war ein unermüdlicher Schüler der Farben, und Macaulay selbst arbeitete hart an seinem Alphabet. Drucker sagen uns, dass Übung die Steifheit der Finger vertreibt und das Setzen von Texten zu einem automatischen Prozess macht. Daniel Webster galt als der größte Redner seiner Zeit; Aber es hat nie einen Mann gegeben, der sich in der Einsamkeit gewissenhafter übte, und seine Exzellenz, sagt er, sei die Frucht langen Studiums.

Henry Clay genoss als Redner einen hervorragenden Ruf; Aber als der junge Mann jahrelang in den Maisfeldern von Kentucky spontanes Sprechen geübt hatte, übte er sich weiter in der Sprache, im Denken, in der Haltung, in der Geste, bis seine Hand das Zepter führen oder in süßer Überredung winken konnte, bis zu seiner Sein Auge konnte auf seine Feinde blicken und sie durchbohren oder auf seine Freunde strahlen und alle Früchte des Friedens und des Erfolgs auf sie herabrufen. Es hat auch keinen großen Künstler, einen großen Dichter, einen großen Erfinder, einen großen Kaufmann oder einen großen Mann in irgendeinem Lebensbereich gegeben, dessen Überlegenheit sich bei näherer Betrachtung nicht als Frucht langer Studien und sorgfältiger Ausbildung erweisen würde. Männer werden mit Händen geboren, aber ohne die Fähigkeit, sie zu benutzen. Männer werden mit Füßen und Fähigkeiten geboren, aber nur durch Übung verlaufen ihre Schritte schnell auf den schönen Wegen, die man Literatur, Recht oder Staatskunst nennt. Der Erfolg des Menschen bei der Beherrschung anderer Wissenschaften bestärkt uns in der Überzeugung, dass es für Menschen möglich ist, die Wissenschaft zu meistern, mit ihren Mitmenschen reibungslos und gerecht auszukommen. An Bedeutung übertrifft dieses Wissen jedes andere Wissen überhaupt. Zu wissen, welche Rüstung man gegen die Konflikte von morgen anlegen muss; wie man die Ziele des Handels und des Ehrgeizes erreicht, indem man Männer als Instrumente einsetzt; wie man von Menschen ausgenutzt wird und wie man Menschen ausnutzt, nicht indem man sie verletzt, nicht indem man sie betrügt, nicht indem man sie beschädigt oder vernachlässigt; Aber wie man durch Menschen sich selbst und seine Mitmenschen voranbringen kann, das ist die Aufgabe des Lebens. Denn die Fähigkeit, mit Männern auszukommen, ist der Test für vollkommene Männlichkeit.

Kein anderes Wissen ist damit vergleichbar. Es ist etwas, zu wissen, wie man ein riesiges Schiff segelt; Es ist wichtig, die Funktionsweise eines Corliss-Motors zu verstehen. Der Mensch tut gut daran, die Beherrschung von Eisen und Holz sowie die Verwendung von Baumwolle und Wolle anzustreben; am lobenswertesten ist der Ehrgeiz, Argumente und Ideen zu meistern; Aber tausendmal wichtiger ist es, die Menschen zu verstehen. Die zugrunde liegenden Motive analysieren können; die Fähigkeit zu erlangen, die schlimmsten Impulse der Menschen zu tadeln und ihre besten Eigenschaften hervorzurufen; zwischen Egoismus und Aufrichtigkeit unterscheiden; um Konflikte zu lindern und den Frieden zu fördern; inmitten des Wirbels der Leidenschaft Gleichmut bewahren; denen, die stürmen, mit vollkommener Ruhe zu begegnen; finsteren Männern mit fester Sanftmut zu begegnen; der Härte des Stolzes mit einer bescheidenen Haltung begegnen; inmitten aller Umwälzungen und Selbstsucht des Lebens autark zu sein – das bedeutet, ein Nachfolger Christi zu sein, und Er ist der einzige Gentleman, den unsere Welt je gesehen hat. Oh, für eine Universität, die die Kunst des richtigen Lebens lehrt! Oh, für ein College, das die Wissenschaft lehrt, wie man die persönlichen Ziele des Lebens erreicht, ohne seine Ideale zu beeinträchtigen! Denn das Leben hat nur eine schöne Kunst: die Kunst, mit uns selbst und unseren Mitmenschen gut auszukommen.

Bekennen wir, dass der Mensch jede andere Kunst und Wissenschaft mühelos beherrscht. Seine Entdeckungen über Sterne, Steine und Sträucher rufen immer wieder Überraschungen hervor. Wer kann seine Erfindungen aufzählen? Er meistert problemlos Winde und Flüsse. Er entschärft den Blitz und macht ihn unschädlich. Anschließend beleuchtet er Städte mit elektrischen Lampen. Mit unsichtbaren Sonnenstrahlen malt er augenblickliche Bilder von Gesichtern, Palästen, Bergen und Landschaften. Mit den dunklen Röntgenstrahlen fotografiert er den im Fleisch umhüllten Knochen, die in der Handtasche enthaltenen Münzen. Mit seinem Magneten wirft der Wissenschaftler ein Seil um die Kathodenstrahlen und schleppt sie dorthin, wohin er will. Auf dem Feld tötet der Erfinder mit einer elektrischen Hacke die Keime der Distel und der Tollkirsche. Seltsam, dass er kein Instrument erfinden kann, um die Keime des Hasses und Neids in seinem eigenen Herzen abzutöten! Der Gärtner beherrscht mit Leichtigkeit die Kunst, Rosen und Veilchen zu kultivieren, scheitert aber bei dem Versuch, in sich selbst jene wunderschönen Gewächse hervorzubringen, die man Liebe, Wahrheit, Gerechtigkeit nennt – Blumen, die im Himmel verwurzelt sind, aber hier auf der Erde blühen.

Ein erfahrener Fahrer hält die Zügel über sechs oder sogar acht feurige Rösser, aber er steigt von seiner Kutsche ab und stellt fest, dass seine eigenen Leidenschaften Rösser der Sonne sind, die mit ihm davonlaufen und Trümmer und Verderben mit sich bringen. Der Mensch hat die Fähigkeit, Gifte in Medikamente umzuwandeln. Er verwandelt tödliche Säuren in Balsame, aber er ist nicht in der Lage, die Gifte des Neids aus der Zunge zu entfernen oder das scharfe Schwert des Hasses in die Scheide zu stecken. Was die physische Natur betrifft, so scheint der Mensch sich rasch der Zeit zu nähern, in der alle Kräfte des Landes, des Meeres und des Himmels sich als willige und gehorsame Diener zur Verfügung stellen, um seinen Willen zu tun. Aber nachdem der Mensch sich in allen anderen Bereichen zum Monarchen erhoben hat, scheitert er völlig an dem Versuch, friedlich mit seinen Freunden und Nachbarn zusammenzuleben. Er ist erhaben in seiner Integrität und Stärke, aber am bedauernswertesten ist die Art und Weise, wie er sein eigenes Glück ruiniert und das Glück anderer ruiniert. Die Pest in der

Stadt, der Tornado auf dem Land, das Feuer im Wald – das sind nur schwache Typen von Menschen als Zerstörer. Eine Wissenschaft beherrscht der Mensch noch nicht: die Wissenschaft vom richtigen Leben und die Kunst, gut mit sich selbst und seinen Mitmenschen auszukommen.

Heutzutage erklärt die neue Wissenschaft die Schwierigkeit eines richtigen Lebens mit der Größe der menschlichen Begabung. In der Tier- und Pflanzenwelt gibt es nur wenige Misserfolge. Der Instinkt leitet das Tier, während der Strauch sein Ziel durch automatische Prozesse erreicht. Kein Weinstock musste jemals entscheiden, ob er Trauben oder Dornen hervorbringen sollte. Kein Feigenbaum musste jemals zur Schule gehen, um zu lernen, wie man Disteln vermeidet. Der Kolibri, der von Strauch zu Strauch fliegt, hört die innere Stimme namens Instinkt. Diese Instinkte dienen als Leitfaden. Die tierische Schöpfung, die sich durch die Luft, das Wasser oder die Wälder bewegt, hat kaum Schwierigkeiten, den vorgegebenen Weg zu finden. Aber das Problem der Rose, der Lerche oder des Löwen ist im Vergleich zum Problem des Menschen sehr einfach und leicht. Wenn die Eiche unbedingt Eicheln tragen muss , ist der Mensch wie ein Weinstock, der nach Belieben eine von hundert Früchten hervorbringen kann. Er ist wie ein Tier, das nach Wahl gehen oder fliegen, schwimmen oder rennen kann. Der Weg, der sich vor der brutalen Welt öffnet, ist eng und seine Aufgabe daher sehr einfach, während die große Zahl der Wege, die dem Menschen möglich sind, sein Urteilsvermögen oft beeinträchtigt und manchmal zu Verwirrung führt.

Nach Tausenden von Jahren weiß der Mensch immer noch nicht, ob es für ihn das Beste ist, Fleisch zu essen oder sich nur auf Früchte zu beschränken; ob der Saft der Traube hilfreich oder schädlich ist; ob die beste Kultur durch die Beschränkung des Studiums auf eine einzige Sprache entsteht, wie es Sokrates und Shakespeare taten, oder durch das Erlernen vieler Sprachen, wie es Cicero und Milton taten; ob eine Monarchie oder eine Demokratie besser geeignet ist, das Glück und den Wohlstand der Menschen zu sichern; ob die Liebe Gottes vorne ein ausreichender Beweggrund ist, um einen Menschen in den Himmel zu ziehen, oder ob Angst und Feuer, die im Hintergrund entfacht werden, seinen Schritten nicht größere Schnelligkeit verleihen. Es ist wunderbar, wie viele Probleme noch gelöst werden müssen.

Es könnte auch nicht anders sein. Je größer und komplexer die Dinge werden, desto schwieriger wird es, sie zu handhaben. Es ist einfach, ein Spinnrad zu handhaben, aber schwierig, einen Jacquard-Webstuhl mit Hunderten von empfindlichen Teilen zu handhaben. Es ist einfach, die Pfeife eines Knaben zu benutzen, aber schwer zu beherrschen ist die Pfeifenorgel, deren Tasten immer höher werden. Aus einem Alphabet mit sechs und zwanzig Buchstaben können alle Wissenschaften und Künste geformt werden; aber das Alphabet der menschlichen Fähigkeiten besteht aus vier und vierzig Buchstaben. Wer soll die möglichen göttlichen Literaturen an all diesen Kombinationen von Gedanken, Gefühlen und Sehnsüchten messen?

Der Wissenschaftler sagt uns, dass alle Instrumente und Vorzüge, die unter den Tieren verteilt sind, im Menschen vereint sind.

Der Mensch hat den Bauinstinkt des Bibers, die Fähigkeit der Biene, Bienenstöcke zu schlagen, der Schlag des Löwen ist geringer als der Stolperhammer des Menschen, der schnelle Flug des Hirsches ist langsamer als die elektrische Geschwindigkeit des Menschen, der Adler selbst kann seiner Flugsprache nicht entkommen. Es ist, als ob alle Vorzüge der gesamten tierischen Schöpfung zusammengefegt und im winzigen Körper des Menschen verdichtet würden, mit der Hinzufügung neuer Gaben und Fähigkeiten; Aber diese Konzentration aller Gaben, die der Tierwelt im Menschen zuteil werden, bedeutet, dass die Gefahren und Schwierigkeiten, die über die gesamte übrige Tierschöpfung verteilt sind, auch auf seine einzelne Person konzentriert werden. Die Zunahme seines Schatzes bringt die Zunahme von Gefahren und Schwierigkeiten mit sich. Die Unermesslichkeit seiner Begabung eröffnet die Möglichkeit unzähliger Fehler, Stolpersteine und Irrwege vom Weg abzukommen. Je höher er also über dem Vogel und dem Tier steht, desto größer wird die Aufgabe, seine Fähigkeiten richtig auszuüben.

Darüber hinaus ist ein reibungsloses Zusammenleben mit Männern aufgrund des ständigen Konflikts mit dem Bösen schwierig. Integrität kann niemals mit Ungerechtigkeit gut befreundet sein, noch Freiheit mit Tyrannei, noch Reinheit und Süße mit Schmutz und Faulheit. Es gibt keine Fähigkeit, mit der Johannes jemals in Frieden mit Herodes leben könnte. Paulus, der Autor der Ode an die Liebe, befand sich immer im Krieg mit Nero und wurde schließlich enthauptet. Wilhelm Tell kam mit Gesler, dem Tyrannen, der die Schweizer ihrer Rechte beraubte, nicht gut zurecht. Wenn Tauben lernen, friedlich mit Falken zu leben, und Lämmer lernen, mit Wölfen auszukommen, werden gute und treue Menschen lernen, in Frieden mit Laster und Verbrechen zu leben. Bosheit bedeutet Krieg, nicht Frieden.

Die Teufelei kann nicht durch Diplomatie überwunden werden. Nicht Botschaften, sondern Regimenter überwinden die tief verwurzelte Unterdrückung. Männer von Integrität und Bildung können gegenüber Korruption, Trunkenheit, Parasitismus und vergoldeter Ungerechtigkeit nur eine Haltung haben – die Haltung kompromissloser Feindseligkeit. Die träge, entmannte Männlichkeit kann um des Friedens und der Ruhe willen stillschweigend großes Unrecht ertragen; aber niemals robuste Männlichkeit. Eine der Gefahren unseres Zeitalters und unserer Nation ist die Tendenz, Unrecht zu besänftigen und Bosheit durch ein falsches Gefühl der Nächstenliebe auszugleichen. Genie vergoldet das Laster, und Witz und

Brillanz verwandeln das Böse in einen Engel des Lichts. Vertreibe nur die Langeweile und mache das Böse künstlerisch, dann wird es geduldet; Aber Laster im Gewand einer Königin ist ebenso wahrhaft Laster wie jemand, der in Lumpen gekleidet ist und im Elend lebt. Sich an das Böse zu gewöhnen, die Sünde zu beschönigen, das Gespür für das Richtige und Schöne zu trüben und abzustumpfen, bedeutet, die Menschheit auszurotten und zu einem bloßen Klumpen Fleisch zu werden. Kein Mensch hat das Recht, mit der Ungerechtigkeit gut befreundet zu sein. In einer bösen Welt sind die einzigen Menschen, die ein Recht auf ein friedliches Leben haben, die Menschen auf Friedhöfen. In einer Zeit und in einem Land wie unserem können nur Männer mit Leib und Seele mit jedem befreundet sein.

Wenn ein Mann angesichts der Kriminalität, Armut und Unwissenheit unserer Zeit so lebt, dass seine Freunde wahrheitsgemäß auf seinen Grabstein schreiben können: „Er hatte nie einen Feind", bedeutet das für ihn eine ewige Schande. Ein solcher Mann sollte sich niemals schuldig machen, sein Gesicht im Himmel zu zeigen, denn er wird feststellen, dass zumindest die Engel seine Feinde sind. Mit Blick auf Integrität kam Christus, um Frieden zu bringen. Christus blickte auf die Ungerechtigkeit und kam, um das Schwert zu bringen. Erst wenn jedes Unrecht in Recht umgewandelt wurde, nicht bis jeder Sturm in Frieden gestillt wurde, nicht bis die Vaterschaft Gottes und die Bruderschaft der Menschen in Institutionen verkörpert wurden, wird der Konflikt aufhören und ein reibungsloses Leben für alle Menschen Realität werden.

Auch Ehrgeiz und Interessenkonflikte wirken einem reibungslosen Leben entgegen. Vielleicht hat kein Zeitalter den Ehrgeiz stärker stimuliert. Das Feld steht allen offen und die Belohnungen sind großartig. Daher Emersons Satz: „Unendliches Streben und unendlich kleine Leistung." Zufriedenheit ist die Ausnahme, Streben ist universell. Tatsächlich ist die nationale Versuchung Ehrgeiz. Ein amerikanischer Kaufmann lebt in einem Jahr länger als ein Orientale in achtzig Jahren; mehr in einer Stunde als ein indischer Kaufmann in vierundzwanzig. Die Provokationen zum Denken und Planen sind so stark, dass die geistige Erregung nahezu ununterbrochen anhält. Im weiteren Verlauf stehen der Jugend alle Wege offen und ihr wird gesagt, dass jede Ehre und Position mögliche Errungenschaften sind; Das Ergebnis ist, dass der Einzelne mit dem Rest der Nation konkurriert. Wie heftig der Streit! Was für intensive Rivalitäten! Was für Kämpfe zwischen Gegnern! Was für Konflikte im Geschäftsleben!

In der Politik verbringen Männer, die nach nationalen Ehren streben, Monate damit, einen Wahlkampf zu planen. Ein riesiger menschlicher Mechanismus ist organisiert, dessen Auswirkungen sich über die ganze Nation erstrecken. Wie in alten Zeiten am Hofe von König Artus nahmen Ritter am Turnier teil und einige Lancelots in Stahlrüstung ritten aus, um einigen Ivanhoe im tödlichen Kampf zu begegnen; So ist es heute, wenn ein gefiederter Ritter auf dem politischen Parkett auf einen anderen trifft – einer siegt, und einer wird getötet, indem er ein gebrochenes Herz erleidet.

Im Handel ist der Streit nicht weniger heftig. Männer stehen einander buchstäblich wie Kanonenboote gegenüber und tragen tödliche Raketen. Wenn morgen in jedem Garten Konflikt und Streit entstehen würden – wenn die Rose ihre Dornen in das Geißblatt stecken würde; wenn das Veilchen aus seiner niedrigen Sphäre Schmutz auf das Weiß der Lilie werfen sollte; wenn der Weizen seinen Halm erhebt, um die Gerste niederzuschlagen; Wenn das Rotkehlchen auf die süße Stimme der Lerche eifersüchtig werden würde und der Pirol eine Kampagne zur Ausrottung der Drossel organisieren würde, gäbe es einen Konflikt in der Natur, der dem Streit und der Kriegsführung in der Gesellschaft entspräche. Die Universalität der Konflikte in der Gesellschaft zeigt sich darin, dass Englands Nationalsymbol keine Taube, sondern ein Löwe ist; In Amerika gibt es einen Adler, in anderen Nationen einen Leoparden und einen Bären. In nationalen Kriegen, in denen Menschen durch jahrelange Arbeit Weinberge gepflanzt, Obstgärten angelegt, Häuser und Städte gebaut haben , beginnen sie damit, die Häuser niederzubrennen, die Getreidespeicher zu zerstören, die Weinberge und Obstgärten abzuholzen; und diese periodischen öffentlichen Streitigkeiten sind nur ein typisches Beispiel für die ebenso zerstörerischen privaten Fehden und Unruhen. Darwin glaubte, dass die Menschen von Tieren abstammen, und einige Menschen sind buchstäblich abstammen. Einige scheinen durch den Wolf gekommen zu sein; manche haben die List des Fuchses; Manche haben die Grausamkeit eines Löwen, andere sind so kämpferisch wie Bulldoggen. Nun ist es nicht einfach, seine Würde zu wahren, wenn ein kleiner Hund einem in die Fersen klemmt und ein Mastiff einen schon vorher bedroht. Und manche Männer scheinen beide Elemente zu vereinen; Sie rennen hinter dir her und kneifen, sie gehen dir voraus, um zu bellen und zu drohen. Unter solchen Umständen ist es nicht einfach, reibungslos und wohltätig zu leben. Es ist leicht, Löwen zu zähmen, aber Menschen zu zähmen ist nicht leicht. Es ist leicht, der Strömung der Flüsse zu trotzen, aber der vollen Macht der öffentlichen Meinung zu widerstehen ist schwer. Aber inmitten aller Konflikte und Zusammenstöße des Lebens liegt diese Aufgabe vor uns. Wir müssen den Frieden bewahren, unsere Feinde lieben und letztendlich die Kunst des richtigen Zusammenlebens mit unseren Mitmenschen meistern.

Allen Menschen, die an der Verbesserung der Gesellschaft interessiert sind, kommt die Erkenntnis, dass der Umgang mit Männern das bleibende Ziel und Ziel des Lebens ist. Schulen können kein vergleichbares Wissen vermitteln. Es ist wichtig, dem Kind die Musik beizubringen, es in der öffentlichen Rede zu schulen, ihm beizubringen, wie man mit Pferd und

Hund umgeht, wie man schwimmt und reitet, wie man Werkzeuge und Motoren benutzt, wie man Reichtum beschaffen kann und wie er damit umgeht. Aber es ist von weitaus größerer Bedeutung, dass der Jugend Menschenkenntnis vermittelt wird und sie zu einem geschickten Erforscher der menschlichen Natur wird. lernen, das Gesicht als offenes Buch zu lesen. Wenn der Jurist Menschen und ihre Motive studiert, um die Wahrheit herauszufinden; wenn der Arzt Männer aus diagnostischen Gründen untersucht; Wenn der Kaufmann an seinen Profit denkt und der Politiker an seine Bevorzugung, muss der Bürger seine Mitmenschen verstehen, um ihr Glück und höchstes Wohlergehen zu sichern. Im Übrigen ist es wichtig, dass ein Mann gut gepflegt und gepflegt ist; sollte gebildet und verfeinert werden, so wie es sich gehört, dass die Pfeifen einer Orgel außen dekoriert sind.

Der Test einer Orgel ist jedoch die Melodie und Harmonie im Inneren. Und der Test der Männlichkeit ist nicht die äußere Politur, sondern die innere Fähigkeit, seine Fähigkeiten zu nutzen. Der Mensch ist nur ein rudimentärer Mensch, wenn er in diesen Stadien bei all seinen Treffen mit seinen Mitmenschen Fehler macht und nicht kaufen oder verkaufen, abstimmen oder sich unterhalten kann, ohne seinen Mitmenschen zu schaden, sie zu schädigen, zu deprimieren oder zu entmutigen. In unserer Zeit wurden viele Bücher geschrieben, die Lyman Abbotts Band mit dem Titel „The Study of Human Nature" ähneln, und die Zeit ist gekommen, in der jedes Kind im Voraus auf den Kampf des Lebens vorbereitet und gelehrt werden sollte, wie es sich gegen den Wettkampf wappnen kann. Wenn die Schulen dem Kind den Gebrauch von Werkzeugen beigebracht haben, ihm die Zungenfertigkeit beim Sprechen und die geistige Fertigkeit im Denken vermittelt haben, bleibt ihm nur noch das Studium der Menschen und die Besonderheiten jedes der fünf Temperamente beizubringen; die Art und Anzahl der tierischen Impulse; die Nutzung der sozialen und industriellen Impulse; die Kontrolle der Erwerbs- und Geisteskräfte. Denn die Haltung des Menschen in der Gegenwart von Feuer und Wald ist die geringste seiner Pflichten. Das, was ihn belasten und quälen und vielleicht zerstören wird, wird der Träger seiner Fähigkeiten inmitten all des Zusammenstoßes und Konflikts, des Lärms und der Schlacht auf Markt und Straße sein. Und inmitten all des Streits soll dies sein Ideal sein: sich gegenüber seinen Feinden und seinen Freunden zu verhalten, nach dem Vorbild dessen, der „seine Sonne auf Böse und Gute scheinen lässt und seinen Regen auf die Gerechten fallen lässt." und die Ungerechten."

Das Maß der Männlichkeit ist der Grad der Fähigkeit, sich in der Kunst zu behaupten, sich so zu verhalten, dass man alle Inspirationen der Liebe und Hoffnung auf die Menschen ausgießt und selbst bei den gemeinsten und bösesten Menschen Gutes hervorruft. Im Laufe des Lebens soll die Seele ein Glücksproduzent und ein Freudenverteiler sein. Ohne bewusstes

Nachdenken verströmen die Veilchen Duft; Ohne Willen zieht der Magnet die Eisenspäne an; Zwecklos stößt die Kerze ihre Lichtstrahlen in die Dunkelheit; und das Gewicht des Guten in jedem Menschen muss so groß sein, dass man seine bloße Anwesenheit spüren kann. Denn die Seele trägt die Macht, zu segnen oder zu verderben; es kann seine Fähigkeiten zum Schlagen steigern, so wie ein Feind den Hammer über die zerbrechliche Vase oder den zarten Marmor hebt; Durch die Sprache kann der Mensch den ganzen Himmel mit Stürmen füllen oder alle Wolken vom Horizont fegen. Die Seele kann dem Zorn des Menschen den Stachel nehmen oder Zorn schüren; Es kann Streit besänftigen oder die scharfe Schärfe des Hasses schüren. Das Thermometer ist nicht so empfindlich gegenüber Hitze, das Barometer gegenüber Gewicht, der Teller des Fotografen gegenüber Licht, wie die Seele gegenüber den zehntausend Einflüssen ihrer Mitmenschen.

An Majestät und Schönheit subtilen Einflusses ist nichts mit der Seele vergleichbar. Nicht die Sonne, die am Horizont hängt, hat eine solche Kraft zur Blüte und zum Tragen von Früchten wie ein vollgewölbtes christliches Herz, reich an allen guten Einflüssen, voller Güte und Mitgefühl, strahlend wie ein Engel. Großartig ist die Fähigkeit des Menschen, mit Kraftmaschinen umzugehen; die wunderbare Kontrolle des Menschen über Winde und Flüsse; wundersam die Beherrschung von Motoren und Ideen. Aber der Mensch selbst ist größer als die Werkzeuge, die er erfindet, und der Mensch tritt mit der Macht auf, seine Mitmenschen zu kontrollieren und zu beeinflussen, indem er ihre Bitterkeit versüßen, ihre Konflikte lindern, ihre Lasten tragen und sie mit einer Atmosphäre der Hoffnung und des Mitgefühls umgeben kann . Genauso wie Männer über Fähigkeiten, Talent und Genialität verfügen, sollen sie Beschützer, Lehrer und Pfleger für die Menschen sein und sich zärtlich und mitfühlend gegenüber Unwissenheit, Armut und Schwäche verhalten. Die ganze Majestät des Sommers, die ganze Pracht der Stürme, die ganze Schönheit der Galerien ist nichts im Vergleich zur Majestät und Schönheit einer vollkugeligen und symmetrischen Männlichkeit. Sollte es in jedem Dorf und in jeder Stadt eine Verschwörung einiger weniger Personen für diese Vornehmheit und Kultur, diese Schönheit und dieses süße christliche Leben geben, würde die Anwesenheit dieser von Christus geformten Personen die Gemeinschaft verändern. Eine solch ertragreiche Natur trägt die Macht in sich, eine ganze Stadt zu zivilisieren. Wir müssen den Wert eines gesunden, gesunden, christusähnlichen Charakters ebenso wenig beweisen, wie wir den Wert des allherrlichen Sommers beweisen müssen, wenn er die Erde mit Düften, die Luft mit Blüten und alle Zweige erfüllt üppige Frucht. Jeder christliche Jugendliche soll ein Menschenmacher und Menschenheiler sein. Er soll den Menschen helfen und sie nicht verletzen. Das bedeutet, in Liebe zu wandeln. Dies bedeutet, das Böse mit dem Guten zu überwinden. Dies soll kein gedrucktes, sondern ein lebendiges Evangelium sein. Dies bedeutet, ein Meister der

Kunst des richtigen Lebens und ein Lehrer der Wissenschaft der Charakterbildung zu sein.

DIE OFFENBARER DES CHARAKTERS

„Manche Männer bewegen sich durchs Leben wie eine Musikkapelle die Straße entlang und verbreiten überall Freude durch die Luft, zu jedem nah und fern, der zuhören kann." – *Beecher.*

„Die Wahrheit tyrannisiert die unwilligen Glieder des Körpers. Niemand muss getäuscht werden, der die Veränderungen des Ausdrucks studiert. Wenn ein Mann die Wahrheit im Geiste der Wahrheit spricht, ist sein Auge so klar wie der Himmel. Wenn er niedrige Ziele hat.", und spricht falsch, das Auge ist trüb und manchmal schelmisch." – *Emerson.*

XIII

Die Offenbarer des Charakters

In der Antike trug persönliches Eigentum das Markenzeichen des Besitzers. Alle Herden und Herden ernährten sich gemeinsam auf der Weide. Damit jeder sein eigenes erkennen konnte, schnitt der Hirte die Ohren seiner Schafe auf oder brandmarkte seine Ochsen mit dem heißen Eisen. Später, als der Reichtum zunahm, verlängerten die Männer die Eigentumszeichen. Der Kaiser prägte sein Bild in die Silbermünze. Der Prinz ließ seine Initiale in die Palastvorhalle einarbeiten. Der Bauer prägte seinen Namen in die Ziegel seiner Hütte. Eine Form des Eigentums waren Sklaven. Athen hatte 80.000 freie Bürger und 400.000 Leibeigene. Da diese Sklaven Gefahr liefen, wegzulaufen, wurden sie von ihren Besitzern gebrandmarkt. Manchmal wurde ein Kreis in die Handfläche oder ein Kreuz auf die Stirn gebrannt; und oft wurde der Name des Besitzers auf die Schulter des Sklaven tätowiert. Eines der Geschenke der Antike an unser modernes Leben ist die Verwendung des Markenzeichens. Heutzutage blasen die Hersteller ihre Initialen ins Glas; Sie formen das Markenzeichen aus Stahl und weben es in Wandteppiche.

Als er in seinem Kerker lag, erinnerte alles alles an diese Zeichen des Besitzes. Seine Ketten trugen die Initialen des Kaisers . Die Sklaven, die ihm Essen brachten, trugen Neros Marke. Die Ziegelsteine seines Kerkerbodens waren mit dem Namen des Tyrannen eingeprägt. Doch als er diese Zeichen der Knechtschaft hinter sich ließ, erstreckte sich seine Vision über einen weiteren Horizont. Auch er war Eigentum. Er war zwar ein freier Mann, aber er gehörte ihm nicht. Geist und Herz waren mit Gottes Bild und der Inschrift versehen. Kein heißes Eisen hatte ihn verstümmelt, aber Schwierigkeiten hatten Verfeinerung hervorgebracht, und die göttliche Liebe hatte ihren unauslöschlichen Stempel hinterlassen. Die frische, strahlende Schönheit, die er hatte, als er als Junge zu Gamaliels Füßen saß, ist tatsächlich verschwunden! Seit dem Tag, als der Pöbel in Lystra Steine auf ihn warf; Seit seiner Geißelung in Philippi trug er die Zeichen des Märtyrertums. Das Leid hatte tiefe Furchen in sein Gesicht gegraben. Aber ehrenhaft waren alle seine Narben. Sie bezeugten seinen Sieg über Bequemlichkeit und Maßlosigkeit. Diese Zeichen waren ihm lieb – sie banden ihn an seinen Meister, den Herrn Jesus. Sie erfüllten ihn mit großen Hoffnungen, denn die gleichen Zeichen, die ihn zu einem Sklaven Gottes und zur Unsterblichkeit machten, befreiten ihn von der Erde und irdischen Dingen. Nachdenklich und in königlicher Stimmung rief der narbige Held aus: „Lass mich weder Hunger noch Kälte, weder die Geißel noch die Drohung des Tyrannen beunruhigen, denn ich trage an meinem Körper die Zeichen des Herrn Jesus.“

Nun hat Gott angeordnet, dass, wie bei Paulus, jeder menschliche Körper seine persönliche Geschichte aufzeichnen, die Taten eines Menschen veröffentlichen und seine Treue zum Guten oder Bösen verkünden soll. Das menschliche Gesicht und die Gestalt werden mit Würde bekleidet, indem die fleischlichen Seiten von heute die Taten der Seele von gestern zum Ausdruck bringen. Die Erfahrung lehrt uns, dass Beruf Auswirkungen auf den Körper hat. Schwielige Hände verraten den Handwerker. Das schmutzige Gesicht verkündet den Collier. Er, dessen Kleidung süße Düfte verströmt, braucht uns nicht zu sagen, dass er lange im duftenden Garten verweilt hat. Aber das Gesicht und die Form reagieren gleichermaßen sensibel auf die feineren Vorgänge des Geistes. Geistige Helligkeit sorgt für Gesichtsbeleuchtung. Moralische Schrägheit trübt und stumpft die Gesichtszüge ab. Es gab nie einen gutaussehenden Idioten. Es kann niemals einen schönen Narren geben. Aber Süße und Weisheit werden das schlichteste Gesicht verherrlichen.

Ärzte sagen uns, dass keine Intensität der Krankheit ausreicht, um Würde und Majestät aus dem Gesicht eines guten Mannes zu verbannen, noch kann körperliches Leiden die Sanftheit und Reinheit einer edlen Frau zerstören . Es heißt, dass Moses‘ Gesicht nach seinen vierzig Tagen auf dem Berg strahlte. Alle großen Künstler malen die heilige Cäcilia mit erhobenem Gesicht, während sie himmlischer Musik lauscht und alles im Licht strahlt, als hätten von oben fallende Sonnenstrahlen das Gesicht der süßen Sängerin verklärt. Diejenigen, die Daniel Webster während seiner Ansprache über die Pilgerväter sahen, sagten, dass das Gesicht des Staatsmannes sie an eine transparente Bronzestatue erinnerte, die von innen heraus strahlend erleuchtet war und deren Glanz durch das Gesicht strahlte.

Aber die Augen sind die wichtigsten Offenbarer der Seele. Tennyson bezeichnete die Augen von König Artus als „Seen reinster Liebe“. So wie sich am Boden eines Glases mit unreinem Wasser Sedimente befinden, so befindet sich am Boden des Auges eines bösen Menschen Schlamm. So erzählt der Körper auf seltsame Weise die Geschichte der Seele. Gesundheit zeigt ihre Zeichen in rosigen Wangen; Krankheit und Tod kündigen ihre Geschichte in der hektischen Hitze an, so wie rötliches Herbstlaub den starken Frost des Winters ankündigt; ängstliche Falten im Gesicht der Mutter verraten ihre geheimen Lasten; Die Blässe des Gelehrten ist die Offenbarung seines Lebens, während die engmaschige Stirn des Kaufmanns die lästigen Probleme deutet, die er lösen muss.

Minister Stanton dachte an die erbärmliche Traurigkeit in Lincolns Gesicht, so zerfurcht und von Sorgen und Ängsten zerfurcht, und sagte, das

Gesicht des Präsidenten sei eine lebendige Seite, auf der die gesamte Geschichte der Schlachten und Siege der Nation geschrieben sei. Uns wird erzählt, dass die Waldenser, als sie die schreckliche Grausamkeit der Inquisitoren nicht länger ertragen konnten, in die Bergfestungen flohen. Dort wurde der tapfere Anführer, erschöpft vom Leiden, vom Tod heimgesucht. Die Flüchtlinge kamen aus ihren Verstecken hervor und versammelten sich um die Bahre des Helden. Einer bückte sich, hob das Haar aus der Stirn des toten Jugendlichen und sagte: „Das Haar dieses Jungen, das durch heroische Mühe dünn und weiß geworden ist, zeugt von seinem Heldentum. Dies sind die Zeichen seiner Treue." Für diejenigen, die die Schrift lesen können, ist das Gesicht jedes großen Mannes mit der Literatur des Charakters überzogen. Sein Körper verdichtet seine gesamte Geschichte, so wie die Unabhängigkeitserklärung in den Grenzen einer winzigen Silbermünze verdichtet ist.

Ruhige Majestät liegt im Gesicht Washingtons; erbärmliche Geduld und göttliche Würde in der von Lincoln; Unnachgiebiger Granit liegt in John Browns Gesicht, obwohl Mitgefühl Härte in Weichheit gemildert hat; Intellekt ist in Newtons; Bei Keats und Milton gibt es reine Fantasie; heroische Substanz liegt im Gesicht von Cromwell und in dem von Luther; in Dantes Augen liegt erbärmliches Leid; Gewissen und Liebe leuchten im Angesicht von Fénelon . Wahrlich, der Körper ist der Dolmetscher der Seele! Wie Paulus trägt jeder Mensch an seinem Körper die Merkmale von Unwissenheit und Sünde, von Angst und Reue oder die Merkmale von Heldentum und Tugend, von Liebe und Integrität. Fügen wir dem Evangelium der Seite das Evangelium des Gesichts hinzu.

Aber niemand soll es für eine seltsame Sache halten, dass die innere Seele ihre Erfahrungen im äußeren Körper registriert. Gott hasst Geheimhaltung und liebt Offenheit. Er hat angeordnet, dass Natur und Mensch ihr geheimes Leben veröffentlichen sollen. Jeder Samen und Keim hat eine instinktive Tendenz zur Selbstoffenbarung. Jede Rosenknospe schmerzt vor dem Wunsch, ihre Blütenblätter zu entfalten und ihr scharlachrotes Geheimnis zu enthüllen. Kein einziges Stück Kohle, aber es wird dem Mikroskop die ganze Geschichte jener fernen Szene flüstern, als Äste, Knospen und duftende Blüten in einem einzigen Stück leuchtenden Kristalls zusammengepresst wurden. Die großen Steinplatten mit den in den Fels eingelassenen Vogelspuren veranschaulichen uns die geflügelten Wesen der alten Zeit. Wenn Reisende durch die Rocky Mountains die flammenden Reklametafeln auf den Felsen erblicken, wird allen klar, dass die Natur die Felsenseiten auch dazu nutzt, ihre privaten Notizen über all die Ereignisse aufzubewahren, die mit ihrer Geschichte von Feuer, Überschwemmung und Gletschern in Zusammenhang stehen. Wenn wir von einer wissenschaftlichen Entdeckung sprechen, meinen wir, dass ein scharfsichtiger Denker auf eine Seite des

Naturtagebuchs gestoßen ist und sie für seinen Drucker kopiert hat. Die Muscheln, die auf den Kuppen der hohen Hügel liegen, bilden ein Kapitel in der Geschichte jener Zeit, als die Wellen des Ozeans an den Gipfeln der hohen Berge brachen.

Als der Reisende in seinem Sommerurlaub in die Gegend um die Hudson Bay reist, bringt er Kohlestücke mit tropischem Gewächs mit zurück. Diese Kohlenstoff-Notizbücher der Natur erzählen uns von einer Zeit, als die Regionen aus Eis und Schnee mit tropischen Früchten und Blumen bedeckt waren, und deuten auf einen Zufall hin, der dazu führte, dass unsere Erde kippte und einen neuen Winkel zur Sonne einnahm. Tatsächlich trägt unsere Erde in ihrem Körper die Spuren ihrer gesamten Geschichte, so dass der Wissenschaftler in der Lage ist, die Ereignisse vor hunderttausend Jahren mit erstaunlicher Genauigkeit zu erzählen. Bereits der Röntgenstrahl sagt die Zeit voraus, in der „nichts verborgen bleiben wird, was nicht offenbart wird, und nichts verborgen bleibt, was nicht bekannt wird; wenn das, was im Verborgenen geschah, von den Dächern her verkündet wird." Professor Babbage, der Mathematiker, hat gesagt, dass die Atmosphäre selbst zu einem riesigen Phonographen wird, auf dessen empfindlichem Zylinder alles geschrieben wird, was ein Mann gesagt oder eine Frau geflüstert hat. Kein Wort der Ungerechtigkeit wird gesprochen, kein Schrei der Qual wird ausgesprochen, kein Argument für die Freiheit wird gefordert, aber es wird unauslöschlich registriert, sodass der zukünftige Wissenschaftler mit einer höheren Mathematik und einem schärferen Blick und Sinn jedes einzelne Luftteilchen verfolgen kann mit der gleichen Präzision in Bewegung, wie ein Astronom die Bahn eines sich bewegenden Sterns oder eines fernen Planeten verfolgt.

Kürzlich wurde die Geschichte eines Einbrechers erzählt, der versehentlich eine Magnesiumlampe entzündete, die mit einer Kodak im Regal verbunden war. Es war Mitternacht und alle im Haus schliefen. Aber der Kodak war wach und bei der Arbeit. Aus Angst vor dem plötzlichen Licht floh der Dieb und ließ seine Beute zurück. Aber er hat auch sein Gesicht verlassen. Am nächsten Tag verurteilte ihn der Kodak vor Gericht. So führt die neue Wissenschaft dazu, dass jeder Mensch im Mittelpunkt eines schrecklichen fotografischen und telegrafischen Systems steht, das die Worte und Taten des Menschen unauslöschlich aufzeichnet. Kein Atemzug ist so schwach, dass er sich der Aufzeichnung entziehen kann; Kein Flüstern ist so leise, kein Plan ist so geheim, keine Tat des Bösen ist so dunkel und still. Die Erinnerung vergisst vielleicht – aber die Natur niemals. Auf den Seiten des physischen Universums liegt die Geschichte jedes menschlichen Lebens ständig vor dem Richter der ganzen Erde.

Es ist äußerst interessant zu sehen, wie jedes Lebewesen in seinem Körper die Geschichte seines Verfalls oder die Geschichte seines Aufstiegs und seiner Erhöhung trägt. Auch bei den Dingen, die kriechen und kriechen, ist die gesamte Lebensgeschichte im Tierkörper zusammengefegt. Der Seepocken begann seine Karriere mit zwei prächtigen Augen. Aber es nutzte seine Vision, um einen einfachen Platz an der Seite eines Piers oder Schiffes zu finden. Es gab die Fortbewegung auf, wurde schlank und fett, und schließlich wurden seine großen Augen durch Missbrauch stumpf, und jetzt sind sie tot. Als die Eichhörnchen die Wälder im Westen verließen und auf die offene Prärie hinauszogen, begannen sie, sich in der Erde zu vergraben. Schließlich verloren sie aus Mangel an Nutzen jegliche Kraft zum Klettern. Unter den Vögeln stahl der faule Kuckuck zunächst das Nest, das ein anderer Vogel gebaut hatte. Aber er zahlte einen hohen Preis für seinen Diebstahl, denn jetzt, wo der Kuckuck von Menschen eingesperrt wird und ein eigenes Nest will, arbeitet er ziellos und hat alle Kraft verloren, sich einen weichen, warmen Nistplatz zu schaffen.

In nördlichen Gefilden hat die Mistel eine gesunde, normale Pfahlwurzel. Aber in unserem fruchtbaren Boden wurde es für den Schmutz zu empfindlich und wählte das Leben eines Parasiten. So schlug der kleine Samen seine äußeren Wurzeln in die Rinde der Eiche und saugte träge den reichhaltigen Saft des Baumes auf. Bald ruinierten Luxus und das Ausnutzen des Lebens eines anderen die Mistel, so wie die Generation junger Römer durch den Reichtum des Vaters ruiniert wurde; So wie ein aktiver und gesunder Junge zugrunde geht, wenn er anfängt, träge zu werden, zu seiner Tante geht – irgendeiner reichen Tante – und auf ihren Tod wartet. Und da alle niederen Geschöpfe in ihrem Körper die Spuren der gesamten Lebensgeschichte tragen, scheint es natürlich zu erwarten, dass der Körper des Menschen durch seine Gesundheit und Schönheit oder Schwäche und Verfall die Geschichte davon erzählen sollte, wie es der Seele in seinem Inneren ergangen ist gelebt und gewirkt. Eine kurze Reise durch unsere Straßen wird uns beweisen, dass Ungerechtigkeit ihre Spuren im Gesicht hinterlässt. Dickens beschreibt Fagin als einen Mann, der solide Bestialität und Schurkerei in Knochen und Gewebe darstellte. Jedes Merkmal zeugte ebenso von Schurkerei wie das eines Affen von Idiotie. Im Gegensatz dazu gibt es im Reich der Moral Menschen, die solide Güte, Freundlichkeit und Tugend scheinen, verbunden durch fleischliche Bande. Auch entfernte Vorfahren hinterlassen ihre Spuren im Körper des Menschen.

Kürzlich wurde entdeckt, dass die Handschrift eines unserer Präsidenten fast genau der im Testament seines Großvaters entsprach. Die Bourbon-Familie zeichnet sich seit jeher durch die Adlernase aus. Eine der ältesten Familien Neuenglands ist für ihre einzigartige Armlänge und -stärke bekannt. In der einen Familie ist Schönheit ein Zeichen, in der anderen ist Größe ein Zeichen. Da der Mensch nach dem Bilde Gottes geschaffen ist, suchen wir natürlich nach diesen göttlichen Markenzeichen im Körper des Menschen, die man Anmut und Teint nennt, genauso wie wir nach dem Namen des Künstlers in der Ecke seines Bildes oder dem Namen des Bildhauers auf dem Sockel seiner Statue suchen. Je höher die Wange eines Kindes ist als der errötende Pfirsich, desto schöner sollte sie sein. Und weil die Bäume des Waldes dem Oktober und dem Tod in ihren hellsten Gewändern entgegengehen, können wir mit Recht erwarten, dass auch der Mensch im Alter die höchste Schönheit und Vollkommenheit erreichen wird.

Aber nicht so. Die Geschichte des Menschen war eine Geschichte des Egoismus und der Sünde, und sein Körper trägt die Spuren davon. Seine Gesichtszüge sind „von Krankheit gezeichnet, von Sinnlichkeit getrübt, von Leidenschaft erschüttert, von Armut eingeklemmt, von Kummer überschattet, von Reue gebrandmarkt". Die Körper der Menschen werden von Trägheit verzehrt, von der Arbeit zersetzt, von Krankheiten gequält, durch üble Behandlung entehrt, bis viele Menschen beim Anblick der „Charaktermerkmale" im natürlichen Gesicht in einem Glas am liebsten vergessen würden, was für eine Art Männer sie sind. Denn das menschliche Gesicht ist eine Leinwand, und die Schrift der Natur geht immer weiter. Aber so wie die falsche Tat oder die schlechte Tat den Gesichtszügen ihr Siegel der Verzerrung aufdrückt, so prägt die richtige Tat oder der richtige Gedanke den Stempel der Schönheit. Für heimelige Menschen gibt es kein kosmetisches Mittel wie Charakter. Selbst das schlichteste Gesicht wird in edler und strahlender Stimmung schön. Wer jemals die Vision des Antlitzes Christi sieht, wird schließlich das Ebenbild seines Meisters annehmen, um an seinem Körper auch „die Zeichen des Herrn Jesus" zu tragen.

Betrachten Sie Gewohnheiten und unbewusste Wünsche als Charaktermerkmale. Als Arnold of Rugby mit seinen Jungs in den Urlaub nach London fuhr , entdeckte er in den Objekten, die sie zum ersten Mal besichtigten, die Offenbarung der Persönlichkeit. Der Jugendliche, der jede freie Minute mit Skizzen verbracht hatte, machte sich sofort auf den Weg in die Galerie. Der junge Stanley, der schon damals über moralische Themen grübelte, wandte sein Gesicht der Abtei zu, deren Ruhm er steigern sollte. Der eifrige Anwärter auf politische Ehren stürmte zum Parlament. So versuchen auch die Physiognomieschüler, den Probanden zu überraschen, wenn die unbewussten und gewohnheitsmäßigen Linien im Gesicht erscheinen. Die Art von Büchern, die man gerne liest, die Vergnügungen, die man sucht, die Freunde, die man wählt, sie alle sind Offenbarungen. Kürzlich veröffentlichte ein englischer Reisender einen Band mit Eindrücken über Amerika. Da der Reisende wenig zu loben findet, findet er viel zu kritisieren und zu tadeln. Während seines zwei- oder dreiwöchigen Aufenthalts in unseren Städten erzählt er uns, dass er Sehenswürdigkeiten und Szenen vorfand, die Sodom und Gomorra beschämen würden , und beklagt die Tatsache, dass es in diesem jungen, frischen Land so schlimm sein sollte wie in London und Paris. wohin der Abschaum und die Wracks der Gesellschaft gewandert sind.

Was für eine Offenbarung! nicht der Stadt, sondern des Kritikers selbst. Aber weil er sich für andere Dinge interessierte, fand der Herausgeber einer englischen Rezension hier Stoff für eine fruchtbare Diskussion über „The Higher Life of American Cities". Scharen haben sich über zwanzig Jahre hier aufgehalten und noch nicht einmal von Orgien und Exzessen gehört. Doch wenn die Biene für alles außer Blumen blind ist; wenn der Wurm sich nur für morsches Holz interessiert; Wenn der Maulwurf nach unten bohrt, gibt es Naturen, die nicht ruhen können, bis sie das aufgespürt haben, was sie liebevoll suchen und unbedingt finden wollen. Auch Gewohnheiten offenbaren die Persönlichkeit. Zuerst gräbt der Fluss den Kanal, dann kontrolliert der Kanal den Fluss, und wenn die Fähigkeiten durch Wiederholung Gewohnheiten gebildet haben, werden diese Gewohnheiten zu Rillen und Kanälen zur Kontrolle der Fähigkeiten. Welche schmerzlichen Spuren hatte der arme Coleridge hinterlassen! Einmal verbrachte dieser Gelehrte zwei Wochen mit einer jährlichen Ansprache. Doch während sich das Publikum versammelte, verließ Coleridge seine Freunde und trat aus der Hintertür des Saals, um sich auf die Suche nach seiner Lieblingsdroge zu machen, und überließ es seinem Publikum, seine Enttäuschung so gut es konnte zu meistern.

Und hier ist Robert Burns, der an seinem Körper auch die Spuren seines Besitzes trägt. Denn dieses unvergleichliche Genie wurde nicht durch die List des gespaltenen Fußes zerstört und ruiniert, sondern durch Versuchungen, die „göttlich" genannt wurden. Dieser glorreiche Jüngling ließ sich nicht von dem Wunsch abbringen, im Umgang mit Jean ein kalter und berechnender Bösewicht zu sein, in seiner Blütezeit an Trunkenheit zu sterben oder seine Witwe und Waisen in Armut zurückzulassen. Burns liebte nach oben, liebte edle und schöne Dinge; und seine wahre Liebe zur Schönheit und Anmut, seine Liebe zu guter Gesellschaft, zu Witz, Lachen und Gesang und all die stürmische Pracht der Jugend im Frühling – das sind die Fallstricke und List, die sein schönes Genie gefangen und gefangen genommen haben.

Auch heute sind die Zeichen einer ähnlichen Maßlosigkeit für den, der sehende Augen hat, auf unserer Generation zu spüren. Was für eine Offenbarung des Geschmacks unserer Zeit liegt in der neuen Liebe zur hochgewürzten Literatur! In der gesamten Geschichte gibt es keine edlere Literatur als die in englischer Sprache. Unsere Poesie liefert Nektar für Engel! Unsere Philosophie: Brot für Giganten! Die Essayisten liefern den Göttern Nahrung! Dennoch haben sich viele von diesem herrlichen Fest der hochgewürzten Belletristik zugewandt.

Ein Reisender erzählt, wie er beobachtete, wie Bienen so lange neben den Fässern der Brennerei verweilten, dass sie rührselig wurden. Und die Liebe zu High-Stimulanzien in der Literatur ist eines der Charaktermerkmale unserer Generation. Übermaß bedroht unser Volk. Männer sind bestrebt, Gelehrte zu sein und eilen den Weg entlang, der direkt zum Grab führt. Männer sind begierig darauf, Vergnügen zu finden, aber sie stellen fest, dass die Blumen auf dem Kirchhof gewachsen sind. Die Menschen sind fieberhaft auf der Suche nach Reichtum, und indem sie alle Zeit und Kraft in Gold verwandeln, stellen sie fest, dass sie keine Gesundheit haben, um die gesammelte Süße zu genießen. Die Eile beim Kochen des Abendessens hat den Appetit zerstört. Uns wird gesagt, dass „Mäßigung und Haltung die Geheimnisse jeder erfolgreichen Kunst sind", ebenso wie jedes erfolgreiche Leben. Lassen Sie Ihrem Appetit und Ihrer Leidenschaft die Zügel, und schon kommen Sättigung, Ernüchterung und das Grab. Gesundheit, Glück und Charakter entstehen durch Zurückhaltung. So werden Gewohnheiten und Eigenschaften des Einzelnen oder der Generation zu einem Zeichen im Körper, das den Charakter offenbart.

Was die Menschen heute Charakter nennen, ist in Wirklichkeit ein weiteres Merkmal des Herrn Jesus. Hin und wieder taucht in der Gesellschaft ein Mann auf, dessen bloße Anwesenheit eine Atmosphäre und ein Gefühl der Macht ausstrahlt – Macht, die die Vorstellungskraft des Betrachters ergreift und ihn atemlos hält, so wie man atemlos dasteht, wenn das Gefühl der Überwältigung überkommt Erhabenheit. Diese seltsam begabten Männer sind nur in Abständen von Jahrhunderten aufgetaucht. Wenn ein gewöhnlicher Mann an einem einsamen Ort von bewaffneten Fußstapfen angegriffen wird, ist er hilflos. Aber die Geschichte erzählt von einem Mann, der solche Reserven bei sich hatte, dass er sich gefesselt und ohne Hilfe einer ganzen Räuberbande entziehen konnte. Eines Tages wurde er von einer Gruppe Banditen überrascht, niedergeschlagen, ausgeraubt und gefesselt. Doch als er das Bewusstsein wiedererlangte, löste er die Fesseln von seinen Handgelenken, steckte seine Handtasche und Ringe aus den Taschen der Räuber in seine zurück, fesselte seine Feinde – nicht mit Schnüren, sondern mit verbundenen Worten – und führte sie stattdessen zurück in die Stadt davon weg und landete die Überläufer im Gefängnis.

In ähnlicher Weise erzählt uns die Geschichte von einem halben Dutzend Männern in den letzten zweitausend Jahren, die dieselbe alles beherrschende Atmosphäre in sich trugen. Seit über einem Jahrhundert bemühen sich Rednerstudenten, die Beredsamkeit Whitefields zu erklären. Dieser Mann verfügte über eine solche Macht, dass die Staatsmänner und Philosophen Londons am Samstag die Metropole verließen und weit ins Land reisten, um sich der oft zwanzigtausend Menschen zählenden Menschenmenge anzuschließen, die diesem Prediger von Dorf zu Dorf folgte. David Hume, der Skeptiker, erklärte Whitefields Charme damit, dass der Prediger mit der gleichen leidenschaftlichen Hingabe zu seinem Publikum sprach , mit der ein leidenschaftlicher Liebhaber zu seiner Geliebten spricht, wenn er um ihre Hand anfleht. Aber Benjamin Franklin sagt uns, dass der Reiz an Whitefields Rede nicht in seiner musikalischen Stimme lag, nicht in seinem kristallklaren Gedankenstrom, nicht in seinen plötzlichen elektrischen Ausbrüchen, als der große Mann in Flammen zu stehen schien; Was die Menschen vergeblich zu analysieren versuchten, war sein Charakter – Güte und Aufrichtigkeit, die in und durch Worte glühen und pochen, so wie der elektrische Strom durch die Verbindungsdrähte glüht und pocht. Ein weiterer solcher Mann, wenn auch von geringerem Ausmaß, war Lamartine. Während der Französischen Revolution, als der Mob durch die Straßen strömte und die Soldaten, die sich ihm widersetzten, vor sich her fegte, begab sich Lamartine in die Mitte der Straße und stellte sich vor die brutalen Anführer. Der Einfluss des Charakters des guten Mannes war so mächtig, dass der unhöfliche Mob aufgedeckt wurde, als der Anführer sagte: „Soldaten, wir befinden uns in der Gegenwart eines Mannes, der siebzig Jahre edles Leben repräsentiert." Als die Aufständischen danach ihre Waffen niederlegten, geschah dies als Hommage an die Überlegenheit ihres Charakters gegenüber Waffen und roher Gewalt.

Aber wenn wir von diesen alles beherrschenden Naturen lesen, dürfen wir nicht glauben, dass diese inspirierenden Wesen ihren Einfluss durch eine seltsame magnetische Kraft hatten, noch dass sie einen Zauber auf die Menschen ausübten, wie der Zauber, den die Katze auf die Maus ausübt es spielt. Ihre Macht war größtenteils die Macht des Guten. Das Hauptmerkmal, das Paul, Wesley, Wilberforce und alle Großen im Körper getragen haben, war das Zeichen des Charakters. Welche Schönheit hat die Statue? Welche Reife hat die Frucht? welche Stärke hat der Körper? Was ist Weisheit für die Vernunft – dieser Charakter ist für die Seele!

Groß ist die Macht von Anleihen und Gold! Mächtig der Einfluss von Bräuchen und Institutionen! Aber die größte Kraft, die in einer Gesellschaft existieren kann, ist die Anwesenheit und Macht guter Männer. So wie Regen, Erde und Sonnenstrahlen nur Rohstoffe sind, die zusammengebracht und zu reifen Früchten verdichtet werden müssen, so sind Werkzeuge, Wissen und Güter nur Rohstoffe, die zu der feinen Substanz des Charakters verarbeitet werden müssen. Glücklich alle, die die tierischen Impulse und die industriellen Fähigkeiten den moralischen Gefühlen untergeordnet haben. Dreimal glücklich sind diejenigen, die alle ihre Fähigkeiten zur Harmonie und Symmetrie entwickelt haben. Sie alle tragen wie Paulus am Körper die Zeichen des Herrn Jesus.

DAS BESTE AUS SICH SELBST MACHEN

„Bis wir alle zum vollkommenen Menschen kommen." – *St. Paul.*

„ *Jede Seele ist ein Samenkorn.* Es erscheint noch nicht, was es sein soll." – H.

„„Sehr früh', sagte Margaret Fuller, ,habe ich erkannt, dass das Ziel des Lebens darin besteht, zu wachsen.' Sie selbst war ein bemerkenswertes Beispiel für die Kraft des Menschen, vorwärts und aufwärts zu gehen. Von ihr könnte man sagen, wie Göethe von Schiller sagte: „Wenn ich ihn vierzehn Tage lang nicht sah, war ich erstaunt, welchen Fortschritt." er hatte in der Zwischenzeit gemacht."" – *James Freeman Clarke.*

„Menschen, die die Welt verändern sollen, müssen selbst verwandelt werden. Das Leben muss voller Inspiration sein. Wenn Bildung wertvoll ist, muss das Zeitalter sie verdoppeln; wenn Kunst süß und hoch ist, müssen wir ihren Reichtum und ihre Macht verdoppeln; wenn Philanthropie göttlich ist.", wir müssen ihre Menge und Zärtlichkeit verdoppeln; wenn die Religion wertvoll ist, verdoppeln Sie ihre Wahrheiten und eilen Sie mit ihr zu mehr Kaminen; wenn das Leben des Menschen groß ist, lasst ihn alle seine Sommer und Winter kostbarer schätzen. Die einzige Pflicht des Lebens ist, zu verringern jedes Laster und vergrößere jede Tugend." – *David Swing.*

XIV

DAS BESTE AUS SICH SELBST MACHEN

Zwei große Prinzipien ziehen sich durch die gesamte Gesellschaft. Zuerst kommt das Prinzip der Selbstfürsorge und Selbstliebe. Jedem Menschen wird die Verantwortung für seinen eigenen Körper und sein Leben übertragen. Durch Voraussicht soll er sich vor Gefahren hüten. Durch Selbstverteidigung soll er Angriffe abwehren. Durch die Befriedigung der Instinkte nach Nahrung, nach Arbeit und Ruhe soll er die Integrität seines Wesens bewahren. Auf jedem Einzelnen liegt die feierliche Verpflichtung, das Beste aus sich herauszuholen und Ressourcen an Wissen und Tugend, an Freundschaft und Herzensschatz anzuhäufen. Aber wenn ein Mann seinen Verstand wie eine Kornkammer behandelt und sie mit Nahrungsmitteln gelagert hat, sein Gedächtnis wie eine Galerie und sie mit Bildern einer schönen Vergangenheit gefüllt hat, sind sein Verstand und sein Wille wie Waffenkammern und hat sie mit Waffen für den Tag der Schlacht aufbewahrt , dann setzt sich ein zweites Prinzip durch. Der Mensch ist für sein eigenes Wachstum und sein Glück verantwortlich und wird gleichermaßen für das Glück und Wohlergehen seiner Mitmenschen verantwortlich gemacht. Indem er sich seine persönliche Bereicherung gesichert hat, ist er verpflichtet, auch die Bereicherung und den sozialen Vorteil seiner Mitmenschen zu sichern. Sich selbst auf Kosten seiner Mitmenschen zu lieben bedeutet, dass Selbstsucht zur Bösartigkeit wird. Den Nächsten mehr zu lieben als sich selbst, ist Torheit und Selbstzerstörung.

Welchen Wert das Individuum auch immer hat, beruht auf der Treue zum ersten dieser Prinzipien. Selbstliebe im Dienste der Vernunft macht einen Menschen zu einem Gelehrten; die Arbeit an seiner Vorstellungskraft macht ihn zum Künstler und Erfinder; Durch die Weiterentwicklung seiner Sprachbegabung wird er zum Redner. Mit Stolz zu arbeiten macht ihn selbstständig und autark. Und wenn sich das Prinzip der Liebe zum anderen durchsetzt, verwandelt diese Liebe, die auf die Armut hinwirkt, den Menschen in einen Philanthropen; auf Ungerechtigkeit hinarbeiten, macht den Menschen zu einem Reformer; Der Einsatz für die Freiheit macht ihn zu einem Patrioten und Helden. Wenn er auf Gott hinarbeitet, wird er zum Heiligen und Seher.

Die neue Astronomie macht großen Wert auf die drei kosmischen Gesetze. Durch eine Form der Selbstliebe, die molekulare Anziehung genannt wird, hört unsere Erde auf, verstreuter Staub zu sein, und nimmt die Form eines reichen und schönen Planeten an. Doch selbstliebend ist unsere Erde auch sonnenliebend, und von unsichtbaren Bändern wird sie vom

Winter in den Sommer getragen. Dann kommt ein drittes Prinzip hinzu, nach dem Neptun und Uranus, die am Rande des Weltraums liegen, Gemeinschaft mit unserem Planeten suchen und ihn in einem festen Abstand von der grimmigen Hitze der Sonne halten. So hat die Selbstliebe der Erde Individualität verliehen, die Liebe zu anderen Planeten sichert Stabilität, während die Liebe zur Sonne Bewegung und Reichtum schenkt. Gemeinsam sichern diese drei Prinzipien die Harmonie und Stabilität der Planetenwelt. Ebenso ist jeder Einzelne Teil eines großen sozialen Systems. Jeder bewegt sich voran unter der Umarmung von drei Gesetzen, die Liebe zu Gott, Liebe zum Nächsten und Liebe zu sich selbst genannt werden. Auf dem Gehorsam gegenüber diesen Gesetzen beruht der gesamte gesellschaftliche Reichtum und die gesamte Zivilisation.

Wir hören wenig von Individualismus und viel von der Solidarität der Gesellschaft. Eine unblutige und selbstsüchtige Zerstörung der Rechte der Vielen hat die Grundfesten des menschlichen Glücks bedroht und die Anerkennung der Tatsache erzwungen, dass die Schwäche und Verletzung eines Einzelnen die Schwäche und Verletzung aller sind. In unserer Welt gilt das Gesetz des Überlebens des Stärkeren nicht nur, sondern auch sehr schnell. Je mehr Reichtum also ein Mann hat, desto mehr kann er erreichen. Heute, so heißt es, kontrollieren die verschiedenen Mitglieder der Familie Rothschild in den verschiedenen Hauptstädten Europas neun Milliarden Dollar. Diese Summe häuft sich wie ein rollender Schneeball an und wird bald den Reichtum mehrerer kleinerer europäischer Nationen übertreffen und vielleicht sogar absorbieren. Ebenso gilt im Bereich der Weisheit: Je mehr ein Mensch weiß, desto mehr kann er wissen. Sir William Jones erzählt uns, dass er fünf Jahre damit verbrachte, seine erste Sprache zu beherrschen, während sechs Wochen ausreichten, um seinen vierzigsten Dialekt zu erlernen. So wird auch im Bereich der erfinderischen Fähigkeit jedes Werkzeug zum übergeordneten Element einer Reihe anderer Werkzeuge. Die Studien zur Vorbereitung von Edisons erstem Mechanismus erstreckten sich über einen langen Zeitraum; Doch als seine erfinderischen Fähigkeiten an Fahrt gewannen, steigerte er sich im geometrischen Verhältnis, bis der berühmte Elektriker heute fast tausend Patente besitzt; Aber da nichts so erfolgreich ist wie der Erfolg, ist auch nichts so verderblich wie das Scheitern. Je schwächer ein Mann ist, desto schwächer muss er werden. Wenn ein Mann, der Arbeit sucht, schäbig, hager und kraftlos ist, verringert seine Armut seine Chancen, aber morgen wird er schwächer und schäbiger sein, und von Tag zu Tag wird sein Verfall schneller.

Von diesen Überlegungen erschreckt, erkennt unsere Generation, dass der Erfolg, der sich aus seinen Gewinnen speist, bald alle Energien der Erde verschlingen wird, während das Scheitern, das immer ruinöser wird, eine Vielzahl in den Abgrund reißen wird. Daher hat die Gesellschaft die

Bedeutung gegenseitiger Liebe und gegenseitigen Dienstes voll und ganz erkannt. Wenn ein Mann fällt, sind wir immer weniger bereit, ihn zu treten. Wenn der ärmlich Geborene im Rennen ums Leben zurückfällt, ist die Gesellschaft zunehmend bereit, ihn auf irgendein Biest aufzuhetzen. Wenn das Gehirn eines Menschen schwammig ist und seine geistigen Prozesse langsamer sind, binden die stärkeren Geister seine Fähigkeiten an ihre schnelleren Energien. Wenn der moralische Frühling eines Menschen langsam ist, sagt einer unserer Sozialreformer, richtet die Gesellschaft für ihn einen kleinen ethischen Wintergarten ein, mit Dampfhitze und Südlage, wo die Knospen ein wenig mit Bedacht stimuliert und geschoben werden.

Die Gesellschaft erkennt die Schuld der Stärke an der Schwäche. Der Mann, der sprachgewandt ist, wird zur Stimme der Stummen. Diejenigen, die über Geschick im Umgang mit Reichtum verfügen, werden zu Wohltätern in Bezug auf Kunst, Bildung und Moral. Männer, die selbstsüchtig viel bekommen und wenig geben, die zu Toten Meeren angehäufter Schätze geworden sind, verlieren ihr Ansehen in der Gesellschaft. Immer mehr Städte verleihen denjenigen, die ihren Mitmenschen dienen, ihre Ehre und Wertschätzung. Männer werden zu Zeitschriften und verbreiten überall Freundlichkeit. Männer werden zu Gärten und erfüllen die ganze Luft mit scharfem Duft. Männer werden zu Burgen, in denen die Armen Schutz finden. Die Fluten der Ungerechtigkeit haben die Erde schon lange bedeckt, aber die Liebe ist die Taube, die den Ölzweig des Friedens bringt. Die Liebe singt den Beginn eines neuen Tages.

Unsere Generation tut gut daran, das Prinzip der sozialen Sympathie und sozialen Haftung zu betonen. Aber da der Wert des Einzelnen bedroht ist, scheint die Zeit gekommen zu sein, auch die Pflicht des Menschen zu betonen, zu lieben und das Beste aus sich selbst zu machen. In letzter Zeit werden Selbstfürsorge und Selbstbereicherung als Lebensprinzip beschimpft und scharf verurteilt. Dennoch erkannte Christus die Selbstständigkeit als ein höchst angemessenes und lobenswertes Prinzip an, das als Grundlage und Maßstab allen moralischen Wertes dienen sollte. In dem Maße, wie der Mensch die körperlichen Vorteile und sozialen Anreize des Lebens liebt und sich diese sichert, umso mehr soll er seine Mitmenschen lieben. Und das Versäumnis, sich selbst weise und leidenschaftlich zu lieben, endet damit, dass es für den Menschen unmöglich wird, seine Mitmenschen zu lieben. Platons Gedanke begleitet uns immer: „Der Speicher muss gefüllt werden, bevor die Armen gefüttert werden; Wissen muss erworben werden, bevor Wissen gegeben wird." Glücklich der Philanthrop, dessen Großzügigkeit eine Schule oder Bibliothek gegründet hat. Aber dieses Geschenk von heute ist nur durch den Fleiß und die Sparsamkeit von gestern möglich. Glücklich der Chirurg, dessen Können in einer Krisenstunde wertvolles Leben gerettet hat. Aber die Hand, die das scheinbare Wunder der Chirurgie vollbringt, hat zwanzig Jahre sorgfältigen Studiums und Übens hinter sich.

Wir leben in einer Welt, in der die Menge an Weisheit, Reichtum oder Freundschaft, die verteilt werden soll, durch die erforderliche Menge vorgegeben ist. Der Durchfluss des Wasserhahns wird durch die Füllmenge des Vorratsbehälters bestimmt. Die Geschwindigkeit des Elektroautos wird durch die im Krafthaus gespeicherte Energie bestimmt. Die Kraft des Kolbens liegt im Druck des angesammelten Dampfes. Der Nil verfügt über die Kraft, Zivilisationen zu ernähren, denn es gibt tausend Bäche und Flüsse, tausend Hügel und Berge, die hinter der Strömung des Nils liegen und ihn nach vorne drängen. Wenn wir uns an die berühmte Santa-Barbara-Rebe setzen und mit ihr wie mit einem vertrauten Freund sprechen und uns fragen könnten, wie es dazu kam, dass der Mensch in einem einzigen Sommer eine halbe Tonne lilafarbenen Schatz schenkte, würde die Antwort lauten: Dieser reiche Schatz war es in einem Sommer gewachsen und gegeben, weil zweihundert Sommer darauf verwendet wurden, eine riesige Wurzel und einen riesigen Stamm sowie große Stängel und Stängel wachsen zu lassen.

Als Nestor vor den griechischen Generälen auftrat und zum Angriff auf Troja empfahl, sagte er: „Das Geheimnis des Sieges liegt in der Vorbereitung." Wendell Phillips wurde einmal gefragt, wie er seine Fähigkeiten im Reden über die verlorenen Künste erworben habe. Die Antwort war: „Indem ich hundert Nächte Lieferung von mir zurückbekomme." Shakespeare sagt uns allen, dass die Wolken im Regen das geben, was sie im Nebel bekommen, was die Art des Dichters ist zu sagen, dass er das, was er an Inspiration gab, durch Schweiß bekam. Vor einigen Jahren fragte ein junger Mann einen angesehenen Gelehrten und Schriftsteller, was er von der Hochschulbildung halte. „Wenn ich zwanzig wäre und nur noch zehn Jahre zu leben hätte", antwortete der Publizist, „würde ich die ersten neun Jahre damit verbringen, Wissen anzusammeln und mich auf das zehnte Jahr vorzubereiten." Tatsächlich ist das Maß des Einflusses eines jeden Menschen das Maß seiner Reserven. Die Jugend, die morgen regieren wird, ist die Jugend, die heute Ressourcen an Wissen und Weisheit, an Selbstvertrauen und Mut ansammelt.

Die ganze Geschichte wiederholt nur das Prinzip. Wenn wir die Vergangenheit betrachten, stellen wir fest, dass die Nationen, die große Beiträge zur Zivilisation geleistet haben, isoliert waren. Unsere Historiker sagen uns, dass die Hebräer Gewissen und Moral, die Griechen Vernunft und Kultur, das römische Recht und die römische Regierung, die Germanen Freiheit und den Aufstieg der Frau gaben. Aber seltsamerweise lebte keines dieser Länder in einem offenen, ausgedehnten Land. Jede mächtige Rasse hat auf einer Insel oder Halbinsel gelebt. Der Hebräer wurde zwischen der Wüste und dem Meer eingeschlossen und dort festgehalten, bis er seinen moralischen Schatz angehäuft hatte. Er war gezwungen, auf seine eigenen Ressourcen zurückzugreifen. Durch Übung fand er heraus, dass es nicht das Beste war, zu stehlen; dass die Gesellschaft glücklicher und friedlicher lebte, wenn das Eigentum jedes Einzelnen respektiert wurde. Ebenso gab Gott ihm die Aufgabe, jedes der zehn Gebote zu formulieren. Langsam wuchs der moralische Schatz. Der Jurist gab Gesetze, der Dichter sang Lieder, der Prophet schwärmte, der Patriot und Märtyrer starb für seine Prinzipien und die Liste der Helden wurde länger. Endlich waren die Seiten der jüdischen Geschichte mit Namen gefüllt, die leuchteten und glänzten wie die Nächte mit Sternen .

Dann kam Jesus Christus und erfüllte das ganze Land mit spirituellen Energien. Bald war der Druck der moralischen Kräfte so stark, dass er alle Beschränkungen durchbrach. Dann ergossen sich diese moralischen Schätze über die ganze Erde. Nachdem die hebräische Rasse die zweitausend Jahre vor Christus der Anhäufung ihrer moralischen Energien gewidmet hatte, erlangte sie genügend Schwung, um die Zivilisationswelle in den zweitausend Jahren nach Christus fortzusetzen. Ebenso war Griechenland, die Mutter der Künste und Wissenschaften, zwischen den Bergen und dem Meer eingeschlossen, bis die intellektuellen Fluten tief und stark wurden.

Aber nicht nur die Geschichte fordert uns dazu auf, das Beste aus uns herauszuholen. Alle unsere großen Männer verkörpern das gleiche Prinzip. In letzter Zeit wurde darauf aufmerksam gemacht, dass unsere Städte von Männern regiert werden, deren Kindheit und Jugend auf dem Land verbracht wurden. Isoliert und jahrelang auf den Feldern und in den Wäldern brütend, entwickelten diese Jungen eine kraftvolle Individualität. Eine kürzlich durchgeführte Befragung der prominenten Männer in New York City ergab, dass 85 Prozent in den Dörfern und ländlichen Bezirken aufgewachsen waren. Siebzehn unserer dreiundzwanzig Präsidenten kamen von der Farm. Eine Zählung der Colleges und Seminare in und um Chicago ergab, dass das Land achtzig Prozent unserer College-Studenten ausbildet. Die Erfolgsaussichten scheinen hundert zu eins zugunsten des Landjungen zu sein. Viele erklären dies damit, dass es einen mathematischen Zusammenhang zwischen einem guten Körperbau und einem festen, intellektuellen Auftritt gibt. Gutes Denken beruht auf feinen Gehirnfasern. Aber das ist nur die halbe Wahrheit.

Diese Riesen vom Land lernten in ihrer Jugend, sich nicht auf Bücher und Zeitungen, sondern auf ihre Augen und Ohren zu verlassen. Da sie keine externen Ressourcen hatten, richteten sie ihre Gedanken nach innen und brachten ihre eigenen Fähigkeiten zum Vorschein. Sie warteten nicht, bis sie das Tagebuch aufschlugen, um herauszufinden, was sie über ein wichtiges Thema dachten, sondern formulierten ohne fremde Hilfe ihre eigene Meinung und wuchsen durch die Eigenständigkeit. Sollte irgendein Sämann hinausgehen, um auf den Straßen der Stadt zu säen, würde er nur eine kleine Ernte einfahren. Die harte, ausgetretene Straße würde dem Getreide keinen Halt bieten; aber wenn man es in die offenen Furchen sät, wurzelt der Samen und wächst. So ist der Geist der Stadtjugend eine Straße, die von den unzähligen Ereignissen des Lebens zerrissen wird. Seine Individualität ist eine Wurzel, die kaum eine Chance hat zu wachsen.

Die Morgen regnen Zeitungen, die Abende vermehren sich und der Himmel regnet Broschüren. Die Individualität ist mit vielen Dingen überfordert. Bald hört der Geist auf, seinen eigenen mentalen Schatz zu entwickeln, und begnügt sich damit, seine Anreize von außen zu erhalten. Da es viele Schulen und Hochschulen gibt, glaubt der Jugendliche, der sich noch nie mit einem einzigen Fach beschäftigt hat, dass er ein guter Schüler sei. Da seine Regale voller Bücher sind, täuscht sich der Mann vor und glaubt, sie alle gelesen zu haben. Da unsere Zeit reich an mechanischen Geräten und Erfindungen ist, können sich viele, die nicht den Nagel auf den Kopf schlagen können, vorstellen, dass diese wirklich maßgeblich dazu beigetragen haben, diese großartige Epoche einzuläuten. Viele Menschen, die geistig und berufsmäßig arm sind und deren Hauptgrund für die Glückwünsche darin besteht, dass sie in dieses besondere Jahrhundert hineingeboren wurden, jubeln dieser wundersamen Zivilisation zu. Aber Macht kommt nicht so. Moses wird morgen alle unsere Juristen kontrollieren, weil er vierzig Jahre in der Wüste damit verbracht hat, über die Grundsätze der Gerechtigkeit nachzudenken. Paulus hatte die Ehre, unsere politischen Institutionen zu gestalten, weil er sich zwölf Jahre lang allgemein und drei Jahre lang speziell auf das Studium individueller Rechte vorbereitete. Milton erzählt uns, dass er vierunddreißig Jahre einsamer und unaufhörlicher Studien damit verbrachte, sein Material für ein Heldengedicht zusammenzutragen, das die Welt nicht freiwillig sterben lassen wollte.

Homer schrieb die „Ilias", weil er blind und auf sich allein gestellt war. Dante schrieb sein „Inferno", weil er im Exil war und in der Isolation Zeit hatte, seinen geistigen Schatz aufzubewahren. Webster und Lincoln verbrachten Jahre in den Wäldern und auf den Feldern, wo sie nachdachten und grübelten, analysierten und verglichen. Viele lange Sommer vergingen, während sie ihren geistigen Schatz säten und sammelten. Pasteur hat unserer Generation viel gegeben, weil er dreißig Jahre lang isoliert war und viel zu geben hatte. Wenn Lowell vom Rosenöl spricht, erinnert er uns an die ganzen Felder purpurroter Blüten, die in einem winzigen Fläschchen zusammengekehrt sind. Als Starr King die großen Bäume Kaliforniens sah, die einen Durchmesser von fünfundzwanzig Fuß hatten und ihre Kronen dreihundert Fuß in die Sonne hoben, war er von ihrer Würde und Schönheit so beeindruckt, dass er zu Tränen gerührt war. aber die Größe der Bäume erklärte seine Gefühle nicht. Es war der Gedanke an die Reserveenergien, die in ihnen verdichtet worden waren. Die Berge hatten ihr Eisen und ihre reichhaltigen Reizstoffe gespendet, die Hügel hatten ihren Boden gespendet, die Wolken hatten ihren Regen und Schnee gespendet, tausend Sommer und Winter hatten ihren Schatz um die riesigen Wurzeln herum ausgeschüttet. Daher sind die Autoren und Staatsmänner, die der nächsten Generation helfen werden, heute damit beschäftigt, sich selbst zu lieben und das Beste aus ihren Talenten zu machen. Erst wenn sie tausend Kenntnisse und Tugenden in sich verdichtet haben, werden sie in der Lage sein, andere zu lieben.

Mit Trauer bekennen wir, dass unsere Zeit schwer gegen dieses Prinzip der Selbstfürsorge und Selbstliebe verstößt. Der Wert des Einzelnen wird völlig vernachlässigt. Ein Zeitalter ist nicht durch eine große Volkszählung groß, sondern durch eine Vielzahl großartiger Seelen, genauso wie ein Buch nicht dadurch wertvoll ist, dass es viele Seiten hat, sondern weil es großartige Ideen enthält. Die Pflastersteine in unseren Straßen unterscheiden sich stark von Saphiren. Das Zusammenfügen von 65.000.000 kleinen Granitblöcken wird diese Steine nicht in Diamanten verwandeln. Nur wenn jeder Stein ein Juwel ist, bedeutet die Zunahme der Anzahl die Zunahme der Schönheit. Keine Nation schreitet in Richtung Vorherrschaft voran, nur weil die schwachen Individuen in Scharen zu marschieren begannen. In unserer Ausbildung loben wir unsere Schulen und neue Bildungsmethoden. Unterdessen besteht Frederic Harrison darauf, dass die öffentlichen Schulen Großbritanniens in fünfzig Jahren nicht einen einzigen Geist der ersten Klasse hervorgebracht haben. Einige von denen, die sich in der Literatur oder Staatskunst einen Namen gemacht haben, waren Autodidakten. Der Rest genoss die Hilfe eines Elternteils oder Freundes, der sich sehr früh in der Karriere des Kindes die Mühe machte, die stärkste Fähigkeit des Kindes herauszufinden, und dann einen Nachhilfelehrer oder Lehrer bat, ihm dabei zu helfen, das besondere Talent zu Größe zu fördern.

Zu Hause erzählt uns Präsident White, dass unsere Autoren und Dichter tot sind und keine Nachfolger haben. Es könnte auch nicht anders sein. Wenn ein geschickter Fahrer die Geschwindigkeit eines reinrassigen Hengstfohlens erreichen möchte, spezialisiert er sich auf dieses eine Tier. Kein vernünftiger Reiter würde vierzig Hengste auf eine Strecke schicken und versuchen, ihre Geschwindigkeit zu steigern, indem er sie in Scharen umhertreibt. Es bleibt den Eltern dieses Landes überlassen, die Methode zu übernehmen, ihre Kinder in Scharen zu erziehen und sie in Herden zu erziehen. Unser gemeinsames Schulsystem begann mit der Notwendigkeit der Arbeitsteilung. Die Männer ließen sich in der Wildnis Neuenglands nieder und gingen mit Äxten in die Wälder oder mit ihren Hacken auf das Feld. Die Mütter gingen in den Garten oder an den Webstuhl. Anstatt dass ihre Kinder keine Bildung erhalten sollten, kamen viele Eltern zusammen und baten einen Mann oder eine Frau, die Arbeit für alle zu erledigen. So entstanden unsere gemeinsamen Schulen aus Armut und Not.

Aber irgendwann ist eine Zeit gekommen, in der Eltern in blinder Verehrung eines Systems ihre Kinder intellektuellen Ammen ausgeliefert haben. Viele Kinder, die auf dem Gebiet der Poesie oder Literatur über ein erstklassiges Talent verfügen, sind in der kostbarsten Zeit ihres Lebens gezwungen, sich jahrelang mit Themen zu beschäftigen, die ihnen keinen kulturellen Nutzen bringen. Mittlerweile ist ihr Enthusiasmus vergeudet und ihre stärksten Fähigkeiten ausgehungert. Erst als es zu spät ist, entdecken sie die grausame Ungerechtigkeit, die ihnen angetan wurde, und erkennen, dass sie unerfüllte Prophezeiungen bleiben müssen. Unsere Gemeinschaftsschulen haben am effektivsten für unsere Zivilisation gewirkt. Sie sind die Hoffnung der Gesellschaft. Aber erst wenn unsere Eltern begeisterte Lehrer werden und unsere Häuser die Schulräume unterstützen, werden die Menschen nicht aufhören, sich darüber zu beschweren, dass die großen Männer der Nation keine Nachfolger haben und dass das Genie aus unserem Volk verschwunden ist.

Es ist nun an der Zeit, dass auch die Nation anfängt, sich selbst zu lieben. Alle sind sich bewusst, dass der Einzelne kein Recht hat, heute so großzügig zu sein, dass er morgen nichts zu geben hat. Weisheit schützt die Ausgaben von heute, damit das Kapital von morgen nicht beeinträchtigt wird. Er ist ein armer Landwirt, der seine Felder oder Weinberge so überfordert, dass der Boden ausgelaugt oder der Weinstock zerstört wird. Dennoch scheinen viele Ereignisse zu beweisen, dass sich unsere Nation durch übermäßige Freundlichkeit schwer verletzt hat. Es hat vergessen, dass nur Gott jeden lieben kann. Bei dem Versuch, den Vielen zu helfen, hat es seine Macht, jedem zu helfen, bedroht. Es war wie ein Mann, der an einem Januartag seine Fenster öffnet und versucht, alle draußen zu wärmen, nur um dann festzustellen, dass er seine Familie im Haus eingefroren hat und niemanden draußen wärmt. Wenn wir in die Fabrikstädte Neuenglands reisen, in denen die jungen Whittier und Longfellow ausgebildet wurden, finden wir Schulhäuser mit vernagelten Fenstern. Auch die kleinen Kirchen sind verlassen und die Türen sind zugenagelt. Wenn wir an einem Sonntagnachmittag den „Reformern" in unseren Parks zuhören, sind wir erstaunt über die bösartigen Angriffe auf unsere Institutionen. Als wir uns mit dem Vorarbeiter einer großen Gruppe von Männern unterhalten, die Wasserleitungen verlegen, sind wir erstaunt über seine Aussage, dass er keinen einzigen Mann hat, der gut genug schreiben kann, um die Zeit und Stunden dieser Arbeiter einzuhalten. Als wir im Schlossgarten stehen, wo das Auswandererschiff seine Massen entlädt, hören wir den Arzt ausrufen: „Diese Nation wird hundert Jahre brauchen, um dieses Laster und diese Skrofulose aus ihrem Blut zu verbannen."

So wie einige Eisenbahngesellschaften ihre Aktien verwässern und für jeden Dollar Anleihen für fünf ausgeben, in der Hoffnung, dass nur einer der fünf jemals genug wissen wird, um nach ihrem Dollar zu verlangen, so wurde die Intelligenz der Nation verwässert und verwässert. Manchmal enthält eine ganze Wahlurne voller Wählerkarten nicht den gesunden Menschenverstand einer einzigen Stimme aus den Tagen Hamiltons. Unsere Nation wirkt oft wie ein Hausbesitzer, der seinen Nachtschlüssel einem Feind gegeben hat, der sein Zuhause mit Feuerbränden bedroht hat. Unsere Nation hat geliebt – nicht weise, aber zu gut. Die Zeit ist gekommen, in der es sich entscheiden muss, ob es sich selbst lieben oder in Intelligenz und Moral bankrott gehen soll. Um die Nationen der Welt über den wahren Wert freier Institutionen aufzuklären, wurde eine kleine Gemeinde in Neuengland gegründet, in der alle Bürger Patrioten und Helden, Gelehrte und Christen waren, in der Vulgarität und Verbrechen unbekannt waren, in der das Gefängnis leer war und die Kirche war voll, alle jungen Leute zogen in Richtung Schulhaus – eine solche Gemeinschaft hat einen Wert, der über unsere jetzigen Millionen hinausgeht.

Was die Welt braucht, sind nicht Massen, sondern Beispiele und Ideale. Wenn ein Platon hervorgebracht werden kann, wird er die Welt erheben. Unsere Bürger bitten Künstler, ihre Bilder zu malen – nicht Schuhputzer. Wir bitten Architekten, unsere öffentlichen Gebäude zu errichten – nicht Schornsteinfeger. Unsere Bürger lieben ihre Stadt und haben die Alleen mit schönen Häusern und die Straßen mit Geschäften und Fabriken gesäumt. Aber hier hört ihre Selbstliebe auf. Wenn große Männer die Stadt geschaffen haben, bitten sie die Kneipenwirte, sie zu regieren. Nun, sagte der Weise, es sei, als wären wir an Daniel Webster vorbeigegangen und hätten einen afrikanischen Affen gebeten, an seiner Stelle zu sprechen. Seltsam – geradezu seltsam –, dass unsere Nation und unsere Stadt vergessen, dass alle Liebe für andere mit einer weisen Liebe zu sich selbst beginnt.

Wir kehren von unserer Umfrage mit der Überzeugung zurück, dass Jesus Christus gut daran getan hat, den Einzelnen dem Genie des Christentums würdig zu machen. Als wir auf dem Weg der Geschichte zurückgegangen sind, haben wir festgestellt, dass die Ströme der Zivilisation in einem bereicherten Geist und Herzen entstehen, so wie mächtige Flüsse aus isolierten Quellen entspringen. Wenn wir zurückblicken, sehen wir, wie Moses den hebräischen Tempel baut; wir sehen, wie Perikles und Platon für Athen viele Formen der Wahrheit und Schönheit erschaffen; wir sehen, wie Dante den Grundstein für Florenz legt; wir sehen, wie Carlo Zeno Venedig aus dem Sand des Meeres erhebt; Wir sehen, wie Bacon und Luther die Kathedralen des Denkens und der Anbetung errichten, unter denen Millionen Menschen Zuflucht finden. Unterdrückt von einem Gefühl menschlicher Unwissenheit und menschlicher Sünde tauchen tausend

Fragen auf. Kann jemand, der schlecht geboren ist, zu großer Größe gelangen? Die Cremona-Geige des 16. Jahrhunderts ist eine Masse verdichteter Melodien. Jedes Atom wurde in tausend Lieder getaucht, bis das Instrument vor Süße riecht. Aber kann ein menschliches Instrument, das lange Zeit verstimmt und traurig verletzt war, jemals wieder in die Harmonie des Seins gebracht werden? Im Atelier des Bildhauers liegen verlassene Marmorblöcke. Aus dem einen ragt eine Hand hervor, aus dem anderen erkennt man die Umrisse eines Gesichts. Aber aus irgendeinem Grund hat der Künstler sie aufgegeben. Offenbar hat der Meißel beim Einarbeiten einen Riss oder einen dunklen Fleck freigelegt. Deshalb verzichtete der Bildhauer darauf und bevorzugte den makellosen Block aus schneeweißem Marmor. Ist die Seele durch Sünde befleckt, um vom göttlichen Bildhauer verstoßen zu werden?

Auf der Reise durch die Ebenen erblicken Reisende durch die Autofenster den California Trail. Die Wagenspuren sind zu Gräben geworden und die alte Route ist von Menschengräbern markiert. Doch vor langer Zeit tauschten die Menschen den Ochsenkarren, die tiefen Wagenspuren und die beschwerliche Reise gegen Palastwagen ein. So gibt es viele Wege der Sünde, die durch den Druck menschlicher Füße tief in die Tiefe gegraben wurden. Viele würden sie am liebsten verlassen. Aber gibt es eine göttliche Macht, eine göttliche Autobahn zu errichten? Gibt es ein Glück? Die Natur ist freundlich zu ihren Körnern und trägt sie der Ernte entgegen; ist freundlich zu ihren Apfelsamen und lädt sie ein, in die Obstgärten zu reisen; ist freundlich zu den Märztagen und lädt sie ein, in den ewigen Sommer zu reisen.

Und der Mensch würde gern einen göttlichen Freund finden, der ihn zu großem persönlichen Wert führt. Als ob er die tiefsten Bedürfnisse des Menschen erfüllen wollte, betritt Jesus Christus die irdische Bühne. Er kommt, um den Schritt des Menschen auf dem Weg zu beschleunigen, der vom Kleinen zum Großen führt. Vor unserer bewundernden Vision erscheint der göttliche Lehrer wie ein heiliger Ackerbauer, sein Garten ist unsere Erde, gute Menschen und die reichste Frucht der Erde. Er bittet jeden Jugendlichen, sich selbst zu lieben und das Beste aus ihm zu machen, damit er später Brot für die Hungrigen, Medizin für die Verwundeten und Zuflucht für die Schwachen sein kann. Er befiehlt jedem, seine eigene Vernunft zu lieben und Weisheit mit der eifrigen Leidenschaft zu erlangen, die Hugh Miller für Wissen hatte. Er bittet jeden, das Beste aus der Freundschaft zu machen und Platon in seiner Liebe zu seinem edlen Lehrer nachzuahmen. Er bittet jeden, den Fleiß zu lieben, und eifert dabei Peabody nach, dessen Großzügigkeit wie Ströme strömte. Er bittet jeden, das Beste aus Mut und Selbstvertrauen zu machen und Livingstone in seinem selbstverleugnenden Dienst nachzuahmen. Er fordert jeden auf, Jesus Christus nachzueifern und zu ihm aufzublicken, so wie Dante mitten in der pechschwarzen Nacht zum Stern aufblickte. Er befiehlt jedem, Himmel und Hölle in Bewegung zu setzen, um eine würdige Männlichkeit zu erreichen. Denn nur so kann die Erde jemals wieder in den Himmel zurückgebracht werden.

www.ingramcontent.com/pod-product-compliance
Lightning Source LLC
LaVergne TN
LVHW042118190726
843493LV00006B/1516